现代物流管理系列教材

仓储与配送管理

（修订本）

高晓亮　伊俊敏　甘卫华　编著

清华大学出版社
北京交通大学出版社
·北京·

内 容 简 介

本书从介绍仓库设置和规划入手,涵盖各项仓储作业形式的内容和具体操作,注重其实际操作性;同时将现代管理的方法引入仓储管理中,并且利用现代工程技术和数量化的方法,规划和改进仓储和配送的各项运作,以提高运作的效率。本书在内容设计方面的特色在于既包括基础理论和前沿性内容,又包括仓储和配送实务方面的知识。考虑到现在仓库运作信息化应用的不均衡性,本书也介绍了很多传统仓储作业及行之有效的方法。

本书适合作为物流管理、物流工程、工业工程、电子商务和市场营销等专业的本科、大专和高等职业技术学院的学生学习之用,也可供物流管理研究人员、企业单位相关管理人员业务学习使用。

本书封面贴有清华大学出版社防伪标签,无标签者不得销售。
版权所有,侵权必究。侵权举报电话:010-62782989 13501256678 13801310933

图书在版编目(CIP)数据

仓储与配送管理/高晓亮,伊俊敏,甘卫华编著. —北京:清华大学出版社;北京交通大学出版社,2006.5(2019.7重印)
 (现代物流管理系列教材)
 ISBN 978-7-81082-745-4

Ⅰ. 仓… Ⅱ.① 高… ② 伊… ③ 甘… Ⅲ.① 仓库管理-高等学校-教材 ② 物流-配送中心-企业管理-高等学校-教材 Ⅳ. F253

中国版本图书馆 CIP 数据核字(2006)第 147566 号

责任编辑:吴嫱娥
出版发行:清 华 大 学 出 版 社   邮编:100084   电话:010-62776969   http://www.tup.com.cn
　　　　　北京交通大学出版社   邮编:100044   电话:010-51686414   http://press.bjtu.edu.cn
印 刷 者:北京时代华都印刷有限公司
经　　销:全国新华书店
开　　本:185×260   印张:17.75   字数:465 千字
版　　次:2019 年 7 月第 1 版第 1 次修订   2019 年 7 月第 12 次印刷
书　　号:ISBN 978-7-81082-745-4/F·163
印　　数:24 701～26 700 册   定价:46.00 元

本书如有质量问题,请向北京交通大学出版社质监组反映。对您的意见和批评,我们表示欢迎和感谢。
投诉电话:010-51686043,51686008;传真:010-62225406;E-mail:press@bjtu.edu.cn。

现代物流管理系列教材编委会

成 员 名 单

主　任：徐寿波（中国工程院院士、中国物流与采购联合会首届专家委员会委员）

副主任：张文杰（中国物流学会副会长、博士生导师）

　　　　　詹荷生（中国物流学会物流技术经济委员会常务理事、博士生导师）

　　　　　鞠颂东（中国物流学会理事、博士生导师）

　　　　　汝宜红（中国物流学会常务理事、博士生导师）

　　　　　王耀球（中国物流与采购联合会常务理事、博士生导师）

编委会成员（以姓氏笔画为序）：

　　　　王耀球　田　源　兰洪杰　汝宜红　林自葵　张文杰

　　　　张可明　徐寿波　徐　杰　詹荷生　鞠颂东

总 序

随着经济全球化进程的加快及我国加入 WTO，我国企业面对的市场竞争环境更加严峻。在产品供应链运作的全过程中，现代物流管理能够通过对物流活动的有效整合与控制，实现整个供应链上的供应商、制造商、分销商及最终用户的价值最优化。因此，现代物流管理逐渐成为我国企业管理者和决策者所重视的课题，而现代物流管理方法和技术的普及与教育，就成为企业管理者、教育工作者的共同职责。

北京交通大学经济管理学院物流科学研究所是我国最早从事物流管理理论研究和专业教育的教育与科研团体，目前已经具有国家教育部正式批准的博士、硕士及本科培养资质。近年来，除了为我国各级政府、企业提供了大量的物流管理课题研究与咨询外，还在现代物流教育领域辛勤耕耘，并取得了丰硕的成果，尤其在物流管理本科教育教学领域为国家教育部培训了大量的物流管理专业的师资，而且自行开发的"物流学系列课程"获得了"北京市高等教育精品课程"的称号。

秋天是收获的季节。奉献给读者的就是在北京交通大学经济管理学院物流科学研究所各位老师多年科研与教学工作成果的基础上，为适应我国物流管理与运作领域的需要而编写的适于高等教育和职业培训的系列教材。本系列教材将现代物流的管理理论与方法较为全面系统地介绍给读者，注重基本知识、操作方法和技术应用，是适用于高等学校、高等学校自学考试、企业培训的教材，也可供广大物流从业人员自学参考。

通过对效益与效率的追求获得企业未来价值的最大化，是企业管理的永恒主题。随着企业的管理方法与技术的不断创新，同现代物流已经走过的历程一样，物流管理必然还将发生更加深刻的变化。作为我国优秀的物流教育工作群体，我们将不断地将先进的物流管理方法与技术通过出版书籍的方式展现给所有的物流教育工作者及从事物流工作的人们。让我们共同努力为我国物流管理理论与方法的进步，为我国物流管理水平的进一步提升做出贡献。

在本套教材的编写过程中，得到了清华大学出版社、北京交通大学出版社、北京交通大学远程与继续教育学院及北京交通大学经济管理学院相关专家与学者的鼎力支持，没有他们，这套教材不可能如此顺利地出版，本系列教材的编委会代表所有作者在此表示深深的感谢。

编委会
于北京交通大学红果园
2006 年 9 月

前　言

随着中国加入 WTO，面对着全球化的激烈挑战，物流在整个国民经济中发挥着越来越重要的作用。仓储管理是对物料在生产、流通过程中处于相对静止状态时的管理问题，是一个非常传统的工作。长期以来人们认为仓储是一项没有技术含量的工作，不为人们所重视，其从业人员的整体素质也很低。

由于现代物流观念日益被人们所接受，现代物流强调以时间换空间，要求物流实现高效率和高效益移动。为了实现上述目标，要求对物流进行系统化和信息化管理，使仓储管理从原来的单纯保管物料，发展为利用信息化的手段对仓储进行规划和控制、高技术含量的管理工作。

仓储和配送是物流系统中两个重要的部分。一方面，仓储占据了物流费用的很大部分，控制物流成本必须控制仓储成本；另一方面，仓储是现代物流系统的重要组成，仓储管理既涉及仓储设备与设施的选择、现场运作环节的指挥和调度，也包含现代物流网络的设计和规划、仓储管理系统（WMS）的应用等诸多领域。

先进的物流及供应链系统要以先进的仓储设施和先进的仓储管理为支撑。随着物流及供应链管理在企业的市场竞争中发挥越来越大的作用，仓储管理必然会越来越受到重视，并且在物流管理中占据越来越重要的位置。仓储管理既包含以储存为目的的仓库的管理，也包含以流通为目的的现代物流中心的管理；而且鉴于传统的仓储企业也在不断发展配送业务，因此本书将配送业务也一并进行了介绍。

仓储管理是实践性很强的一门课程，如王之泰教授所讲："物流的灵魂在于系统；物流的关键在于管理；物流的水平在于科技；物流的成败在于体制；物流的落实在于工程。"

本书从介绍仓库设置和规划入手，涵盖各项仓储作业形式的知识内容和具体操作，并注重其实际操作性；同时本书也将现代管理的方法引入仓储管理中，并且利用工程的方法，规划和改进仓储的各项运作，以提高仓储配送的运作效率。第 1 章总论，第 2、3 章介绍仓库总平面布置和库房内部布置，第 4~7 章介绍仓储作业操作，第 8、9 章介绍库存控制、物料定额管理和物料编码、库存绩效评价，第 10、11 章介绍配送和配送方案设计。编写本书的目标是为现代物流企业培养既具有掌握实际操作技能，又具有利用现代工程技术和数量化的方法进行仓储或配送中心规划的人才。

为方便教师教学，本书配有教学课件，可从北京交通大学出版社网站（http://press.bjtu.edu.cn）下载，或发邮件至 cbswce@ jg. bjtu. edu. cn 索取。

本书既可以作为物流管理、物流工程、工业工程、电子商务和市场营销等本科、专科或高等技术学院相关专业学习的教材，也可以作为从事仓储配送工作专业管理人员的参考用书。

本书编写分工如下：曹文琴编写第 1、8 章，陈博健编写第 2 章，高晓亮编写第 3、7、8 章，尹春建、姜美编写第 4、5 章，伊俊敏编写第 6 章，王凌洪编写第 9 章，甘卫华编写第 10 章，曾益编写第 11 章，全书由高晓亮统稿。

在本书的编写过程中，参考了大量的相关文献，在此向相关作者表示深深的谢意。尽管编者付出了很大的努力，但纰漏和不妥之处在所难免，还望读者不吝指正，我们将不胜感激。

编 者
2006 年 9 月

目 录

第1章　仓储绪论 …………………… (1)
  1.1　仓储概念 …………………… (2)
    1.1.1　仓储的历史 ………… (2)
    1.1.2　仓储的功能 ………… (3)
    1.1.3　国外仓储业的发展 … (4)
    1.1.4　我国仓储业发展现状 … (5)
  1.2　仓储管理的对象与内容 …… (6)
    1.2.1　仓储管理的含义 …… (6)
    1.2.2　仓储管理的对象 …… (6)
    1.2.3　仓储管理的内容 …… (7)
    1.2.4　仓储管理的意义 …… (7)
  1.3　仓库的分类及仓库设施和作业组织 …………………… (8)
    1.3.1　仓储设施 …………… (8)
    1.3.2　仓库的分类 ………… (10)
    1.3.3　仓库的作业组织 …… (11)
  案例学习 ……………………………… (12)
  习题与思考题 ………………………… (14)
  案例讨论 ……………………………… (15)

第2章　仓库规划与设置 …………… (16)
  2.1　仓库选址 …………………… (18)
    2.1.1　仓库选址的影响因素 … (18)
    2.1.2　设施选址基本流程 … (20)
    2.1.3　定性方法选址 ……… (20)
    2.1.4　定量方法选址 ……… (23)
  2.2　储存规划 …………………… (32)
    2.2.1　库前区的布置 ……… (33)
    2.2.2　仓储区平面布置 …… (34)
    2.2.3　库区道路设置 ……… (35)
    2.2.4　铁路专用线布置 …… (37)
  2.3　制造企业仓库规划 ………… (38)
    2.3.1　工厂仓库选择与布置 … (38)
    2.3.2　仓库与工厂总平面布置的结合 ……………………… (39)
    2.3.3　工厂与第三方物流仓库 ………………………… (40)
  习题与思考题 ………………………… (41)
  案例讨论 ……………………………… (42)

第3章　库房内部布置与仓储设施选择 …………………………… (44)
  3.1　库房内部布置 ……………… (44)
    3.1.1　库房面积的确定 …… (44)
    3.1.2　计算法确定面积 …… (45)
    3.1.3　概略计算法 ………… (46)
  3.2　库房内布置 ………………… (47)
    3.2.1　作业功能区位设置 … (47)
    3.2.2　料位面积的确定 …… (48)
    3.2.3　储存方式的规划 …… (48)
    3.2.4　堆垛方式的设置 …… (50)
  3.3　库房内道路布置 …………… (52)
  3.4　库房的主要结构和设计 …… (54)
    3.4.1　库房的主要结构 …… (54)
    3.4.2　库房的长、宽、高参数的确定 ……………………… (57)
  3.5　库内搬运工具的选择 ……… (59)
    3.5.1　搬运车辆 …………… (59)
    3.5.2　起重机械 …………… (62)
    3.5.3　传送带和输送机械 … (63)
    3.5.4　散料搬运设备 ……… (65)
    3.5.5　自动物料搬运设备及系统 ……………………… (65)
  习题与思考题 ………………………… (66)

I

第4章 仓储作业管理 (67)
4.1 仓储作业管理概述 (67)
4.2 仓储作业管理的一般原则 (68)
4.2.1 一般仓库存在的主要问题 (68)
4.2.2 仓储作业管理的一般要求及基本原则 (69)
4.3 影响库存物料变劣的主要因素 (69)
4.3.1 影响物料质量变化的内在因素 (69)
4.3.2 影响物料质量变化的外界因素 (70)
4.3.3 物料质量变劣的控制 (72)
4.4 5S 管理 (74)
4.4.1 5S 管理的含义 (74)
4.4.2 整理的内容 (75)
4.4.3 整顿的内容 (76)
4.4.4 清扫的内容 (77)
4.4.5 清洁的内容 (77)
4.4.6 素养的内容 (78)
4.4.7 5S 活动的常用工具 (78)
4.5 价值工程法 (83)
4.5.1 价值工程的概念 (83)
4.5.2 仓储管理中的价值工程应用 (84)
4.6 仓库安全管理 (84)
4.6.1 消防安全管理 (84)
4.6.2 危险品仓库管理 (86)
案例学习 (95)
习题与思考题 (97)

第5章 验收入库与上架作业 (98)
5.1 入库验收 (98)
5.1.1 入库验收作业的意义 (98)
5.1.2 入库验收作业的内容 (99)
5.2 入库验收作业的程序 (99)
5.2.1 接单接货验收准备 (99)
5.2.2 核对验收单证 (100)
5.2.3 确认验收比例及物料检验、签收和摆放 (101)
5.2.4 立卡、登账、建档 (102)
5.3 物料入库验收的方法 (104)
5.3.1 数量验收方法 (104)
5.3.2 质量验收方法 (105)
5.3.3 验收中发现问题的处理 (106)
5.4 仓储管理信息系统入库验收 (107)
5.4.1 正常产品收货 (108)
5.4.2 接货表格和验收表格的设计 (109)
5.5 货位分配与上架作业 (109)
5.5.1 货位分配 (110)
5.5.2 入库上架作业 (113)
5.5.3 自动存货、取货系统 (119)
习题与思考题 (122)

第6章 拣选和物料发放作业 (123)
6.1 物料发放概述 (123)
6.2 物料发放作业内容 (124)
6.2.1 领料、备料备货作业 (124)
6.2.2 复核与包装作业 (125)
6.2.3 发放作业 (126)
6.2.4 退料、退货及再入库管理 (127)
6.2.5 仓储管理信息系统发货管理 (128)
6.3 拣选作业 (130)
6.3.1 拣选作业的功能、流程与要求 (131)
6.3.2 拣选单位与方式 (134)
6.3.3 拣选策略 (137)
6.3.4 拣选信息 (141)
6.4 拣选作业系统分析 (143)

6.4.1 拣选效率分析与评价 ………… (143)
6.4.2 拣选方法及相关作业 ………… (148)
6.4.3 拣选批量问题 ………… (151)
6.5 拣选路径问题：TSP问题 ………… (152)
6.5.1 拣货路径优化问题 ……… (153)
6.5.2 TSP 的解法 ………… (154)
6.5.3 拣选路径优化与应用 ………… (156)
习题与思考题 ………… (157)

第7章 物料存储监控与盘点 ……(159)
7.1 盘点与物料数量监控 ……… (159)
7.1.1 物料盘点概述 ………… (160)
7.1.2 物料盘点的主要内容 ………… (161)
7.1.3 物料盘点的范围 ……… (161)
7.1.4 物料盘点的种类 ……… (161)
7.2 物料盘点的程序 ……… (163)
7.2.1 盘点前的准备 ………… (163)
7.2.2 初盘、复盘 ………… (163)
7.2.3 盘点报告、结果处理 ………… (165)
7.3 物料存储质量监控与呆废物料管理 ………… (166)
7.3.1 呆废残料概述 ………… (167)
7.3.2 呆废物料的防止和处理 ………… (167)
习题与思考题 ………… (168)

第8章 库存控制与物料定额管理 ………… (169)
8.1 库存控制 ………… (170)
8.1.1 库存控制概述 ………… (170)
8.1.2 库存成本的构成 ……… (173)
8.1.3 库存策略 ………… (174)
8.1.4 库存控制新策略 ……… (175)
8.2 物料消耗定额管理 ……… (181)
8.2.1 物料消耗的构成 ……… (181)
8.2.2 物料消耗定额的构成 ………… (182)
8.2.3 物料消耗定额的制定原则和方法 ………… (183)
8.3 物料储备定额管理 ……… (184)
8.3.1 物料储备与物料储备定额概述 ………… (184)
8.3.2 物料储备定额的确定 ………… (184)
8.4 物料分类与编码管理 ……… (190)
8.4.1 物料分类 ………… (190)
8.4.2 物料编码运用的功能和原则 ………… (191)
8.4.3 常用编码方法 ………… (193)
8.4.4 物料编码举例 ………… (197)
8.5 系统物料编码的处理特点 ………… (199)
习题与思考题 ………… (200)
案例讨论 8.1 ………… (201)
案例讨论 8.2 ………… (201)

第9章 仓储成本与绩效评估 ……(204)
9.1 仓储成本管理的内容和意义 ………… (206)
9.1.1 仓储成本管理的内容 ………… (206)
9.1.2 仓储成本管理的意义 ………… (207)
9.2 仓储收入及成本分析 ……… (207)
9.2.1 仓储业务收入构成 …… (207)
9.2.2 仓储成本的构成 ……… (208)
9.2.3 库存信息管理 ………… (211)
9.2.4 降低仓储费用的途径 ………… (212)
9.3 仓储经济指标 ………… (214)
9.3.1 经济核算的内容 ……… (214)
9.3.2 仓储经济性指标 ……… (215)

9.4 仓储绩效评价与分析 ……… (217)
  9.4.1 库存的利弊分析 ……… (217)
  9.4.2 库存的绩效评价量化指标体系 ……… (218)
  9.4.3 库存周转率的评价与分析 ……… (219)
习题与思考题 ……… (220)

第10章 配送与配送中心 ……… (221)
10.1 概述 ……… (222)
  10.1.1 配送、仓库和配送中心 ……… (222)
  10.1.2 配送合理化 ……… (226)
  10.1.3 配送与配送需求计划 ……… (229)
10.2 配送成本管理 ……… (230)
10.3 配送运营与商务配送 ……… (231)
  10.3.1 配送中心组织架构和方案设计 ……… (231)
  10.3.2 配送服务 ……… (234)
  10.3.3 超市配送 ……… (236)
  10.3.4 电子商务配送 ……… (237)
  10.3.5 邮政配送与快递服务 ……… (242)
10.4 配送服务质量管理 ……… (244)

习题与思考题 ……… (246)
案例讨论 ……… (246)

第11章 配送与运输方案设计 ……… (249)
11.1 配送运输概述 ……… (249)
  11.1.1 配送运输 ……… (249)
  11.1.2 配送运输的基本作业流程 ……… (250)
  11.1.3 配送线路类型 ……… (250)
  11.1.4 配送模式选择 ……… (251)
11.2 配送线路的优化计算 ……… (252)
  11.2.1 配送线路优化的意义及原则 ……… (252)
  11.2.2 配送线路的优化计算 ……… (253)
11.3 配送车辆的集装方法 ……… (261)
11.4 配送优化调度方法 ……… (264)
案例学习 ……… (267)
习题与思考题 ……… (269)

附录 A 包装储运标志 ……… (271)
附录 B 危险货物包装标志 ……… (272)
附录 C 安全标志 ……… (273)

参考文献 ……… (274)

第 1 章 仓储绪论

本章主要内容
- 仓储概念
- 仓储管理的对象与内容
- 仓库的分类及仓库设施和作业组织

引导案例

立足仓储，发展配送

郑州中储南阳寨仓库是以传统的仓储业务为主的中小型仓库。2000年，仓库紧紧围绕发展现代物流这一主线，依托仓储，大胆地进行新业务领域的探索和新业务增长点的开发，向现代物流中的其他领域延伸，实现增值服务。

发展现代物流是仓库唯一的出路，仓库早在1997年就成立了配送中心，是以送货上门为主要服务内容，没能实现现代完整意义上的物流配送，全年营业收入不过几十万元。2000年伊始，经过充分调研，反复论证，分析仓库所处的社会环境与经济环境后，仓库确定了大力发展配送业务的战略方针，重新组建了物流配送中心。新成立的配送中心，剥离了原来的汽车运输业务，依托现有仓库的大客户，并不占用仓库的资产，建立运输信息系统；利用社会返程运力，以郑州市北环经济带为主要合作目标，开展全国各地的配送业务，同时兼顾火车下站与发送业务。可以说，仓库利润的获取靠的是人的聪明才智，赚的是信息的钱。

自仓库的配送中心成立后，仓库把重点放在如何帮助客户降低成本上。仓库原大客户"牡丹电视"，占用仓库保管面积近1万平方米，每月周转近两次，全国性配送业务量很大，该电视机厂属合资企业，对配送质量要求很高。成品配送原由"荣原"公司代理，为了争取客户，仓库依据客户的要求，把货物的安全及时配置与送达放在首位，制订了一套物流服务方案，终于赢得了"牡丹电视"公司与仓库的合作。从3月至9月底，共为该电视机厂配送电视机4.5万台，无一出现差错，得到客户的好评；仓库还为"福临门"食用油、"旭日升"系列饮料、"两面针"牙膏等知名企业配送货物上千吨。

截至2000年11月底，配送中心共为近10家著名公司成功地实施了配送，为北环数十家饲料公司做了货物的代理与配送,并顺利地完成了上下站及火车发运业务,目前,配送已成为仓库创收的一大支柱。目前,配送中心与"美的"电器的配送合作,已进入实质性操作阶段,到 11 月已有 50 车皮电器进库。

2000 年,仓库在立足仓储发展配送方面初尝了甜头,配送业务为仓库全面完成企业各项经济指标做出了贡献,在仓储业普遍亏损的情况下,为企业赢得了较好的收益。

配送业务,随着社会分工的日益专业化,其市场潜力也越来越大。

洪水坤,陈梅君. 物流运作案例. 北京:中国物资出版社,2002

1.1 仓储概念

仓储的概念,有广义和狭义之分。狭义是指通过仓库对物料进行储存和保管;广义是指商品在从生产地向消费地的转移过程中,在一定地点、一定场所、一定时间的停滞。储存是物流的一种运动状态,是物料流转中的一种作业方式,在这一阶段对物料进行检验、保管、加工、集散、转换运输方式等多种作业。储存是物流的主要职能,又是商品流通不可缺少的环节。

随着经济、社会和技术的发展,商品、货物的数量和种类越来越多,但是存储的时间却要求越来越短,而且由于现代生产方式变为多品种、小批量的柔性生产,物流的特征也随之改变,由少品种、大批量变为多品种、小批量或多批次、小批量,仓库的功能也从重视对物料的保管逐渐转变为重视流通功能的实现。

从物流系统的观点来看,现代物流理念认为物料的停滞是一种浪费,强调以时间换空间,以加速物料的不间断流动,取代以往人们通过储存物料来弥补可能发生的物料供应的中断。现在最典型的形式,就是人们经常说到的"零库存"。

因此,仓库这个概念的内涵和外延已经发生了巨大的变化。仓库已经不仅仅是一个储存场所,它逐渐发展为配送中心、物流中心,不但建筑场所的外貌焕然一新,而且内部的空间、设施和货物都发生了根本的变化,更有功能和管理的进化。现代仓储和物流中心已经形成了围绕货物的以存储空间、储存设施设备、人员和作业及管理系统组成的仓储系统,功能也延伸到包括运输、仓储、包装、配送、流通加工和信息等一整套的物流环节。

总之,为了满足现代社会市场的需要,仓库完成了从"静态"储藏到"动态"流通枢纽的质的飞跃。观念和功能的改变,引起了仓库形态和内容的显著变化。

但现代物流的"零库存"的理念的发展,并不意味着仓储活动可以取消或不重要。因为在目前人类物资技术条件下,要想做到整个物流流程真正的无缝链接是不可能的,即使勉强做到代价也过于昂贵而不经济。因此物料的仓储管理不仅是目前,就是在未来仍然很有意义。

1.1.1 仓储的历史

仓储随着物料储存的产生而产生,又随着生产力的发展而发展。仓储是商品流通的重要环节之一,也是物流活动的重要支柱,在社会分工和专业化生产的条件下,为保持社会再生产过程的顺利进行,必须储存一定数量的物料,以满足一定时间内社会生产和消费的需要。

人类社会自从有剩余产品以来,就产生了储存。原始社会末期,当某个人或者某个部落获得食物自给有余时,就把多余的产品储藏起来;同时,也就产生了专门储存产品的场所和条件,于是"窖穴"就出现了。在西安半坡村的仰韶遗址,已经发现了许多储存食物和用具的窨穴，它们多密集在居住区内，和房屋交错在一起，这可以说是我国最早的仓库的雏形。在古籍中常常看到有"仓廪"、"窨窑"这样的词语。所谓仓廪，其中"仓"是指专门藏谷的场所，"廪"是指专门藏米的场所。所谓窨窑，是指储藏物品的地下室，椭圆形的叫作"窨"；方形的叫作"窑"。古代也把存放用品的地方叫作"库"；后人接着把"仓"和"库"两个概念合用，逐渐合成一个概念，即把储存和保管物料的建筑物叫作"仓库"，所以仓库一词也就出现了。

1.1.2 仓储的功能

仓储主要是对流通中的商品进行检验、保管、加工、集散和转换运输方式，并解决供需之间和不同运输方式之间的矛盾，提供场所价值和时间效益，使商品的所有权和使用价值得到保护，加速商品流转，提高物流效率和质量，促进社会效益的提高。概括起来，储存的功能可分为如下几个方面。

(1) 调节功能

储存在物流中起着"蓄水池"的作用，一方面储存可以调节生产与消费的关系，如销售与消费的关系，使它们在时间和空间上得到协调，保证社会再生产的顺利进行；另一方面，还可以实现对运输的调节。因为产品从生产地向销售地流转，主要依靠运输完成，但不同的运输方式在运向、运程、运量及运输线路和运输时间上存在着差距，一种运输方式一般不能直达目的地，需要在中途改变运输方式、运输线路、运输规模、运输方法和运输工具以及为协调运输时间和完成产品倒装、转运、分装、集装等物流作业，还需要在产品运输的中途停留，如图1-1所示。

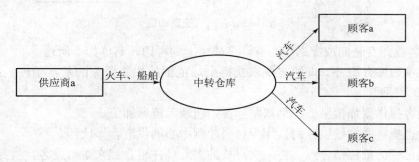

图1-1　仓储的调节功能

(2) 检验功能

在物流过程中，为了保障物料的数量和质量准确无误，分清责任，维护各方面的经济利益，必须要求对商品及有关事项进行严格的检验，以满足生产、运输、销售及用户的要求，储存为组织检验提供了场地和条件。

(3) 集散功能

储存把生产单位的产品汇集起来，形成规模，然后根据需要分散发送到消费地去。通过一集一散，衔接产需，均衡运输，提高物流速度。如仓库接受来自许多厂商或供应商的商品；另一方面，仓库根据顾客的要求，把经过整合的商品送到顾客的手中。这种方式的经济利益体现在从厂商到仓库的大批量运输和从仓库到顾客的共同配送。这类仓库一般被称为整合仓库，如图1-2所示。

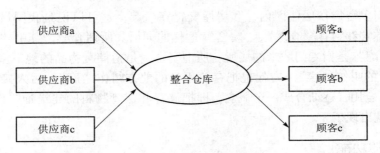

图 1-2　仓储的集散功能

（4）配送功能

根据用户的需要，对商品进行分拣、组配、包装和配发等作业，并将配好的商品送货上门，如图 1-3 所示。储存配送功能是储存保管功能的外延，提高了储存的社会服务效能，就是要确保储存商品的安全，最大限度地保持商品在储存中的使用价值，减少保管损失。

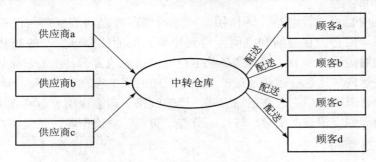

图 1-3　仓储的配送功能

目前，企业拥有仓储或配送中心有许多战略上的考虑，具体如下所述。

① 提供本地库存服务。即顾客要求获得全球范围的快速服务的基本条件，这促进了本地仓库网络的发展。

② 为顾客提供附加值服务，例如贴标签、包装等流通加工。

③ 就近选择一些关键供应商，作为材料控制中心的供应合作伙伴。

④ 形成订货的最佳结合点，将一次订货的多元部件组合起来送给顾客。

⑤ 整合外运订单，使运输更加经济化。

⑥ 防止受到制造交付周期的影响。

⑦ 处理逆向物流。

⑧ 进行质量检测。

⑨ 制造经济化，如存储产品能使生产线在季节性需求波动到来时保持平稳运行。

⑩ 提高采购效率，如当原材料价格下降时进行大量采购。

1.1.3　国外仓储业的发展

伴随着社会分工和专业化生产的出现，特别是资本主义生产方式的出现，大规模的商品生产和大规模的商品交换，使商品的储存规模不断扩大。原先那种附属于某一企业或某一部门的分散储存状况，已不能适应生产进一步发展的需要，于是商品储备又逐渐从附属型发展为一个独立的行业，即仓储业。这种行业专门从事物料的储存保管和中转运输，独立经营这种业务的企业称为仓储企业或储运企业。它们为社会提供储运劳务，对降低生产企业的产品成本、节约流通费用、加强物料周转及促进物料储备的专门化管理等方面都起着积极的作用。

第二次世界大战以后，特别是20世纪60年代以来，由于世界经济的发展、现代科技的突飞猛进，世界经济得到了迅速恢复和发展，货物的物流量越来越大，物流中的矛盾也愈加突出。如何使物流更为畅通，如何使物流过程更为合理，已成为人们关心的问题。为此，国外出现了一些专门研究物流的机构，特别是美国和日本。随着商品经济的发展，商品流通费用在进入消费者手中之前所占总费用的比例呈上升趋势（目前，一些国家的商品流通费用已占商品总成本的10%～30%），这就要求通过降低流通费用来提高企业经济效益。西方国家在这方面做了许多努力。

日本作为一个资源缺乏的发达国家，对仓库的建设特别重视，而且现代化程度较高。在日本，除了企业物流外，许多物流中的仓储活动主要是由独立的企业承担，政府对仓储业的管理主要是通过法律进行约束。在仓储经营方面，越来越多的日本仓储企业从事拆、分、拼装商品等多种经营业务，并出现众多的为生产企业和商业连锁点服务的配送中心，由此大大减少了各企业内自备仓库中的货物存储量，从而降低了资金的积压。

最为典型的形式是自动化立体仓库，20世纪50年代始于美国，20世纪70年代在日本得到高速发展。目前，欧美国家又在发展大型中转仓库，面积可达上万平方米，单层高度达十多米，使货物流转更加畅通和迅捷。仓库的性质由此也发生了变化，从单纯地进行储存、保管物料的静态储存状态一跃而进入了多功能的动态储存新领域，成为物料流通的枢纽和服务中心。特别是大型自动化立体仓库的出现，开始采用电子计算机进行自动操作和管理，彻底改变了过去那种传统的手工记账、算账的落后状态，使仓储管理进入了现代化管理的行列，并逐渐向着综合化、系统化、全自动化的方向发展。

1.1.4 我国仓储业发展现状

我国的近代仓储业起源于商品流通领域。近代中国的商业性仓库也称之谓"堆栈"，即是堆存和保管货物的场所。堆栈经营者将资金投入堆栈业，并配备一定的设备，专门存放他人的货物，收取栈租。在租用堆栈时，保管货物的契约凭证是栈单。

近几十年以来，我国仓储业已形成了相当的规模。物料仓储管理工作也经历了一个从无到有、从小到大的发展过程。新中国成立以后，政府在接收了旧中国官僚买办的堆栈，并在对私营仓库进行公私合营的基础上，建立和发展了新中国的仓储业。20世纪50年代，各地纷纷建立了国营的仓储公司，并成立了仓库同业工会，对行业起领导作用。在1953年召开的全国第一届仓储会议上，明确了国营商业仓库实行集中管理与分散管理相结合的体制，即对于较大型的仓库由各地商业部门统一收回，拨交仓储公司经营，并与我国商业流通的三级批发管理体制相一致，形成层次清楚、大小规模配套、集中与分散相结合的物流系统的仓储体系。1962年我国成立了专门从事物资储运工作的管理机构——国家物资总局储运局，此后，在全国各地较普遍地建立起物资储运公司，它们承担着我国经济建设中所需各种物料的储运任务，为我国社会主义建设起了一定的促进作用；同时其他行业也建立起了自己的仓储企业，如商业储运公司、供销社储运公司等，并一直保留至今。目前我国现有仓储业的管理水平还较低，仓储业由于以往不为人们所重视，一直视其为低技术含量的工作，因此其从业人员的素质比较低。同时，很多仓储企业历史包袱比较重，企业技改还面临很多困难，大部分仓储企业还停留在功能单一的仓储活动中。这与国民经济发展需要特别是工业发展的需要相比，差距较大，这种状况与我国经济建设的飞跃发展形势相比是很不适应的，仓储能力和技术水平仍远未满足需要。与国外发达国家相比，我国仓储业在规模和水平上，尤其是信息技术的应用上与工业化国家相比差距更大。

尽管我国仓储业的发展还有很多困难，但很多企业在全社会重视物流的背景下，正努力向现代第三物流的经营方向转变。生产企业为了使整个生产系统高效率，也在加快配套仓储系统的现代改造。随着改革开放以来广泛的国际交流，国外许多先进的仓储技术和管理方法正在不断地被引进，我国仓储业的发展正逐步跟上世界发展的潮流。

1.2 仓储管理的对象与内容

1.2.1 仓储管理的含义

仓储管理是指对库存物料、仓库设施及其布局等进行规划、控制的活动，衔接供应与需求。这种对仓库和仓库储存物料的管理工作，是随着储存物料品种的多样化和仓库结构、技术设备的科学化而不断变化发展的。概括起来，仓储管理主要经历了简单仓储管理、复杂仓储管理和现代化的仓储管理三个发展阶段。

仓储管理是一门经济管理科学，同时也涉及应用技术科学，故属于边缘性科学。仓储管理将生产领域内生产力、生产关系及相应的上层建筑中的有关问题进行综合研究，以探索仓储管理的规律，不断促进仓储管理的科学化和现代化。

仓储管理的内涵随着其在社会经济领域中的作用不断扩大而变化。仓储管理从单纯意义上对物料存储的管理，已转变成为物流过程中的重要环节，它的功能已不再是单纯的物料存储，而是兼有包装、分拣、整理、简单装配的多种辅助性功能。

1.2.2 仓储管理的对象

仓储管理研究的是商品流通过程中物料储存环节的经营管理。即研究商品流通过程中物料储存环节的经营活动，以及为提高经营效益而进行的计划、组织、指挥、监督和调节活动。

仓储管理主要是从整个商品流通过程中的购、销、储、运各个环节的关系中，研究物料储存的收、管、发和与之相关的加工等经营活动，以及围绕物料储存业务所开展的对人、财、物的运用与管理，仓储信息的收集处理和传递。而这些活动，又紧紧围绕物料而展开，并受物料性质制约，因此物料是影响一切仓储环节的重要因素。

广义的物料，是指生产资料和生活资料，不包括土地、生产性建筑物、道路等生产资料。本书研究的流通中的物料是一切仓储环节的物料，具体分类如下。

1. 按物料在生产中的作用分类

① 主要原料和材料：是指构成产品实体的物料。

② 辅助材料：是指用于生产过程，有助于产品形成但不构成产品主要实体的物料。

③ 燃料：是指能产生热能、动能的可燃物料。
④ 动力：是指用于生产和管理等方面的电力、蒸汽、压缩空气等。
⑤ 配件：是指预先准备的用于更换设备中已磨损和老化的零件和零件的各种专用备件；准备用于产成品维修用的备件和零件。
⑥ 工具：是指生产中所使用的各种刀具、量具、卡具、模具等。

采用这种分类方法，便于企业制定物料消耗定额，计算各种物料需求量和产品成本。

2. 按物料的自然属性分类

① 金属材料：包括黑色金属和有色金属。

黑色金属又分为钢材、生铁等；有色金属又分为铜、铅、铝、锌等。

② 非金属材料：包括木材、煤炭、化工产品、纺织产品、石油产品等。

③ 机电产品：包括电机、电线、仪表、机械设备、电子和光学仪器及液压配件等。

采用这种分类方法，便于企业对物料的采购、运输和保管。

3. 按物料的使用范围分类

① 基本建设用物料。
② 生产经营用物料。
③ 一般维护用物料。
④ 开发新产品用物料。
⑤ 工艺装备用物料。
⑥ 其他用物料。

采用这种分类方法，便于企业按物料的使用方向进行物料的核算和控制。

1.2.3　仓储管理的内容

仓储管理是服务于一切库存物料的经济技术方法与活动。其定义指明了其所管理的物料是"一切库存物品"，管理的手段既有经济方面的又有技术方面的，主要涉及仓库的选址与建筑问题，仓库机械作业的选择与配置问题，仓库的进库、保管、分拣、发料、呆废料处理等业务管理问题，仓库的库存管理问题，仓库业务考核问题，新技术、新方法在仓库管理中的运用、配送管理问题等；同时还包括货源的组织，仓储计划，仓储业务，货物包装，货物养护、仓储成本核算、仓储经济效益分析、仓储货物的保税的类型、保税制度和政策、保税货物的海关监管、申请保税仓库的一般程序、仓储管理的定量分析方法、仓储管理中计算机的应用及对仓储管理发展的研究等。

1.2.4　仓储管理的意义

仓库是集中反映企业物流活动状况的综合场所，仓储管理是物料管理的重要环节，是衔接生产、供应、销售的中转站。做好仓储管理其意义在于：

① 有利于准确及时地为生产和销售提供物料供给，确保生产和销售的正常进行；
② 有利于保证物料质量，减少损耗，降低产品成本；
③ 有利于合理储备，加速资金周转，提高企业经济效益；
④ 有利于确保物料储存安全，确保企业生产经营成果；
⑤ 清晰、准确的报表等信息为企业物流的综合管理提供便利可靠的信息。

应该特别注意的是，物料管理比金钱管理更重要。因为现在企业的高层管理人员，对资金的管理是高度重视的，但当这些资金转化物料后，形态变了，管理人员的重视程度就大幅度下降了，变得可有可无。实际上，资金转变成物料后形态发生了转变，重要性并没有降低，而是变大了，管理难度也加大了。因为仓库内的物料种类繁多，规格复杂，有很大的差异，随时都在发生物料自身价值的变化。尤其受到市价的波动，遭受跌价损失；由于长期闲置成为呆废料，而折价出售；由于因损坏成为废料以报废处理；因管理不善而造成发霉、变质等的损失。这些损失对企业制造成本的影响，远远超过资金的影响。而资金保存的影响因素就没有这么复杂，管理较方便。

1.3 仓库的分类及仓库设施和作业组织

1.3.1 仓储设施

仓储设施是指用于物料储存活动的一切劳动资料，包括各种仓库以及仓库中为储存物料和仓库作业服务的各种建筑物、设备和器具的总称。一般可分为建筑设施、仓储机械设备和作业器具三类。

1. 建筑设施

指库房、货棚、货场、站台、道路、铁路专用线，将在以后的内容中详细介绍。

2. 仓储设备

（1）装卸搬运设备（见图1-4）

装卸搬运设备
- 起重设备
  - 葫芦（手动、电动）
  - 桥式起重机（单梁、双梁）
  - 龙门式起重机（俗称龙门吊）
  - 旋转臂架式起重机（汽车、轮胎、履带起重机）
  - 堆垛起重机（桥式、巷道式堆垛机）
  - 装卸堆垛机（叉车、升降机）
- 运输设备
  - 输送机（带式输送机、辊式输送机、管道输送装置）
  - 运输车辆（电瓶车、手推车、拖拉机、卡车）

图1-4 装卸搬运设备

（2）物料储存设备

物料储存设备，是供物料储存、保管的设备，主要有货架、储罐和料槽等。

① 货架。又称料架，是仓库库房内主要的物料储存设备。用于存放小批量、多品种的物料，包括捆扎成件的物料。使用各种货架便于物料的分类、保管和收发，并能减少物料损耗，提高库容利用率。

常用的货架是固定式通用料架，它的形式有层架、层格架、橱架和抽屉架等。此外，货架还有悬臂架、双层棚架、调节式货架、装配式货架、转动式货架、活动货架、高层货架、水平回转式货架等。这些货架的主要特点是形式多样，机动灵活，适应性强，存取方便，省工省力，空间利用率高，经济实用。货架的设计和制造正朝着标准化、系列化、通用化、组合化、商品化的方向发展。

② 储罐。是储存液体石油产品、酸类及其他液态化工原料的容器。储罐有多种类型。按照盛装液体的类别与性质分，有油罐、酸罐、碱液罐、各种化工原料罐等；按照安装位置不同分，有地上、半地下和地下三类；按装置的固定性分，有固定式和吊装式；按结构形式分，有立式和卧式；按结构材料分，有金属罐、钢筋混凝土罐和内衬耐腐蚀材料的储罐等。

储罐实际是一套装置系统，除主体结构容器外，还有与之相连接的由泵、管道和阀门等组成的液体装卸系统，以及安全装置等。

③ 料槽。又称料斗、料仓，用于储存块状和粉末状物料，常用的如水泥料槽。

（3）计量设备

① 计量设备。是指仓库为了进行物料质量和数量验收，而对物料进行重量、尺寸、精度检验的仪器设备。

② 物料称重设备。是各种衡器，一般常用的有案秤、台秤、地中衡、电子秤等。

③ 量具和计数装置。是指测量物料规格尺寸及点数的设施。

（4）物料保养设备

它是指对物料进行直接保养用和为了维持物料原有质量而提供适宜环境的有关机械设备，如除锈机、喷油设备、化学除锈设备等。

（5）安全消防设备

主要是保障仓库作业安全和仓库防火的一些设施，如电器安全设备、消防设备、报警装置等。

（6）其他服务设施

主要有仓库必备的供电、照明设备、给水装置、排水装置、通信设备等。

3. 作业器具

它是指用于仓库物料的起重运输、储存、检验、拆装包装和劳动保护用的器具，多数不属仓库的固定资产，而属于低值易耗品，有的是仓储设备的附属物件。

（1）起重运输用器具

包括两方面内容，一则包括起重机的吊具、索具与属具，如绳索（钢丝绳、链条、尼龙绳、棕绳）、钢板吊钩、卷板吊钩、油桶吊具、箱夹、卷筒夹、起重电磁盘；二则指物料搬运装载盛器，如集装箱、托盘，以及为移动物料用的撬棒、垫管等。

（2）物料苫垫器具

它是指供物料存放、苫垫用的垫墩、垫木、苫布等。

（3）检尺工具

检尺工具主要用于检测金属材料、木材和配件等物料的规格尺寸。常用的检尺工具有直尺、卷尺、折尺、游标卡尺、分厘卡等。

（4）贮放容器

如盛装储放各类物料用的箱、桶、罐、坛、瓶、集装箱、托盘等。

（5）拆装包装用器具

如起钉器、钢丝钳、改锥、手工钢锯、榔头、打包器等。

仓储设施直接影响着仓库的物料储存能力和仓库作业水平，是仓库进行物料收、管、发、运等各项作业不可缺少的物质技术基础，也是确保物料数量准确、质量完好、充分利用仓容、减轻劳动强度、提高劳动效率，以及保证安全作业的重要条件。随着我国现代化生产建设的进展和物料流通工作的需要，仓库机械化、电控信息化水平日益提高，仓储设施的完善程度及其先进性，对仓库作业的影响也越来越大。

1.3.2 仓库的分类

进行仓储活动的主体设施是仓库。物流中的仓库功能已从单纯的物料储存保管，发展到具有物料的接收、分类、计量、包装、分拣、配送等多种功能。仓库是物流系统的基础设施，按其营运形态、保管形态、建筑形态、功能等可划分为不同的类型，如表1-1所示。

表1-1 仓库的种类

分 类	种类名称及说明
根据营运形态分类	营业仓库：仓库业者根据相关法律取得营业资格的仓库
	自备仓库：各生产或流通企业，为了本企业物流业务的需要而修建的附属仓库
	公用仓库：属于公用服务的配套设施，为社会物流服务的仓库
根据保管形态分类	普通仓库：常温下的一般仓库，用于存放一般性的物料，对于仓库没有特殊要求
	冷藏仓库：具有冷却设备并隔热的仓库（10℃以下）
	恒温仓库：能够调节温度、湿度的室内仓库（温度保持在10℃～20℃之间）
	露天仓库：露天堆码、保管的室外仓库
	储藏仓库：保管散粒谷物、粉体的仓库，以筒仓为代表
	危险品仓库：保管危险品、高压气体的仓库，以油罐仓库为代表
	水上仓库：漂浮在水上的储藏货物的泵船、囤船、浮驳或其他水上建筑，或把木材放在划定的水中保管的室外仓库
	简易仓库：没有正式建筑，如使用帐篷等简易构造的仓库
根据功能分类	储存仓库：主要对物料进行保管，以解决生产和消费的不均衡，如季节性生产的大米储存到下一年销售
	流通仓库：除具有保管功能外，还能进行流通加工、装配、简单加工、包装、理货及配送功能，具有周转快、附加值高、时间性强的特点
	专用仓库：专门用于保管钢铁、粮食等某些特定物料的仓库
	保税仓库：经海关批准，在海关监管下，专供存放未办理关税手续而入关境或过境货物的场所
	其他仓库：包括制品仓库、商品仓库、零件仓库、原材料仓库
根据建筑形式分类	平房仓库
	多层仓库
	地下仓库
	立体仓库：金属货架上边搭上顶盖，外侧装上墙壁
	罐式仓库：构造特殊，或球形或柱式，形状像一个大罐子，主要用于储存石油、天然气和液体化工产品等
根据库内形态分类	一般平地面仓库
	货架仓库
	自动化立体仓库：当前经济发达国家采用的一种先进仓库，主要采用电子计算机进行管理和控制，实行机械化、自动化作业
	斜坡道仓库

续表

分　类	种类名称及说明
根据储存物料种类的多少分类	综合性仓库：同时储存一大类以上不同自然属性的物料
	专业性仓库：在一定时期内只储存某一类物料
根据建筑结构分类	库房：凡有顶盖、封墙、门窗，并有通风孔道的用以储存物料的房屋
	料棚：有顶盖，能防雨雪的存放物料的棚子，棚子一般只适宜存放怕雨雪但对温度变化影响不大的物料物料：分移动和固定式两种
	料场：经过适当处理，上部没有任何建筑的用以存放物料的场地

1.3.3 仓库的作业组织

仓库作业组织，按仓库作业阶段可分为三个主要内容，即商品入库验收、商品保管养护、商品出库配送。具体内容如表 1-2 所示，仓储的基本流程见图 1-5。

表 1-2 仓库作业

作业阶段	工作内容
商品入库验收	商品接运：仓库对于通过铁路、水运、公路、航空等方式运达的商品，进行接收和提取的工作
	商品入库验收：进行数量点收和质量检验
	办理入库交接手续：交货单位与库管员之间所办理的交接工作
商品保管养护	商品的保管
	仓库的账务统计工作
	商品的养护
商品出库配送	1. 核对领发凭证：核对和审查领发凭证，准确掌握出库商品的名称、编号、型号、实发数量、印签、审批手续
	2. 集中备货：按照商品储存秩序，顺序取货，减少往复行走距离
	3. 复核：对所有出库商品实行检查核对制度，保证实发货物准确无误
	4. 办理交货手续：库管员与领货人办理交接手续，商品要当面验证，在移交单上签字认定
	5. 善后处理：库管员在办完交接手续后要整理现场，清理单据，登记账册，物料归档，并制定出库计划，妥善安排出库的人力和车辆

在仓储运作中，不论是人力化、机械化的物流系统，或是自动化、智能化的物流系统，若无正确有效的作业方法配合，则不论是多先进的系统、设备，也未必能达到最佳的效果。本书将对仓储系统各作业的方法做初步的介绍，大致可归纳为由供应货车到达卸货站台开始，经"进货"作业确认所进货品正确后，便依次将货品验收入库上货架"储存"，而后为确保在库货品受到良好的保护管理，再进行物料实时控制与管理。当接到客户订单后，先根据订单性质作"订单处理"，之后即可根据处理后的订单信息执行将客户订购货品从仓库中取出的"拣货"作业。拣货完成后如果拣货区所剩余的存量过低，则必须"补货"。如果储区的存量低于标准，便向上游采购进货。而从仓库拣出的货品经整理后即可准备"出货"，等到一切出货手续完成，司机便可将出货品装上配送车，将之"配送"到各个客户点交货。因而在本书中我们主要讨论的内容有：

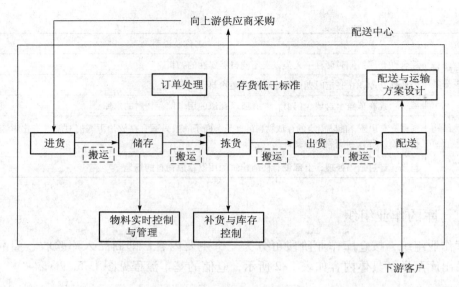

图 1-5 仓储基本作业流程

① 仓储规划与设置；
② 库房内部设置与布置；
③ 仓库管理；
④ 验收入库与上架作业；
⑤ 物料分拣发放与配送；
⑥ 物料实时控制与管理；
⑦ 库存控制与物料定额管理；
⑧ 仓库绩效考核；
⑨ 配送与配送中心；
⑩ 配送与运输方案设计。

在一定程度上，上述活动均应出现在仓储运作中。然而，也很可能是其中某个或某些活动和其他活动融合在一起。

案例学习

云南双鹤药业仓储系统的合理化改造

云南双鹤医药有限公司是一个以市场为核心、以现代医药科技为先导、以金融支持为框架的新型公司，是西南地区经营药品品种较多、较全的医药专业公司。

一、云南双鹤药业企业物流管理中面临的主要问题

1. 装卸搬运费用过高

装卸搬运活动是衔接物流各环节活动正常进行的关键，渗透到物流各个领域，控制点在

于管理好储存物品、减少装卸搬运过程中商品的损耗率、装卸时间等。而云南双鹤恰好忽视了这一点，由于搬运设备的现代化程度较低，只有若干小型货架和手推车，大多数作业仍处于人工作业为主的原始状态，工作效率低，且易损坏物品。另外，仓库设计的不合理，造成长距离的搬运；并且库内作业流程混乱，形成重复搬运，大约有70%为无效搬运。

2. 储存费用过高

目前，云南双鹤仓库的平面布置区域安排不合理，只强调充分利用空间，没有考虑前后作业的衔接和商品在库内的存放，混合堆码的现象严重，造成出入库的混乱和物料长期存放，甚至一些已过有效期发生质变和退回的商品没能得到及时处理，占据库存空间，增大了库存成本。

3. 运输费用没有得到有效控制

云南双鹤拥有庞大的运输队伍，但由于物流管理缺乏力度，没有独立的运输成本核算方法，该企业只单纯地追求及时送货，因此不可能做到批量配送，形成不必要的迂回，造成人力、物力上不必要的浪费。而且由于部分员工的工作作风懒散，乘送货之机办自己的私事，影响了工作效率，也增大了运输费用。

4. 物流管理系统不完备

在企业中物流信息的传递依然采用"批条式"或"跑腿式"方式进行，计算机、网络等先进设备与软件基本上处于初级应用或根本不用，使得各作业环节间严重脱离甚至停滞，形成不必要的损失。

5. 存在人力资源及时间浪费大的现象

二、云南双鹤药业仓储系统的合理化改造

（一）企业现有仓储系统的现状和产生的原因

（1）仓库的现代化程度低，设备陈旧落后，不少仍处于人工作业为主的原始状态，人抬肩扛，工作效率低。

（2）仓库的布局不合理。由于企业业务的不确定性，导致不同品种的零散物品占据很大的仓库面积，大大降低了仓库的利用率，而且堆码、分区都很混乱，给出入库、盘点等带来诸多不便，往往是提货员拿着一张提货单在仓库里来回寻找，影响了工作效率，也影响了配送，降低了服务质量。

（3）库存成本过大。企业目前没有一套库存控制策略，例如经济订货批量、订货间隔期、订货点、安全或保险库存等的控制。当某些物品的供大于求时就造成积压，浪费人力、物力和财力；当供不应求时，又发生缺货现象，妨碍了企业的正常生产和销售，不仅带来经济损失，也使企业失去信誉。另一方面是破损、变质及退回商品没能及时处理所形成的库存。企业的仓储部与质检科联系不紧密，信息传递缓慢，对破损、变质等商品的单据处理及层层上报批复的过程复杂，甚至是责任不明确形成的互相推卸，这一切造成了库存的增大和库存成本的提高。

（4）仓库管理信息系统不完备，其信息化和网络化的程度低。企业的储运部只有一台计算机，接收订单、入账、退货单处理、报损、退厂、查询等工作都只能由它完成，工作量大而繁，易出错，同时也影响了整个管理链条中的信息传递和库存管理控制。

（二）企业仓储系统合理化改造的建议和方法

1. 重视对原有仓库的技术改造，加快实现仓储的现代化

根据实际需要，尽可能引进国外先进的仓储管理经验和现代化物流技术，有效地提高仓库的储存、配送效率和服务质量。

2. 完善仓库功能，逐步实现仓库的社会化

加快实现仓库功能多元化是市场经济发展的客观要求，也是仓库增加服务功能、提高服务水平、增强竞争力、实现仓库社会化的重要途径。在市场经济条件下，仓库不应该再仅仅是存储商品的场所，更要承担商品分类、挑选、整理、加工、包装、代理销售等职能，还应成为集商流、物流、信息流于一身的商品配送中心、流通中心。现在美国、日本等发达国家，基本上都把原来的仓库改成商品的流通加工配送中心。基于云南双鹤目前的规模及企业实力，企业应实现现有仓库向共同配送的配送中心转化，商品进入配送中心后，先是分类储存，再根据用户的订货要求进行分拣、验货、配送到各连锁店和医疗单位。这种配送中心作业简明，只需将进货商品解捆后，每个库区都以托盘为单位进行存放即可。

3. 建立完备的仓库管理系统

云南双鹤药业收购的众多子公司存在程度不等的存货管理不善问题，各种过期和滞销存货以及应收款项使得这些国有商业公司步履维艰。所以，云南双鹤物流管理的建设必须解决存货管理的低效率现状，降低库存成本和存货滞销风险，解决它在整个管理链条中信息传递的问题。

4. 减少作业环节

每一个作业环节都需要一定的活劳动和物化劳动消耗，采用现代技术手段和实行科学管理的方法，尽可能地减少一些作业环节，既有利于加速作业的进度，又利于降低成本。如减少装卸搬运环节；采用"L"形和"U"形布局，以保证物品的流动尽可能少的交叉往复，既避免了物品的迂回和倒流，又减少了搬运环节。

5. 减少退货成本

6. 其他具体操作要求

习题与思考题

1. 仓储有哪些功能？随着经济和物流的发展，将来还会新增哪些功能？
2. 合理储存的内容是什么？
3. 仓储管理的对象是什么？生产企业的物料包括哪些？
4. 仓库的种类有哪些？一般仓库作业流程是什么？
5. 试讨论储存型仓库与流通型仓库作业流程有何异同。
6. 试讨论仓储管理的发展趋势。
7. 请阐述对仓储管理重要性的认识。
8. 请讨论仓库从"静库"向"动库"转变的积极意义是什么？

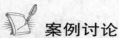
案例讨论

海尔物流降低海尔制造成本

建立现代物流系统之前,海尔占用50多万平方米仓库,费用开支很大。为了配合强大的物流流程,海尔改变了传统仓库的功能,建立了两座中国规模最大、自动化水平最高的现代化、智能化立体仓库。海尔国际物流中心仓库面积只有7 200 m², 但它的吞吐量却相当于一个 3.0×10^5 m² 的仓库,利用率提高了几十倍。以前海尔一年的采购费用大约是200亿,现在通过整合供应商,利用数量和品牌优势取得了国内同业的最优价格,成本环比降低4.5%以上。

1. 海尔物流加强库存周转,提高了资金利用率

海尔采用强大的物流系统后,库存资金和资金占用率有很大幅度的下降,到2001年末,海尔基本实现零库存。2000年,集团的流动资金周转次数为3.97次,2001年1—9月的流动资产周转次数上升到5.1次,而全国工业企业平均只有1.2次(1999年);而资本周转提高到一年15次(2000年),零部件在仓库的存放时间一般只有3天,最多不超过7天。仓库面积减少50%,库存资金压缩67%,呆滞物料降低73.8%。海尔现在完成客户化定制订单只用10天时间,而一般企业至少需要36天。海尔的国外客户只要根据当地气候、电压、风俗习惯订购特需冰箱,海尔均能在一周内拿出样机,一月内组织批量生产,再通过配送系统,快速运往各地。

2. 海尔物流使得成品分拨效率提高

海尔目前已经能够做到物流中心城市6~8小时配送到位,区域配送24小时到位,全国主干线配送平均4天到位。通过汉堡港物流分拨中心,向欧洲客户的供货时间缩短了一半以上。

讨论和思考

1. 加强仓库建设、仓储管理对企业发展有何积极作用?
2. 为什么仓储物流越来越强调物料流动速度越快越好?

第2章

仓库规划与设置

本章主要内容
- 仓库选址
- 储存规划
- 制造企业仓库规划

引导案例

烟台山物流园区发展规划[①]

1. 选址

物流园区建设在烟台经济技术开发区西南角，东起海通工业园，西至同三高速公路与206国道交叉口。

2. 规模

物流园区规划占地：100 000 m^2。

物流园区建设周期：至2005年征地43 000 m^2（现海通工业园范围）；至2010年征地57 000 m^2（现舒家村以西）。

物流园区用地划分（按入驻企业性质）：第三方物流企业用地、物流软件开发企业用地、物流咨询培训公司用地、物流设备生产厂商用地共四类。

物流园区用地比例：4∶2∶2∶2。即第三方物流企业用地40 000 m^2、物流软件开发用地20 000 m^2、物流咨询培训公司用地20 000 m^2、物流设备生产厂商用地20 000 m^2。

物流园区基础设施用地比例：仓库用地、停车场用地、集装箱堆场用地、道路用地、绿化用地、办公用地的比例为：3∶1.5∶1∶1.5∶2∶1。

3. 服务范围

物流园区立足于经济技术开发区、保税加工区及相邻的高新技术工业园区等，面向烟台市，辐射东南亚。

---

① 资料来源：http：//www.all56.com。

4. 中、远期目标

至2005年通过招商引资使园区入住率达到规划面积的40%以上。

至2010年发展为大型社会化物流服务和国际商贸后勤基地，为烟台经济提供强有力的保证，带动烟台现代物流产业的发展。

5. 总体定位

物流园区是烟台物流产业孵化器。首先是进一步发挥物流产业的主观能动性，通过物流园区建设拉动其他产业的发展，进而起到培育物流市场的作用，长此以往形成良性循环；其次物流园区通过吸引第三方物流企业、物流设备生产企业、物流软件开发企业、物流咨询服务企业、物流金融服务企业入驻，相互促进，支持彼此的发展。

6. 核心功能

（1）货物集散功能。接收通过各种运输方式的到达货物，并进行分拣、储存，将本市发出的货物进行集中，通过越库作业（cross-docking）方式向外发运。

（2）货物中转功能。结合烟台中转物流需求大的特点，物流园将充分体现商品中转中心的作用。一方面，物流园可以衔接各种运输方式，实现多式联运，为进出口货物、国内跨海运输提供便利条件，如将集装箱海运与铁路或公路运输方式相结合；另一方面，物流园也将起到衔接干线运输与支线配送的作用。

（3）配送功能。物流园区向配送中心、配载中心或区域物流节点实施日常配送；物流园区针对工商企业提供配送服务。

（4）流通加工功能。包括商品的包装整理、加固、换装、改装、条形码印制等。通过流通加工，提高物流对象的附加价值。

（5）口岸功能。可设置海关、卫检、动植物检疫检验机构，为以烟台为生产、加工基地或者最终销售市场的制造商、分销商提供储存、保管、运输、加工等服务。

（6）商品检验。即商品检验与养护、商品检疫等。

（7）物流信息服务。建设物流公共信息平台、完善物流信息网络建设。通过信息系统完成物流状态查询、物流过程跟踪、物流要素信息记录与分析、物流客户关系管理、物流决策支持，以及方便报关、结算、利税等单据处理，提高工作准确性及工作效率，简化手续。

（8）物流咨询与培训。物流系统规划与设计、物流培训、物流项目咨询等。

（9）商品展示的功能。物流园将通过设立商品展示厅，提供贸易机会。

（10）电子商务的辅助功能。物流园可以利用巨大的仓储资源、专业的配送服务，开展烟台市电子商务B to C或B to B的试点工作。

7. 设施

物流园区内部规划和建设完善的道路、桥梁、站场网络，与高速公路、城市环路、国道主干线、铁路、机场等要有方便的接口，按照规划面积的15%规划道路；设计和安装明确的交通标志；必须实现铺设完善的宽带电信网络；按照规划面积的20%规划绿地；给排水、电力、供热、燃气、环保、防灾、安全保卫等网络设施一次总体规划，统一施工。

物流园区建设有轻钢结构仓库、普通平房库、露天仓库、集装箱堆场、停车场、冷藏库、冷冻库、危险品仓库等物流基础设施。建设完善的辅助及配套设施，如停车场、加油、洗车、汽车修理及生活、办公、商品展示等设施，同时设立邮政、快递、银行、保险、税务、质检等的营业机构。

物流园区使用自动化的装卸、搬运、传送和分拣设备、标准托盘、高价立体仓库、巷道堆垛机、计算机控制系统、数字识别系统、EDI系统、全球卫星定位系统、地理信息系统等,要建设成工业化、数字化的物流园区。

物流园区建立先进的指挥调度与监控系统和公共物流信息网络平台,建立物流资源网、设立烟台物流运价指数及建立物流资源招投标与拍卖系统。

2.1 仓库选址

仓库尤其是配送中心选址,是仓库或配送中心经营的战略问题,选址的方案是物流网络规划设计的重要内容。

库址的选择为配送中心设施确定了所接触的外界环境。合理的厂址选择有利于充分利用人力、物力和自然资源,有利于促进该地区的经济发展,有利于保护环境和生态平衡。因此,库址选择的合理与否,直接影响配送中心的基建投料、服务的范围和成本、发展前景、企业经济效益和国民经济效果。

如果库址选择不当,仓促上马建设后再纠正,就会造成很大的损失。若等到建成后再发现问题,将会给企业带来致命的缺陷,而这些缺陷有些是无法通过企业的经营管理来弥补的。

总之,选址对工程项目的建设投料和产品生产成本有很大的影响。

仓库位置的选定包括两方面的内容,即包括仓库所在地区的选择和在该地区内具体位置的确定,通常称为选点和定址。所谓地区是指一个比较大的社会行政区域,如某个城市、乡镇等;而具体位置是指仓库在该地区实际坐落点。

2.1.1 仓库选址的影响因素

1. 配送中心仓库选择的基本原则

配送中心仓库的地址选择是一项包括社会、经济和技术的综合性工作。不仅要考虑本企业生产经营的需要,还要考虑提供仓库地址所在地区和地点的生产、消费、经营对本企业的影响,同时要考虑本企业对周围环境的影响。经多方案比较论证,选出投料省、建设快、运营费用低、具有最佳经济效益、环境效益和社会效益好的库址。这是库址选择的基本原则,具体表现为:

① 符合所在地区、城市、乡镇总体规划布局;

② 符合土地管理、水土保持等法律法规的有关规定,节约用地,不占用良田及经济效益高的土地;

③ 有利于保护环境与景观,不污染水源,并符合现行环境保护法律法规的规定;

④ 便于利用当地自然条件、资源条件、运输条件及公共设施等。

2. 影响配送中心仓库选址的因素

库址选择需要考虑的因素非常多,涉及许多方面,不同类型的仓库不尽相同。地区选择和地点选择的考虑因素也有差异,前者注重宏观因素,后者还需考虑微观的具体条件。综合起来,库址选择应满足如下基本要求。

(1) 原料供应和产品销售要求

从供应来看,配送中心应尽量接近原料或产品生产产地,以便于集货、配货,以此降低运输费用；从销售组织来看，库址应接近产品主要销售地区，对于产品销售地区相对分散的企业，应综合考虑，达到总体最优。

(2) 库区占地面积要求

库区占地面积，应考虑好平面和立体两方面的影响在充分考虑存储向立体发展的基础上，平面的占地面积应能满足生产或销售的原料和产品储存的需要；同时，还要预留可能的发展空间。

(3) 外形与地形要求

库区外形应尽可能简单，如为矩形场地，长宽比一般控制在1∶1.5之内较为经济合理。此外，库区内地形应有利于库房、料场、料棚的布置、内外运输衔接及场地排水。一般情况下，自然地形坡度不大于5‰，丘陵坡地不大于40‰，山区不超过60‰。

(4) 气候条件要求

库址应具备与储存物料相适应的气候条件，如温度、湿度、降雨量、降雪量、风力风向变化等，特别要考虑高温、高湿、云雾、风沙和雷击地区对物料保管产生的不良影响。

(5) 水文地质条件要求

库址所在地的地下水位最好低于地下室和地下构筑物的深度，地下水对建筑物基础最好无侵蚀性。

(6) 工程地质条件要求

库址应避开发震断层和基本烈度高于9°的地震区和泥石流、滑坡、流溶洞等危险地段，也应避开较厚的三级自重湿陷性黄土、新近堆积黄土、一级膨胀土等地质恶劣区。

库址不应设在有开采价值的矿藏区、采空区及古井、古墓、坑穴密集的地区。库区场地地基承载力一般应高于0.1 MPa。

(7) 交通运输条件要求

地区选择应考虑运输方式、运输距离、运费等因素；地点选择应便于实现厂内、外运输的联结。应根据工厂货运量、物料性质、外部运输条件、运输距离等因素合理确定采用的运输方式——铁路、公路、水运或空运；运输路线应最短、方便、工程量小，且经济合理。

(8) 给排水条件要求

污水应便于经处理后排入附近的江河或城市排污系统。

(9) 协作关系要求

厂址应便于将来同相邻企业和依托城市在科技、信息、生产、修理、公用设施、交通运输、综合利用和生活福利等方面建立广泛的协作关系。

(10) 施工条件要求

为了利用当地条件，选择厂址时，应注意了解当地及外来建筑材料的供应情况、产量、价格，尽可能利用当地的建筑材料；同时应了解施工期间的水、电、劳动力的供应条件及当地施工技术力量、技术水平、建筑机械数量和最大起重能力等。

(11) 安全防护要求

工厂与工厂之间、工厂与居住区之间，必须满足现行安全、卫生、环保等各项有关规定。

上述各项要求中有些考虑的是经济因素，有些考虑的是非经济因素，确定厂址选择方案时，应根据具体要求加以侧重。当要求出现相互矛盾时，应注重主要问题的解决，根据关键影响因素确定可行方案。

2.1.2 设施选址基本流程

设施选址决策的基本流程如图2-1所示。

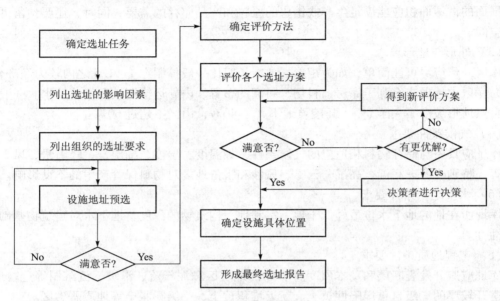

图2-1 设施选址流程图

① 确定选址任务，即明确目标。首先要明确在一个新地点设置一个新设施应该符合企业发展目标和生产运作战略要求，能为企业带来收益。只有在此前提下，才能开始进行选址工作。

② 列出各种选址影响因素，并着手收集数据。影响选址的因素众多，组织必须对多因素进行主次排列，权衡取舍。

③ 列出组织的选址要求，即将选址目标明确化。

④ 根据选址目标和要求，以及收集的数据进行设施地址预选，并确定多个备选地址以供选择。

⑤ 确定选址评价方法以对初步拟订的候选方案进行分析，所采用的分析方法取决于各种要考虑的因素的评价方法，是定性的还是定量的，有时要综合多种评价方法以确定最佳评价方案。

⑥ 根据评价方法进行评价，得出各个方案的结论，并形成最终报告，以提交给企业最高决策层批准。

2.1.3 定性方法选址

1. 优缺点比较法

优缺点比较法是一种最简单的设施选址的定性分析方法，尤其适应于非经济因素的比较。该方法的具体做法是：罗列出各个方案的优缺点进行分析比较，并按最优、次优、一般、较差、极坏5个等级对各个方案的各个特点进行评分，对每个方案的各项得分加总，得分最多的方案为最优方案。如采用表2-1优缺点评价表的方式。

表 2-1　优缺点评价表

方案优缺点评价	
项目名称：	
方案号：	
方案简要说明：	
评价人：	日期：
优点	缺点

这种方法在实际应用中，有的规划人员可能认为某个设施方案的优缺点是"显而易见"的或是很容易明白的，从而忽略了有说服力的分析。其实，对一个有经验的规划人员，列出一个优缺点评价表并不困难，而对说服有关人员却是十分必要和有效的。问题是要选择好优缺点所涉及的因素，特别是有关人员所考虑和关心的主导因素，这对决策者这一点特别重要。为了防止遗漏，可以编一个内容齐全而最常用的设施方案评价因素点检表，供规划人员结合设施的具体情况逐项点检并筛选需要比较的因素。

优缺点比较法的比较因素可从以下方面考虑：区域位置、面积及地形、地势与坡度、风向和日照、地质条件、土石方工程量、场址、现在所有者情况、交通情况、与城市的距离、供电与给排水、地震、防洪措施、经营条件、协作条件、建设速度等。

优缺点比较法，是以定性因素比较辅以经济概算的实用方法，曾在我国使用过很长的一段时期，积累了较为丰富的经验，至今也还在使用。这一方法基本上是就事论事，缺乏量化的比较，科学性不足，对非成本因素考虑较少，难以满足市场经济条件下的运作。但是这种传统方法中对各种选址因素的罗列分析，特别是调查研究的经验，对初学者在选址中制订各种候选方案时仍大有借鉴之处。

尽管优缺点比较法难于获得准确而科学的评价，但却是最容易实行的方法。

2. 加权因素比较法

这种方法的特点是可以把提供比较的各项因素进行加权综合比较，充分考虑了各种因素对方案的影响程度，因此是一种比较通用的方法。关键是要选择好比较的因素，合理地确定各个因素的权数和客观地对每个方案的各个因素打分。

加权因素评价的程序如下。

（1）明确要评价的方案

① 选择和确定要评价的方案，用 A、B、C 等字母作为各个方案的标志，并对每个方案写出简短说明。方案一般不超过 5 个。

② 使每个评分人员持有直观的方案和书面说明，要尽可能地使他们清楚地了解方案的内容。

（2）选定考虑的因素

① 确定需要比较的因素及其标准或目标，避免含糊不清。

② 使评分人员对各因素的含义有清楚的理解和认同。
（3）准备评分表
表格形式如表2-2所示。
① 在表格的左侧竖向栏列出各个因素。
② 在表格的顶部横向栏列出权数及每个方案的标志。

表2-2 加权因素评价表

加权因素评价表

项目名称：

方案简要说明：

A

B

C

评价人：　　　日　期：

序号	因素	权数	方案A		方案B		方案C	
			等级	分数	等级	分数	等级	分数
	合计							

（4）确定每个因素的相对重要性
① 选出最重要的因素并给以权数值10。
② 以最重要的因素为基准，定出其他每个因素的相对重要性权数值（小于10）。
③ 把各权数值填在表格上。
（5）给每个方案每个因素评分
① 用字母（A、E、I、O、U、X）对每个方案的每个因素评出重要性等级，并填入等级的方格内。
② 将每个重要性等级值（A=4，E=3，I=2，O=1，U=0，X=-1）与相应的权数相乘的乘积，填入分数的方格内。
（6）计算加权分
求出每个方案的加权分之和，填入合计栏内。
评价的结果可能出现以下几种情况。
① 某个方案明显突出，总分明显高于其他方案，该方案就可以被承认为最佳方案。
② 两个方案的结果很接近，应当对这两个方案再行评价。评价时增加一些因素，并对权数和等级做更细致的研究，或邀请更多的人员参加评价。
③ 若有的方案有可改进之处，例如注意到有二三个最佳方案中的某些得分最低，就要集中精力对方案进行改进。
④ 如可能，可将两个或更多的方案进行组合，形成新的方案，再进行评分。
评分可以由设施规划人员单独进行，也可以与其他人员共同进行。当采用共同评分的方法时，有两种方式：一是每人各自评分，然后进行对比；二是通过集体讨论评分。通常以前者为好，因为各自评分的结果一般有半数以上的因素得分相同，可以把讨论局限在有差异的

方面。共同评分有助于避免主观因素和个人偏爱，协调不同意见。参加共同评分的人员最好包括管理人员和运行人员，但人数不宜过多。

3. 德尔菲法

德尔菲法又称专家调查法，它起源于20世纪的40年代末期，最初由美国兰德公司使用，很快就在世界上盛行起来。德尔菲法常用于预测工作，也可用于对设施选址进行定性分析，与其他专家法的区别在于：用"背对背"的判断代替"面对面"的会议，即采用函询的方式，依靠调查机构反复征求每个专家的意见，经过客观分析和多次征询反复，使各种不同意见逐步趋向一致。

德尔菲法具体实施步骤如下。

① 组成专家小组。按照设施选址所需要的知识范围确定专家，人数一般不超过20人。

② 向所有专家提出设施选址的相关问题及要求，并附上各选址方案的所有背景材料，同时让专家提出所需材料清单。

③ 各个专家根据他们所收到的材料，提出自己的意见。

④ 将专家的意见汇总，进行对比，并将材料反馈给各专家，专家根据反馈材料修改自己的意见和判断。这一过程可能要进行三四次，直到每一个专家不再改变自己的意见为止。

这种方法的优点是：

① 匿名性——避免出现迷信权威或因慑于权威而不敢发言的现象；

② 反馈性——进行多次反馈征询意见，有利于提高调查的全面性、可靠性和客观性；

③ 对调查结果量化——可根据需要从不同角度对所得结果进行统计处理，提高了调查的科学性。

这种方法的缺点是：

① 缺乏客观标准——这种方法主要适用于缺乏历史资料或未来不确定因素较多的场合；

② 由于汇总后的反馈材料水准不高，或不了解别的专家所提供的资料，有可能做出趋近中位数或算术平均数的结论；

③ 反馈次数多，或反馈时间较长，有的专家可能因工作忙或其他原因而中途退出，影响调查的准确性。

为了克服上述局限性，可以采取下列一些措施：

① 向专家说明德尔菲法的原理，使他们有较清楚的了解；

② 尽可能详尽地提供与选址有关的背景材料；

③ 请专家将自己的判断结果分为最高值、一般值、最低值等不同程度，并分别估计其概率，以保证整个判断的可靠性，减少反复的次数；

④ 在第二轮反馈，只给出专家意见的全距值，而不反馈中位数或算术平均数，避免发生简单求同的现象。

2.1.4 定量方法选址

整个物流系统可以用联络点和运输路线构成的物流网络来表示。因此，在物流系统中，最重要的是从需求者要求的物流服务水平出发，以尽可能小的物流费用，来实现物流网络结构的合理化。

在物流系统中，需设置几个规模多大的节点？这些节点应选在哪里才使物流最合理？对这些问题，现在已经研究出了多种方法，它们大致可归纳为两大类：应用连续型模型选择地点，应用离散型模型选择地点。

第一类方法认为流通中心的地点可取直角坐标上的任意点 (x_i, y_i)，第二类方法认为流通中心的备选地点是有限的几个场所，最合适的地点只能从中选出。

对于连续型模型可应用重心法来求解；对于离散型模型可用整数规划法、逐次逼近的模拟方法等来求解。下面分别简述这几种方法。

1. 重心法选址

（1）重心法选址

如图 2-2 所示，设有 n 个零售店，地点分别为 (x_1, y_1)，(x_2, y_2)，(x_3, y_3)，…，(x_n, y_n)，各自对应的需要量分别为 W_1，W_2，W_3，…，W_n。设流通中心的地点坐标为 (x_0, y_0)。当流通中心与零售店之间的直线距离乘其对应的需要量 W_j，再乘以发送费率所得的积为最小时，此地点即为最优地点，并用坐标 (x_0^*, y_0^*) 表示。当然，如果将这种单一的流通中心的模型扩展为多个流通中心的模型，问题就变得复杂多了。由于这种方法不仅考虑了从流通中心到零售店的发送费用，还考虑了流通中心的管理费用和从工厂到流通中心的运输费用，即按总费用最小的原则来选择地点，故它是适用的。这个方法的优点是不限于在特定备选地点进行选择，灵活性较大。

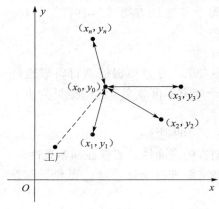

图 2-2 重心法示意图

但是由于自由度较大，实际上很难得到最优的地址，因为这个地址可能位于河流、湖泊或其他无法实现的地点。这是这种方法的一个缺点。

另外，从流通中心向零售店发送，被认为都是直线往复的运输，这也是不符合实际的。实际上，多数情况是一台发送车巡回于数个零售店之间，而且通常要考虑实际的道路距离，这就使这种方法的求解相当复杂。这是这种方法的另一个缺点。

（2）整数规划法

有一类线性规划问题的最优解，不仅必须等于或大于零，而且还必须为整数，通常称之为整数规划。在整数规划中，如果所有的变量都限制为整数，就称为纯整数规划；如果仅有一部分变量限制为整数，则称为混合整数规划。整数规划的一种特殊情况是0-1规划，它的变量取值仅限于"0"或"1"。在流通中心地址选择问题中应用的整数规划，就属于这种0-1规划。被选中的流通中心地址取值为"1"，不被选中的地址取值为"0"。由于物流系统中的物流量不一定都是整数，故在要求反映物流系统的全面情况时，通常运用混合整数规划法，这种方法在计划管理中日益得到广泛的应用，但其求解方法比较复杂，要花许多计算时间，故需进一步探讨求最优解的简易方法。

（3）鲍姆尔-沃尔夫（Baumol-Wolfe）法

此方法以运输问题为基础，同时也考虑非线性的费用函数。

运输费用与运输距离（运输量和运输单价一定时）的关系是线性的，但是流通中心的管理费在工作效率提高时，需采用边际费用递减的非线性费用函数来描述。其解法采用分几个阶段逐次逼近（向最优解收敛）的方法。首先，按照"运输问题"求解运输费用和发送费用；然后，求管理费用函数的微分，使边际费用最小；再进一步解"运输问题"。按此顺序反复进行。这种方法在能够确定流通中心管理费用函数时，被认为是有效的方法。

（4）反町氏方法

此法的模型与混合整数规划模型相同。但是，三菱综合研究所的反町氏找出了有效的求解方法，在日本已有几个应用实例。

该方法是按下面两个阶段的顺序反复进行计算的：

① 确定各流通中心分担的发送区域；

② 求出各发送分担区的重心。

该法计算时间短，是一种有效的计算方法。但在计算管理费用时，不管流通中心的工作效率如何，都作为固定费用看待，这是一个不足之处。

（5）逐次逼近模拟法

求解流通中心地点选择问题的解析方法，无论是重心法，还是混合整数规划法，都各有其优缺点，而且目前很难判定哪个是最有效的方法。为了尽量不依赖这些方法，可以利用逐次逼近法。

在选择流通中心的备选地点时，设最初确定了 m 个地点，作为流通中心的选择基准；然后根据一定的准则，优选出比 m 少的 1 个备选地点。或者在某一准则下，先选择第一个地点，随后增选第二个地点，再按这样的顺序进行下去。在增选地点的各阶段，要计算整个物流系统的费用。接着继续增选使物流费用减少的地点，但如果费用开始增加，就停止增选。

下面重点讲解重心法和线性规划-运输模型法，求解库址选址的问题。

2. 重心法的应用

从最简单的问题开始讨论，设流通中心只有一个，并且不考虑从工厂到流通中心的运输费用 G 和流通中心的管理费 E，只考虑从流通中心到零售店的发送费 H，那么，流通中心的选址问题就是使 H 为最小的问题。

如图 2-2 所示，设有 n 个零售店，它们各自的坐标是 (x_j, y_j) $(j=1, 2, \cdots, n)$，流通中心的坐标为 (x_0, y_0)。

设流通中心到零售店的发送费用为 C_j，总发运费用为 H，则有

$$H = \sum_{j=1}^{n} C_j \tag{2-1}$$

而 C_j 又可以表示为

$$C_j = h_j W_j d_j \tag{2-2}$$

式中：h_j 为从流通中心到零售店 j 的发送费率（单位吨公里的发送费）；W_j 为向零售店 j 的发送量；d_j 为从流通中心到零售店 j 的直线距离。

d_j 也可以表示为

$$d_j = \sqrt{(x_0 - x_j)^2 + (y_0 - y_j)^2} \tag{2-3}$$

把式（2-2）代入式（2-1）中，得到

$$H = \sum_{j=1}^{n} h_j W_j d_j \tag{2-4}$$

从式（2-3）和式（2-4）可求出使 H 为最小的 x_0，y_0。解决这个问题的方法是运用下面的计算公式

$$\frac{\partial H}{\partial x_0} = \frac{\sum_{j=1}^{n} h_j W_j (x_0 - x_j)}{d_j} = 0 \tag{2-5}$$

$$\frac{\partial H}{\partial y_0} = \frac{\sum_{j=1}^{n} h_j W_j (y_0 - y_j)}{d_j} = 0 \tag{2-6}$$

从式（2-5）和式（2-6）中可分别求得最合适的和，即

$$x_0^* = \frac{\sum_{j=1}^{n} h_j W_j x_j / d_j}{\sum_{j=1}^{n} h_j W_j / d_j} \tag{2-7}$$

$$y_0^* = \frac{\sum_{j=1}^{n} h_j W_j y_j / d_j}{\sum_{j=1}^{n} h_j W_j / d_j} \tag{2-8}$$

因式（2-7）和式（2-8）右边还含有 d_j，即含有要求的未知数 x_0 和 y_0，而要从两式的右边完全消去 x_0 和 y_0，计算起来很复杂。因此，为简化计算，采用迭代法来进行计算。

迭代法的计算步骤如下。

① 给出流通中心的初始地点 (x_0^0, y_0^0)。

② 利用式（2-3）和式（2-4），计算与 (x_0^0, y_0^0) 相应的总发送费 H^0。

③ 把 (x_0^0, y_0^0) 分别代入式（2-3）、式（2-7）和式（2-8）中，计算流通中心的改善地点 (x_0^1, y_0^1)。

④ 利用式（2-3）和式（2-4），计算与 (x_0^1, y_0^1) 相对应的总发送费 H^1。

⑤ 把 H^1 与 H^0 进行比较，如果 $H^1 < H^0$，则返回第三步进行计算，再把 (x_0^1, y_0^1) 代入式（2-3）、式（2-7）和式（2-8）中，计算流通中心的再改善地点 (x_0^2, y_0^2)。如果 $H^1 > H^0$，则说明 (x_0^0, y_0^0) 就是最优解。

这样反复计算下去，直到 $H^{n+1} > H^n$，求出最优解 (x_0^*, y_0^*)。由上述可知，应用迭代法的关键是给出流通中心的初始地点 (x_0^0, y_0^0)。一般做法是将各零售店之间的重心点作为初始地点（故叫重心法），也可采用任选初始地点的方法，还可以根据各零售店的位置和物料需要量的分布情况选取初始地点。初始地点的确定方法可以不同，没有一般的确定初始地点的规则。

例 2-1 4 个零售店的坐标和物料需要量分别列于表 2-3 中。

第2章 仓库规划与设置

表 2-3 4 个零售店的数据

零售店	物料需要量 (W_j)	发送费率 (h_j)	坐标 x_j	坐标 y_j
R_1	2	5	2	2
R_2	3	5	11	3
R_3	2.5	5	10	8
R_4	1	5	4	9

解 首先按照向各零售店发送货物的重量，求 4 个零售店所构成的四边形的重心，重心的坐标 $(\bar{x}, \bar{y})$ 为

$$\bar{x} = \frac{\sum_{j=1}^{n} h_j W_j x_j}{\sum_{j=1}^{n} h_j W_j} \quad (2-9)$$

$$\bar{y} = \frac{\sum_{j=1}^{n} h_j W_j y_j}{\sum_{j=1}^{n} h_j W_j} \quad (2-10)$$

因 h_j 相同，所以

$$\bar{x} = \frac{2 \times 2 + 3 \times 11 + 2.5 \times 10 + 1 \times 4}{2 + 3 + 2.5 + 1} = 7.8$$

$$\bar{y} = \frac{2 \times 2 + 3 \times 3 + 2.5 \times 8 + 1 \times 9}{2 + 3 + 2.5 + 1} = 4.9$$

故 4 个零售店的重心是 (7.8, 4.9)。然后再把这个坐标作为初始地点 (x_0^0, y_0^0)，用上述迭代法来改善它，使总发送费为最小。

按步骤②求 H^0。首先根据式 (2-3) 计算 d_j

$$d_j = \sqrt{(x_0 - x_j)^2 + (y_0 - y_j)^2}$$

$$d_1 = \sqrt{(7.8-2)^2 + (4.9-2)^2} = 6.5$$

$$d_2 = \sqrt{(7.8-11)^2 + (4.9-3)^2} = 3.7$$

$$d_3 = \sqrt{(7.8-10)^2 + (4.9-8)^2} = 3.8$$

$$d_4 = \sqrt{(7.8-4)^2 + (4.9-9)^2} = 5.6$$

则由式 (2-4)，有

$$H^0 = (2 \times 6.5 + 3 \times 3.7 + 2.5 \times 3.8 + 1 \times 5.6) \times 5 = 196$$

按步骤③求 (x_0^1, y_0^1)，有

$$x_0^1 = \frac{2 \times 2/6.5 + 3 \times 11/3.7 + 2.5 \times 10/3.8 + 1 \times 4/5.6}{2/6.5 + 3/3.7 + 2.5/3.8 + 1/5.6} = 8.6$$

$$y_0^1 = \frac{2\times2/6.5+3\times3/3.7+2.5\times8/3.8+1\times9/5.6}{2/6.5+3/3.7+2.5/3.8+1/5.6} = 5.1$$

按步骤④，用改善的地点（8.6，5.1）计算 d_j 与 H^1

$$d_1 = \sqrt{(8.6-2)^2+(5.1-2)^2} = 7.3$$
$$d_2 = \sqrt{(8.6-11)^2+(5.1-3)^2} = 3.2$$
$$d_3 = \sqrt{(8.6-10)^2+(5.1-8)^2} = 3.2$$
$$d_4 = \sqrt{(8.6-4)^2+(5.1-9)^2} = 6$$
$$H^1 = (2\times7.3+3\times3.2+2.5\times3.2+1\times6)\times5 = 191$$

因为 $$H^1 = 191 < H^0 = 196$$

所以，应返回步骤③计算（x_0^2，y_0^2）得

$$x_0^2 = \frac{2\times2/7.3+3\times11/3.2+2.5\times10/3.2+1\times4/6}{2/7.3+3/3.2+2.5/3.2+1/6} = 9.0$$

$$y_0^2 = \frac{2\times2/7.3+3\times3/3.2+2.5\times8/3.2+1\times9/6}{2/7.3+3/3.2+2.5/3.2+1/6} = 5.2$$

再按步骤④，用改善的地点（9.0，5.2）计算 d_j 与 H^2

$$d_1 = \sqrt{(9.0-2)^2+(5.2-2)^2} = 7.7$$
$$d_2 = \sqrt{(9.0-11)^2+(5.2-3)^2} = 3.0$$
$$d_3 = \sqrt{(9.0-10)^2+(5.2-8)^2} = 3.0$$
$$d_4 = \sqrt{(9.0-4)^2+(5.2-9)^2} = 6.3$$
$$H^2 = (2\times7.7+3\times3.0+2.5\times3.0+1\times6.3)\times5 = 191$$

所以 $$H^2 = 191 < H^0 = 196$$

可以知道（x_0^1，y_0^1）已接近于最优解，最后所求得的最佳地点是（8.6，5.1）。

3. 线性规划——运输模型法

如果几个备选方案的各种影响因素的影响程度差不多，可以对这些影响因素不予考虑，此时运输费用就成为唯一的决策因素，线性规划方法成为处理这类选址决策的理想工具。

线性规划方法是一种广泛使用的最优化技巧，它在考虑特定的约束条件下，从许多可用的选择中挑选出最佳方案。对于复合选址问题，即一家公司设有多个工厂，产品供应多个销售点，当产量不足时，需要增建工厂，一般已知数个待选厂址方案，要求确定一个厂址，使已有设施的生产运输费用最小。运输模型法的分析目标是在给定有限原料位置点的供给和特定的需求要求后，寻找出在最低可能运输成本下满足所有的需要。

运输模型法已有成熟的解法，如表上作业法或用 Lindo、Excel 等软件求解。

例 2-2 某公司已有 F_1 和 F_2 两家工厂，生产产品供应 P_1，P_2，P_3 三个销售区。由于需求量不断增加，必须另设一家工厂，可供选择的地点有 F_3 和 F_4 两处。据资料分析，各厂单位产品的生产费用及各厂至各销售区的运输费用如表 2-4 所示，请从 F_3 和 F_4 中选出最佳厂址。

表 2-4　生产费用与运输费用

工厂	销售区	运输费用/万元			年产量/台
		P_1	P_2	P_3	
F_1		16	15	25	10
F_2		19	24	12	8
年需求量/台		5	6	7	

解　这里关键是比较选 F_3 和 F_4 时的总费用。则把它化为两个运输问题，即：

产地 F_1，F_2，F_3 和销地 P_1，P_2，P_3

产地 F_1，F_2，F_4 和销地 P_1，P_2，P_3

它们都是平衡的运输问题，应用通用的单纯形法，分别直接求解上述运输问题，总成本最低的选址即为确定的选址。

解决运输问题的一般解题步骤如下。

① 形成一个初始可行解。可以采用西北角法和最小元素法。

◆ 西北角法：以例 2-2 为例。首先画出如表 2-5 所示产销平衡表，具体做法如下：将表中各产地-销售地组合的运价写在表格的左上角，并用框线框起来。

表 2-5　产销平衡表

单位运价 销售量 生产量	销售地 P_1 5	销售地 P_2 6	销售地 P_3 7
生产地 F_1　10	(16) ① 5	(15) ② 5	(25) ×
生产地 F_2　8	(19) ×	(24) ③ 1	(12) ④ 7

西北角法能快速给出一个初始可行的调运方案。它先从表 2-5 的西北角（左上角）开始，即将分 F_1 的产品尽可能多地供给销售地 P_1，若 F_1 的产量多于 P_1 的需求量，则将 F_1 的剩余产品运给 P_2，以此类推。若 F_1 的产量不满足，则不足部分由产地 F_2 补足，如此下去，便得到一可行调运案。具体调运过程填于表 2-5 中，○中数码表示处理步骤，○外数字表示调运量即变量 x_{ij}。

◆ 最小元素法：西北角法的优点是简便易行，缺点是在制订调运方案时不是采用"就近供应"的原则，所以没有考虑运输费用，这样所得到的初始方案往往与最优调运方案相差甚远。最小元素法又叫最少费用分配法，是按照"就近供应"即最少费用的原则来进行调运的。具体做法是从单位运价中找出最小运价的产地-销售地组合，如表 2-5 中 F_2-P_3，将 F_2 的产品尽可能多地运往 P_3，即若 F_2 产量多于 P_3 需求量，则完全满足 P_3；若不足则由其他产地来补足。然后，查找剩余组合中运价最少的进行调运分配，直到分配完成。具体调运过程详见表 2-6。

表 2-6 调运过程

单位运价＼销售量＼生产量	销售量	销售地 P_1	销售地 P_2	销售地 P_3
		5	6	7
生产地 F_1	10	(16) ③ 4	(15) ② 6	(25) ×
生产地 F_2	8	(19) × 1	(24) ×⑤ ×	(12) ① 7

不论是西北角法，还是最小元素法，分配过程中应该注意下列情况的处理。

当产地的产量 a_i 大于销售地的销量 b_j 时，则按销量 b_j 进行分配，同时表中同列的其他框格打×，表示此列分配完成，如表 2-5 中的 F_2P_2 格及 F_1P_3 格，以后不再考虑该列。

当产地的产量 a_i 小于销售地的销量 b_j 时，则按产量 a_i 进行分配，同时表中同行的其他框格打×，表示此行分配完成，以后不再考虑该行。

当产地的产量 a_i 等于销售地的销量 b_j 时，一次完成产销分配。此时，或者在同行的其他框格打×，或者在同列的其他框格打×，但不要在行、列上同时打×。

当所有产量或销量分配完成后，应检查是否有未打×也未分配产、销量的空格，若有则填入 0，表示分配 0 的产、销量。这样可以确保得到 $m+n-1$ 个基变量，即得到一个初始可行解。

对于运输问题，其可行解遵循下列定理：$m+n-1$ 个变量 $X_{i1,j1}$，$X_{i2,j2}$，…，$X_{is,js}$（$s=m+n-1$），构成基本可行解的充要条件是它不含闭回路。在表 2-7 中，$X_{21} \to X_{23} \to X_{13} \to X_{14} \to X_{34} \to X_{31} \to X_{21}$ 就构成了一条闭回路。

表 2-7 闭回路

销售地＼产地	P_1	P_2	P_3	P_4
F_1	X_{11}	X_{12}	X_{13}	X_{14}
F_2	X_{21}	X_{22}	X_{23}	X_{24}
F_3	X_{31}	X_{32}	X_{33}	X_{34}

对于表 2-5，其解为 $X_{11} \to X_{12} \to X_{22} \to X_{23}$ 中不存在闭回路，因此是基本可行解。对于表 2-6，其解为 $X_{11} \to X_{12} \to X_{21} \to X_{23}$，不存在闭回路，因此也是基本可行解。实际上，应用西北角法和最小元素法求解的初始解都是基本可行解。

② 令 $S_{ij} = C_{ij} - U_i - v_j$，$S_{ij}$ 为检验数：

若 $S_{ij} > 0$ 时，让此变量 $x_{ij} = 0$，即为非基变量；

若 $S_{ij} < 0$ 时，让此变量 x_{ij} 大于 0，即基变量；

若 $S_{ij} = 0$ 时，x_{ij} 为基变量。

因此，若对于基变量有 $C_{ij} = u_i + v_j$；且对于所有非基变量有 $S_{ij} = C_{ij} - u_i - u_j$，$S_{ij} \geq 0$，时基变量与非基变量就构成运输问题的最优解。取 $u_1 = 0$（或 $v_1 = 0$）。根据 $C_{ij} = u_i + v_j$ 计算出基变量对应的 v_j（或 u_i）。反复搜索计算，直到所有的 u_i 和 v_j 都已求出为止。其中 e_{ij} 为单位产品

运价，u_i，u_j为位势。

将表2-5和表2-6扩展一列和一行，分别记录u_i和v_j值，如表2-8和表2-9所示。○中数码表示计算顺序。

表2-8 u_i，v_j计算表

单位运价 生产量	销售量	销售地 P_1 5	销售地 P_2 6	销售地 P_3 7	u_i
生产地 F_1	10	(16) 5	(15) 5^{+1}	(25) X	0①
生产地 F_2	8	(19) 0^{+1} <-6>	(24) 1^{-1}	(12) 7	9④
v_j		16②	15③	3⑤	

表2-9 u_i，v_j计算表

单位运价 生产量	销售量	销售地 P_1 5	销售地 P_2 6	销售地 P_3 7	u_i
生产地 F_1	10	(16) 4	(15) 6	(25) <16>	0①
生产地 F_2	8	(19) 1	(24) <6>	(12) 7	3④
v_j		16②	15③	9⑤	

③ 计算出全部非基变量对应的S_{ij}，并填入表2-8和表2-9的表格中的右下角，并用弧线框起。

④ 如果所有检验数$S_{ij} \geq 0$，则当前解为最优解。若有负的检验数，则当前解不是最优解，需要进行调整，以求出另一组基本可行解，使目标函数值下降。对于任一非基变量，存在下述定理：在运输问题的表格中，存在唯一的一条闭回路，其中X_{ij}是闭回路的一个顶点，而其他顶点均为基变量。

根据上述定理，可以进行方案调整，具体做法如下。

- 取最小检验数S_{ij}对应的非基变量X_{ij}为入基变置，以X_{ij}为起点出发，找出一条闭回路，如表2-8中的$X_{21} \to X_{11} \to X_{12} \to X_{22} \to X_{21}$。
- 在闭回路中，定义起点为第一点，定义其他点依次为第二点、第三点，……求出偶顶点上基变量的最小值，如表2-8中的$X_{22}=1$，以此基变量值为调整量，此基变量为非基变量。
- 调整基本可行解。在闭回路顶点以外的基变置和非基变量均不变；在闭回路奇顶点上，X_{ij}的值均加上调整量；在闭回路偶顶点上，X_{ij}值均减去调整量。如表2-8所示。经过上述调整得到一个新的基本可行解，如表2-10所示。

表2-10 新的基本可行解

单位运价 生产量	销售量	销售地 P_1 5	销售地 P_2 6	销售地 P_3 7	u_i
生产地 F_1	10	(16) 4	(15) 6	(25) <16>	0①
生产地 F_2	8	(19) 1	(24) <6>	(12) 7	3④
v_j		16②	15③	9⑤	

⑤ 返回步骤②。

经过数次调整，所有检验数均大于或等于 0，则得到最优解。如表 2-9 和表 2-10 为例的最优解。

西北角法初始基本可行解与最优方案的总运费如下。

初始基本可行解的总运费

$$Z = 16×5+15×5+25×10+19×0+24×1+12×7 = 263(元)$$

最优方案的总运费：$Z = 16×4+15×6+25×0+19×1+24×0+12×7 = 197(元)$

总费用降低了 66 元。

尽管上面介绍了一些选址决策中所使用的定量分析方法，但在实际的选址决策中，往往是定性的方法比定量的方法更有价值。因此，在实际选址决策中，采取以定性选址方法为主、定量选址方法为辅的方式是比较妥当的。

2.2 储存规划

一个仓储企业或配送中心，一般会有如库房、料棚、料场、辅助建筑物、铁路专用线、道路、附属固定设备等，仓库平面布置的合理与否，在很大程度上影响着仓库的作业效率、储运质量、储运成本和盈利水平，同时对保证仓储作业活动的顺利进行，实行科学管理和文明生产，提高仓库经济效益等方面都有着重要意义。所以，不但新建仓库要重视仓库平面布置，就是老仓库也应伴随着技术的进步和作业情况的变化，进行必要的调整。这是一项复杂而又细致的工作。

一个合理的仓库平面布置应遵守下列原则。

（1）有利于仓储业务的正常进行，并适应仓储作业流程的要求

① 物流作业动线尽可能减少迂回、交叉和碰撞。

② 作业距离最短。

③ 最少的装卸环节：在总平布置时，就应考虑物料在库内的装卸、搬运的次数，尽量减少装卸环节。尽可能做到物料的进出库，一次性装运完成。

④ 最大限度地利用空间：仓库是一个立体空间，既要考虑地面面积的利用，也要考虑空间的利用程度。

（2）有利于节省投资，降低成本，提高仓库的经济效益

① 应充分考虑地形、地质条件、因地制宜。

② 平面布置应与竖向布置相适应。所谓竖向布置，是指建设场地平面布局中各因素（库房、货场、专用线、道路、站台等）在地面标高线上的相互位置。竖向布置既应满足物料储存的需要，注意排水系统，又要充分利用原有地形。

③ 总平布置应能充分、合理地利用各种固定设备。在配置固定的附属设备（如门式起重机）时，应根据仓库的计划储运业务和储存物的品种特点选择，并应注意设备间的配套问题，以便更大限度地发挥设备效能。

（3）有利于保证安全和职工的健康

① 库内各区域间、各建筑物间应遵守"建筑设计规范"的有关规定。

② 平面布置还应符合人员对环境和卫生的要求。

仓库或物流中心不仅是整个物流系统的子系统，同时它也自成系统，为了使系统发挥高效率，布置时必须采取系统工程的思想方法，全面综合考虑，以求得最优布置方案。以下就仓库各部分布置分别进行介绍。

2.2.1 库前区的布置

库前区是仓库的门面，其平面布置在库区总平面布置中占有重要地位（见图2-3）。在进行布置前，首先要了解库前区的主要布置对象。

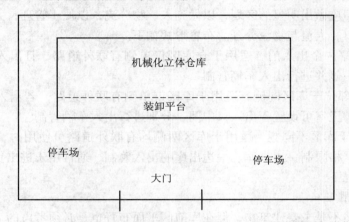

图2-3 丰田公司零部件物流中心的平面规划图

1. 库前区的主要建筑物

库前区主要分布一些办公、生活和经营辅助设施，主要有办公楼、食堂、停车场、自行车棚、门卫室、消防设施。

2. 对库前区布置的基本要求

① 应与城市干道相邻，多设在库区的一端、一侧、一角。

② 库前区的建筑物，应合理安排、集中布置，既要考虑整个库区布置的整体性，又要与相邻建筑物相协调，方便库内外的交通运输、业务联系。

③ 库前区是仓库绿化、美化的重点，通过绿化、美化形成花园式的优美环境。

④ 库前区要与生产区相隔离，应用围墙隔开，设两道门，以利于仓库的管理与安全。

3. 库前区主要建筑物的布置

（1）办公楼

办公楼是全仓库或配送中心的主要办公场所，是仓储信息和经营活动的指挥中心，也是对外联系的窗口。为了外部人员联系工作的方便，办公楼应设在主要出入口附近。

（2）停车场

停车场需考虑员工使用、来宾使用及提货或进货车辆暂停等的停车需求，通过估计各类车辆的数量及车型的尺寸大小，配合仓库规模空间的大小，估计所需的停车空间，并安排停车格位。停车场应靠近主要出入口布置并与库区主干道相邻。

停车格位的布置方式按停车的角度可分为90°、60°、45°等。60°停车格位的特点是车辆行驶进出较容易，车道宽度较小但停车格深度较深，且同一列可停车辆数也较少。90°停车格位的特点是车辆行驶进出较困难，车道宽度需要较大，停车格深度与车长相同，而同一列可停车辆数较多。

实际进行停车位布置时需配合停车车辆大小及可用空间的长宽比例进行合理的规划和布置，以充分利用有限的空间。

（3）总出入口

仓库的总出入口即仓库的正门。仓库的总出入口主要供货物进库、出库和库内外人员的出入。总出入口的建筑除大门外，还有值班室、警卫室等。仓库的总出入口应设于仓库主干道入口处，并与城市干道相连接。出入口的数目视仓库的规模而定。一般仓库只设人流、物流和总出入口，但应做出明显的区划，以做到人、物分流，以便于管理；大型仓库可设总出入口和辅助出入口，人流与物流分开。布置形式如下。

① 出入口共享一个出入门。适用于仓库区仅单侧有联外道路，且出入道路不宽，警卫室可设置于大门一侧并进行出入车辆管制。

② 出入口相邻位于库区同侧。适用于库区仅单侧有联外道路，若出入道路较宽，可将出入动线分开，警卫室可设置于出入口中间，分别进行出入车辆管制。

③ 出入口位于库区不同侧。适用于库区两侧均有联外道路可使用时，可分别设置出入口与警卫室，或严格限制一边进库、一边出库的出入管制，通常用于进出货时段重叠且进出车辆很频繁的情况下。

（4）自行车棚

自行车棚虽然不是主要建筑物，但在库前区平面布置也是必须考虑的。自行车棚应设在出入口附近，最好是靠近仓库大门，以便于职工上下班存取。

2.2.2 仓储区平面布置

仓储区的平面布置，是仓库总平面布置的重点，其面积大、建筑物多，增加了平面布置的复杂性。在仓储区进行平面布置的内容，主要包括库房、货棚、货场、装卸站台等建筑物的布置。对仓储区平面布置的基本要求，是有利于物料保管，减少装卸搬运作业量，提高作业效率，确保仓库安全，节省基建投料，降低作业成本。下面就仓储区各要素的具体布置进行介绍。

1. 料场

仓库露天货场，一般面积都比较大，在进行平面布置时，应首先确定货场的位置。中、小型仓库多为一个货场，可设在仓储区的一侧、一端、一角或中心位置，以设在一侧为宜。货场应是长方形的，具有足够的长度，以增加龙门式起重机的覆盖面，扩大作业范围。大型仓库可设两个或两个以上的料场，按不同的保管区进行布置。当然，需要说明的是，并不是每一个仓库都有露天料场，一般只有在大型仓库或大型生产企业才会具备。

2. 库房

料场布置完毕，下一步就要布置库房。库房是生产区的主要建筑物，是进行物料保管的主要场所。库房的布置有三种方式：密集式布置、分散式布置、混合式布置。

所谓密集式布置，是将互相没有不良影响的普通库房，如金属库房、机电产品库房、机械配件库房等，在保证必要的防火安全距离的前提下，尽量缩小库房之间的距离，紧凑排列。

所谓分散式布置，是将对其他库房会产生不良影响或容易引起火灾、爆炸、腐蚀、毒害等的库房,如水泥库房、油库、酸库、电石库等,分散布置,与其他库房之间保持较大的距离。

所谓混合式布置,是密集式布置和分散式布置的综合,根据所保管物料性质的不同,物料相互之间没有影响的库房采取集中布置,有影响的采取分散布置。

库房的布置应充分利用有利的风向,以减轻物料之间的不良影响。如水泥库房在装卸过程中会产生大量的粉尘,对相邻保管场所的物料有影响,因此应布置在整个库区盛行风向的下风侧。对油库、酸库、电石库等,也应布置在库区全年最小风向的上风侧,同时要布置在地势低洼处,在河流边上的仓库,要布置在河流的下游,这样有利于仓库安全和周围设施的安全。

库房的布置中还必须注意确定库房的合理朝向。良好的库房朝向应使库房有良好的自然通风效果,冬季能争取较多的日照,夏季避免过多的日照。库房的通风主要靠自然通风,因此,库房的朝向必须有利于自然通风。应将库房的长向迎向夏季盛行风向。若从自然采光和日照考虑,库房南北方向比较有利。

3. 料棚

料棚属于半封闭式仓库建筑物,可分为移动式和固定式。它结构简单,用料省,施工容易,造价低廉,灵活性大。但保管条件相对库房而言,比较差,保管料物的品种受到一定限制。一般将其作为临时保管场所,在库房保管面积不够的情况下使用。因其投资省、作业比较方便,所以在仓库建筑物中仍占一定的比重。货棚的布置大致有以下几种情形。

① 利用预留备用地搭建半永久性货棚。当备用地需新建库房时,再将其拆除。

② 在某类物料库房的周围搭建简易货棚,作为库房的附属建筑。一般靠库墙建造,以利用库墙作为货棚的围护结构。

③ 利用库区围墙作为侧墙,沿围墙长度方向搭建货棚。

料棚的朝向与库房相比有不同的要求,当料棚单独布置时(不靠库墙和围墙),其长向最好与夏季盛行风向平行,以减少因淋雨对棚内物料的影响。若规划中将来货棚改建为库房时,则仍应按上述库房的合理朝向进行布置。

4. 辅助生产建筑物的布置

仓库的辅助生产建筑物,主要包括流通加工车间、包装车间。可以在库区范围内,划出一定的区域,专门布置上述建筑物;也可以将辅助建筑物与主要建筑物(库房、货棚和货场)统一布置,使之相互交叉,尽可能靠近需要服务的库房,以提高服务效率,降低物料搬运费用,使辅助建筑物更好地为仓储生产服务,节约服务成本。这种布置的主要缺点,是影响生产区的良好秩序,不利于仓库安全。

2.2.3 库区道路设置

仓库道路是仓库进行生产经营活动的必备条件,是连接库内外的纽带。库区道路应靠近所有的库房、货棚和货场,并构成环形网络,库区干道应与城市道路相衔接。仓库道路可分为库外道路和库区道路两种,下面重点介绍库区道路。

1. 库区道路的分类

库区道路按其功能不同,可分为主干道、次干道、支道、库房引道、人行道等。

(1) 主干道

主干道为连接库区主要出入口的道路,或交通运输繁忙的全库区性的主要道路。

（2）次干道

次干道也称干道，是连接库区次要出入口的道路，或库区内库房、货棚、货场、站台等之间交通运输较繁忙的道路。

（3）支道

支道为库区内车辆和行人都比较少的道路，以及消防道路等。

（4）库房引道

库房引道为库房、货棚等出入口与主次干道或支道相连接的道路。

（5）人行道

人行道为行人通行的道路。

2. 库区道路的布置

根据库区道路布置形式的特点，可分为环行式、尽头式和混合式。

（1）环行式道路

环行式道路是围绕着建筑物布置道路的形式，在库区组成纵横贯通的道路网。它是在运输较繁忙和库区中心地带经常采用的一种道路布置形式。如图 2-4 所示。

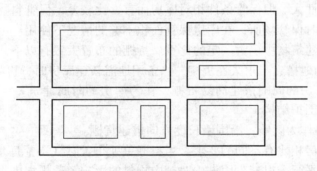

图 2-4 环行式布置

（2）尽头式道路

尽头式道路是通到某地点后就终止，一般是在运输量少或库区边缘地区采用。如图 2-5 所示。

（3）混合式道路

混合式是同时采用环行式和尽头式两种道路布置形式，这是一种较普遍采用的较灵活的道路布置形式。如图 2-6 所示。

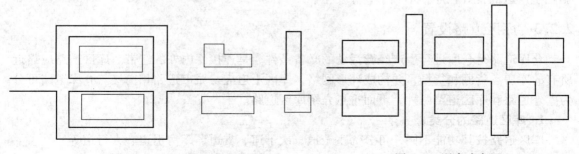

图 2-5 尽头式布置　　　　图 2-6 混合式布置

2.2.4 铁路专用线布置

铁路专用线在仓库内的布置,是库区总平面布置的重要组成部分。其布置是否合理,对物料装卸次数、物料搬运距离、整车装卸效率、仓库吞吐能力、仓库作业成本等,都有直接影响。铁路专用线应进入并贯穿整个货场,应靠近或进入主要库房。

1. 铁路专用线布置的要求

（1）满足仓库总体布置的要求

专用线的布置要与库区总体布置相协调,如专用线应进入露天货场,尽量靠近主要库房或进入库房,专用线的股道数和有效长度,应与仓库的规模相适应。

（2）符合仓库技术作业流程的要求

专用线的走行方向和具体位置,应使库区内的物料搬运路线顺直、短捷,避免库区内的不合理搬运,使物料的收发互不干扰。

（3）满足节约用地的要求

应合理选择库区内铁路线路的布置形式,宜采用尽头式布置,以减少线路长度和扇形面积。扇形面积的大小不仅与线路的布置形式有关,而且与线路进入库区的角度、曲线半径等因素有关。

（4）满足仓库安全的要求

铁路专用线不应穿过库前区,并避免与人流、货流较大的道路发生交叉,必须交叉时应采取安全措施。

2. 铁路专用线的布置形式

库区内铁路专用线的布置形式,主要分尽头式、环形式及贯通式。

尽头式布置的特点是,线路从库区一端引入,分岔后在库区另一端终止。这种布置形式的优点是铁路线路短,库区内线路配线少,有利于库区平面的紧凑布置;对场地的适应性较大;可在库区的另一端考虑人流的出入,有利于避免人流、物流互相干扰;有利于仓库的日后扩展等。仓库大都采取这种布置方式。环形式和贯通式一般都不采用。

库区外部线路进入库区时,与库区纵轴夹角的大小,直接影响线路分岔地带所形成的扇形面积。从节约用地的角度出发,应尽量缩小其扇形面积所占库区总面积的比例。进入库区的线路与库区纵轴的夹角越小,则扇形面积所占总面积的比例就越小,库区面积也就能更充分地得到利用。所以,选择比较小的角度是有利的。如图2-7所示。

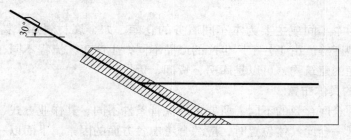

图 2-7 仓库专用线的布置

3. 铁路专用线与库房（货棚）的连接形式

铁路专用线与库房（货棚）的连接有两种情况,一是专用线靠近库房（货棚）,二是专用线进入库房。

2.3 制造企业仓库规划

制造企业的仓储物流是企业物流非常重要的组成部分,工厂仓库的平面布置,也是工厂总平面布置的内容之一。仓库建筑物是制造业工厂整体建筑群中一个重要的组成部分。工厂仓库的平面布置与流通仓库的平面布置不同,它不构成一个功能齐备的单位,而是与工厂的其他建筑物、构筑物形成一个有机的整体。

2.3.1 工厂仓库选择与布置

1. 工厂的功能分区

大中型工业企业,面积比较大,工艺流程比较复杂,各种建筑物、构筑物比较多,为了使其总体布局更加合理,常将整个工厂按功能进行分区,一般分为以下 5 种。

(1)生产区

该区布置主要生产车间。如机械制造工厂,应布置铸工车间、锻工车间、机加工车间、装配车间等。

(2)辅助生产区

该区布置各种辅助车间。如机修车间、工具车间、电修车间等。

(3)动力区

该区布置各种动力设施。如变电站、锅炉房、煤气站、氧气站、压缩空气站等。

(4)仓库区

该区布置各种类型的仓库与堆场。如原材料库、燃料库、成品库等。

(5)厂前区

该区布置行政管理及生活福利设施。如办公楼、食堂、车库等。

2. 工厂仓库的组成

不同类型的工厂其仓库的组成是不同的。但从总体上看,工厂仓库一般分为两大类,一类是全厂性的仓库,也称为配送中心仓库或总仓库;一类是车间仓库,也称专用仓库或分库。

全厂性仓库是为全厂服务的,如通用器材库、工具库、设备库、配套件及协作件仓库、劳保用品库等。

车间仓库是为本车间或主要为本车间服务的仓库。如金属材料库、铸工材料库、木材库、燃料库、模型库等。由于各工厂生产的产品不同,生产工艺流程不同,仓库的划分方法也不同。各种仓库的建筑物,可以是库房、货棚、货场。

3. 工厂仓库的具体布置

由于工厂各种仓库存料的不同,所要求的保管条件不同,其作业方式、服务对象也不一样,因此在确定某一仓库具体位置时,应综合考虑各方面的因素。下面以一般大中型的机械制造工厂为例,说明各种主要仓库的具体布置。

(1)金属材料库

金属材料库主要储存工厂生产所需用的各种钢板、型钢、钢管、有色型材等。其需用量比较大，收发比较频繁，要求的保管条件也不同，分别不同情况存入库房、货棚、料场。一般长、大、重的材料，直接送至需要物料的车间存放，不做两次装卸搬运。

（2）木材库

工厂的木材仓库主要储存工厂生产所需的原木等各种锯材。原木储存在露天堆场，锯材可存放在堆场。

（3）煤堆场

工厂生产用煤集中储存在露天堆场。由于煤灰易飞散，对其他仓库和车间有不良影响，所以应布置在厂区全年最大频率风向的下风侧，煤堆场的长边应平行于主导风向。

（4）油料库

工厂所需要的油料主要是各种润滑油、汽油、煤油、柴油等，用量也比较大。除润滑油外，就储存物品火灾危险性而言，多属甲、乙类，发生火灾的危险性比较大。所以油料库的布置主要应考虑有利于仓库和全厂的防火安全。油料库应布置在厂区内比较偏僻、地势低洼的地段，远离产生明火及散发火花的场所。

（5）外购配套件及小五金库

外购及外协配套件和小五金，规格品种多，有些仪器如仪表、轴承及精密加工件，要求较好的保管条件，避免靠近振动大和产生粉尘的车间。因其服务范围比较广，涉及全厂很多车间，应尽量靠近主要服务车间，如装配车间和机加工车间。

（6）工具库

工具库主要储存外购刀具、量具、硬质刀头、辅助工具、通用工具、专用工具等，规格品种比较多，数量比较少，所需仓库面积不大，只要求较好的保管条件，收发多靠人工作业。应靠近工具车间布置或设在车间内。

（7）备件库

备件库主要储存工厂机械设备、动力设备等维修用的备品、备件和备件毛坯，有些在库内储存，有些在露天存放，一般数量不会太大，占地面积不会太多，该库应靠近机修车间布置，或将备件库房与机修车间合并，以便就近供应并减少仓库占地。

（8）成品库

成品库是工厂产成品的保管场所，要求具有较好的保管条件和储存能力，并有方便的交通运输条件。成品库应靠近装配车间，使装配完的整机直接进入成品库。成品库也要靠近厂区主干道或干道，以便于汽车运输。

应该特别强调的是，由于企业物流管理的加强，现在很多企业将仓储物流管理纳入企业整体物流进行系统化管理，企业通过规划在优化的地点将仓储业务进行集中化管理，以达到效益和效率的优化。有些生产企业是将大部分的所需零件、部件和组件生产或配送业务转包给别的企业或第三方物流企业，自己仅保留最具核心竞争力的部分进行生产或装配，以使企业自身保持强大的市场竞争力。

2.3.2 仓库与工厂总平面布置的结合

仓库建筑物是工厂建筑群中一个重要的组成部分。工厂仓库的平面布置，是工厂总平面布置的内容之一。所以工厂仓库的平面布置应遵循工厂总平面布置的原则，同时还要根据仓库的特有功能，满足以下几方面的要求。

（1）与工厂生产工艺流程相适应

生产工艺流程是从原材料到成品的全部生产过程。在生产工艺流程的始端、末端和中间，有原材料、半成品和成品的储存，这就需要设置仓库。生产工艺流程一般用工艺流程图表示，如图2-8所示。仓库的平面布置应与生产工艺流程相适应，满足生产工艺流程的要求。

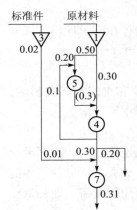

图2-8 工艺流程图

工厂各种仓库服务对象不同，所储存的物料不同，流动方向也不同，从物流合理化的角度看，应尽量减少运量、缩短运距，使物流短捷、顺畅。这就要求各种仓库在满足防火间距的前提下，尽量靠近其所服务的车间。对于面向全厂服务的总仓库应设在对各车间比较适中的位置，以方便各车间。

（2）仓库要有方便的运输条件

仓库储存物料是一种动态的储存，要经常地收进和发出，如原材料的进厂、成品的出厂，都要通过仓库进行。所以仓库应靠近工厂的铁路专用线，有些大型仓库专用线还可以进入库房。仓库应靠近工厂的主干道或干道，收发量大的仓库应接近工厂出入口，为厂内外运输提供方便条件。

（3）在总平面布置中尽量减少仓库占地

在厂区占地总面积中，仓库（包括库房、货棚、货场）占有相当大的比重。在城市土地紧张、地价昂贵、厂区面积有限且工厂不断发展的情况下，应尽量减少仓库用地，如合并相同性质的仓库、建造多层或高架仓库、利用协作单位仓库等。随着物料配送制的推行，工厂可减少库存，从而可减少仓库和仓库占地面积。

（4）有利于工厂的劳动卫生和防火安全

工厂的一些仓库特别是危险品仓库，受自然因素的影响，会产生易燃、易爆、腐蚀性、毒害性气体，对空气污染，不但有损于人的健康，而且不利于工厂的防火安全。因此，有些仓库必须进行分散布置，与火源隔离、远离生产车间，以确保各方面的安全。

2.3.3 工厂与第三方物流仓库

自从20世纪80年代以来，业务外包已成为生产领域中的一大趋势。工厂企业越来越重视集中自己的主要资源与主业，而把辅助性功能外包给其他企业。多年来，西方发达国家的物流已不再作为工商企业直接管理的活动，工厂企业一般认为物流是辅助性和支持性功能。有些企业尽管还保留着物流作业功能，但越来越多地开始由外部合同服务来补充。随着现代物流的发展和JIT等生产方式的革命，我国的一些工厂开始采用工厂与第三方物流仓库相结合的储存和配送模式。

仓储物流是企业生产物流的重要组成部分，在生产企业开展业务外包中，仓储物流业务也在外包之列。生产企业既需要将物流业务外包，又要将第三方物流仓库纳入企业物流的整体规划之中，保证第三方物流仓库对生产企业的物料或产成品销售供应及时准确。

如果生产企业的仓储物流量足够大，可以要求第三方物流企业，按照生产企业的整体布置，将仓库设置在企业生产园区内规定的地方，这种仓库的布置与前面介绍的企业仓库布置相同。

对于第三物流企业仓库不能进入生产园区的，选择仓库时应该特别注重仓库物料及时、准确地对生产工位供应，保证物料供应至生产工位的正确性，同时，还应保证成品物流的及时发出。具体选择时应考虑：

① 仓库与生产工位之间的距离，运输工具的往返时间应少于物料配送的间隔时间；

② 仓库与生产工位之间的交通状况，应该能够保持畅通，不宜经常发生阻滞；

③ 仓库与生产工位之间的道路状况，应该平坦顺直，以减少运输环节的颠簸而造成的物料损坏。

注意这种企业仓储外包形式，应该在工厂生产工位附近设立物料暂存区，第三方物流仓库送来的物料，送至此进行点验交接。如果企业需要加班生产，可以利用暂存区物料组织生产，而不需第三方物流仓库跟随加班。暂存区的面积应能满足所有生产工位单次送料的存储。

例如汽车行业中，由第三方物流企业负责工厂生产的准时制送货，以每两小时送一次物料的方式将原材料和零部件准时送到生产工位，返回的车辆则将成品拉回第三方物流公司的仓库，或直接装车发运到客户处。这种物流业务外包的方式将仓库管理的繁重任务全部或大部交给了一家或几家第三方物流公司，双方通过信息系统来指挥协调各项仓库作业，能使工厂把主要精力集中在生产和产品开发的主营业务上，并降低库存。尽管也可能存在一定的对货物和成本失去控制的风险，但代表了一种仓库业发展的趋势。在我国目前的道路运输条件下，通常这样的工厂与第三方物流仓库的距离在10公里内，第三方物流公司仓库直接接收来自各供应商的货物，进行储存和保管，并按工厂周、日生产计划将货物整理组配，准时无误地送到工厂指定生产工位，这需要有高超的管理水平和仓库作业能力。国外的发展甚至到了由供应商直接以准时制送货到厂房，比如一家德国汽车公司的新厂房平面布置图形就如同一条章鱼，各个伸出的触角是伸出式站台，以接纳众多供应商的货车卸货。

第三方物流公司仓库作业专业、集中，仓库及其设施利用率高，尤其是在工业区内同时为多家工厂服务时，规模经济和作业效率的优势更加明显，这也是现代物流发展和专业分工的具体体现。

习题与思考题

1. 仓库选址对仓库运营的重要意义是什么？
2. 影响仓库选址的因素有哪些？
3. 仓库平面合理布置的原则是什么？
4. 德尔菲法工作步骤有哪些？这种方法的优缺点是什么？
5. 库内道路的种类有哪些？如何布置它们？
6. 请叙述铁路专用线在仓库区内的布置。
7. 请讨论工厂仓库布置中如何处理好仓库与工厂总平面布置或者与第三方物流企业仓库的关系。
8. 一个皮鞋生产企业，在温州市内有5个工厂生产皮鞋，主要生产原料将从一个新的配送中心仓库运去，而此时中心仓库位置还未确定。运至各个生产厂的原料数量和运费如表2-11所示，同时将各个工厂位置建立一个坐标系，各个工厂位置一并列入表2-11中。请确定新建配送中心的位置。

表 2-11 习题 8 数据

地点	A	B	C	D	E
(X, Y)	(3, 7)	(8, 2)	(4, 6)	(4, 1)	(6, 4)
运费费率/（元／（吨·公里））	0.5	0.4	0.4	0.5	0.5
日运量/吨	26	9	25	30	40

9. 已知某公司下属的两个工厂 A, B 生产某种产品，通过两个仓库分别配送给 3 个地区消费，有关情况如图 2-9 所示，弧旁的数字为单位相关费用。如何制订一个物流运输方案，以满足各地需求且总费用最低？（建立运输模型，只求一个初始运输方案。）

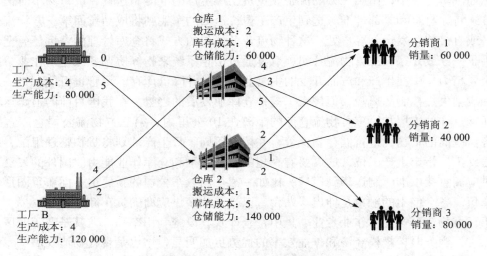

图 2-9 工厂 A，B 仓库配送图

10. 一个流通型仓库，主要保管煤炭、钢材、燃料油品、油漆、机械配件、精密仪器、电线电缆、标准件、产成品等物料。请针对上述物资：
(1) 合理选择仓库的种类；
(2) 合理进行仓库布置。
以上布置请画图描述，并说明理由。

 案例讨论

GPC 的销售网络

GPC 集团每年都销售数目惊人的各类产品，其销售业务主要由 4 个子集团来完成：汽车配件集团通过 NAPA（National Automotive Parts Association）和其他相关机构销售近 30 万件的汽车配件产品。目前 NAPA 公司业已成为世界上最大的汽车配件及汽车用品销售商，在美国拥有 61 家分销中心，5 800 家汽配连锁店，10 800 个连锁的维修站、养护中心及事故车维修中心等，常备库存能提供30万件以上产品进行销售，这些产品涵盖美国、日本、德国和其他欧洲、亚洲及世界各地其他厂商生产的各种车型的配件、维修工具与装备、汽车养护用品、油品、化学品和其他附属用品等；工业配件集团每年销售200万件以上的产品给各类用户；办公用品集团通过下属公司SPR销售上千种的商务和办公性产品；电子和电器设备集团也设有下属子公司EIS，销售75 000多件产品。汽车配件和汽车用品是GPC公司的主要产品。

GPC销售汽车配件产品和办公用品等产品的方式如下所述。GPC是Rayloc的母公司，后者拥有Rayloc商品销售服务（Rayloc Merchandise Distribution Service，RMDS），负责将GPC的产品从供应商分销到各销售中心。RMDS拥有自己的运输车队和分销中心，主要是利用公司自行拥有的条件完成销售任务，在极少的情况下才借助第三方物流的力量。RMDS建立了多处分销中心，在奥特兰大的分销中心和印第安纳波利斯的分销中心，还分别建立了5个Rayloc销售中心，提供与分销中心相类似的业务。RMDS根据每周的计划安排，主要是使用自己的运输工具，完成给定的销售任务。

通常，RMDS的运输车队负责将分销中心的产品分拨到一个或多个GPC销售中心。当产品运送到销售中心后，车队将开往下一个计划的供应商处或其他的供应商处，装载客户定购的产品，再返回到分销中心里，将产品卸载到分销中心，再根据商品目的地的差异，有条理地存放这些产品，安排适当的运输车辆，以便完成下一次的运输业务。车队还经常从销售中心挑选出少量的频繁使用的产品和零部件，分别运送产品给供应商，运送零部件到工厂。

每个GPC销售中心都要独立管理自己的车队，并与RDMS运输系统独立开来，负责运送销售中心的产品给具体客户。

客户（批发商和零售商）提供订单给销售中心；销售中心根据得到的订单中的商品清单，挑选出客户指定的商品，组织运输车辆装载运输。销售中心每天有两次主要的运输安排。如果客户的订单下得早，商品中午就会被运送出去，在当天即可送到客户的手中；如果订单下得晚，车辆则要下午出发，午夜才能运送到客户处。

在每次运货时，车队都要从销售中心运送商品到多个客户处。有些销售中心（如NAPA销售中心）有时也搭顺便车，运送少量的急需产品到零售商店，甚至是车间。在销售中心，借助第三方单位的车辆仅仅是需要运送一些小商品时才采用。

讨论和思考

1. 在这个案例中，大量的问题都涉及销售网络的优化设计。你认为GPC销售网络选址应考虑哪些影响因素？

2. 由于GPC公司销售是由下属各子集团进行销售，有时也会出现GPC的下属集团在相同的城市内分别建有自己的销售中心的情况。如何将这些销售中心有机地联合起来，以降低物流费用？

第 3 章 库房内部布置与仓储设施选择

本章主要内容
- 库房内部布置
- 库房内布置
- 库房内道路布置
- 库房的主要结构和设计
- 搬运工具的选择

3.1 库房内部布置

3.1.1 库房面积的确定

仓库面积包括库区总面积和仓库建筑物的面积,库区总面积主要包括各种建筑和构筑物占地面积、铁路专用线与道路所占面积、库区绿化和各种场所占地面积、预留备用地面积。仓库建筑面积是指仓库内各种建筑面积的总和(含建筑各层面积的总和),包括使用面积、辅助面积、结构面积。其中,使用面积是指建筑物各层中,直接用于仓储物料的面积的总和;辅助面积是指用于辅助仓储活动的面积,如楼梯、走道、卫生间、办公室等;结构面积是指仓储建筑物(如墙体、立柱等)结构部分所占用面积的总和。

影响库房面积大小的因素主要有以下 9 个方面。

(1) 物料储备量

物料储备量是指仓库根据物流服务市场需要核定的经常储备量,在整个仓库范围内考虑,包括库房、料棚、料场。

(2) 平均库存量

平均库存量是指在一定期间内,平均在库实际储存的物料。平均库存的多少决定储存面积的多少。

(3) 物料年吞吐量

物料年吞吐量,反映了仓库年作业量。吞吐量大,仓库面积就大;反之,就小。

(4) 平均在库时间

在年供应量一定的情况下,平均在库时间越短,说明物料在库周转越快,在库物料越少，仓库面积越小。

（5）物料品种数、进货和供货的厂家

由于物料仓储需要分区分类，为了使在库物料不发生混乱，保管物料品种越多，厂家越多，需要分配的货位就越多，所需要的面积就越大。

（6）仓储设施的特点

由于储存空间是立体的，应对储存设施的特点加以细致分析。其各种限制条件如堆垛高度、通道作业宽度、转弯半径、地板承载能力、库房净空高度及仓库设备（主要指料架、料仓、托盘等保管设备，装卸搬运设备，检斤设备等）的类型、功能、数量等都对仓库面积有影响。

（7）仓库作业方式与物料收发制度

在库存量一定的情况下，由于作业方式的不同（如人工作业、机械化作业、自动化作业等），所需仓库面积也不等，通常机械化作业占用面积比较多，如自动化分拣系统所占面积有时甚至超过储存面积。此外，不同的物料收发制度（如领料制、送料制、配送制等）对仓库面积也产生一定的影响。如配送制需要较大的配货和加工区，因而要求增加仓库的面积。

（8）库区和库内的平面布局

整个库区的平面布局是否合理，直接影响到库区的总面积。如果在保证足够的防火间距和各项作业顺利进行的前提下，对仓库建筑物紧凑布置，就可以减少库区面积的占用。

（9）仓库储存策略

仓库选择的储存策略（如分区分类储存、随机储存等），决定了造成的储存空间无效占用面积的大小（如堆垛中蜂窝损失），进而很大程度上影响着仓储面积的大小。

3.1.2 计算法确定面积

一般来讲，用计算法确定面积是最精确的一种方法。因为这种方法把作业单位或工作区划分成一些子区及独立的面积要素（指操作面积、存放面积等），这些面积合起来就是总面积。

所谓直接计算法，首先要确定每一面积要素的大小，再乘以所需要素的数量，然后再加上一个和任何要素都不成比例的额外面积。

1. 库区总面积的确定

库区总面积表明仓库的规模和占地的多少。确定库区总面积应本着既足够又节约的原则综合考虑，在保证一定时期内满足用地需要的前提下，尽量节约用地；或者只根据近期需要确定库区面积，对预留备用地暂不计入，以后随用随征。

具体方法是分别计算出仓库建筑物占地面积、仓库构筑物占地面积、铁路专用线占地面积、库区道路占地面积、库区绿化和各种场地占地面积、预留备用地面积等，然后将各种面积相加求和，从而得到库区总面积。其计算公式为

$$S = S_1 + S_2 + S_3 + S_4 + \cdots + S_n = \sum_{i=1}^{n} S_i \tag{3-1}$$

式中：S 为库区总面积；S_1，S_2，$\cdots$，S_n 为库区平面布局各要素占地面积；n 为构成库区平面布局各要素的数目。

2. 仓库建筑物面积的确定

仓库建筑物面积主要包括物料保管场所（库房、货棚、货场）的面积和其他建筑物的面积两大部分。其中以确定物料保管场所的面积，尤其是库房的面积为主。不同类型的物料仓库，保管场所面积的确定有很大的不同。如国家储备仓库，主要根据物料储备量的大小来确定保管场所的面积；车站、港口等的中转仓库，主要根据货物吞吐量的大小来确定保管场所的面积；营业性仓库，因面向社会为广大用户提供仓储劳务，其保管场所的面积很难计算，只能根据用户需求和市场情况进行预测估算。在直接计算仓库建筑面积时，先计算出料垛、料架占用的面积，全部通道占用的面积，收发料区的面积，垛间距和墙间距所占面积等，最后相加求出总面积，即

$$S = S_1 + S_2 + S_3 + \cdots + S_n = \sum_{i=1}^{n} S_i \quad (3-2)$$

式中：S 为仓库建筑物面积；S_1，S_2，$\cdots$，S_n 为建筑物各要素平面面积；n 为构成建筑物平面要素的数目。

上述各种面积可通过实际测量求得。其中料垛和料架所占面积也可以通过计算求出，其计算公式为

$$S_{垛} = \frac{Q}{lbhKr} \cdot lb$$

$$= \frac{Q}{hKr} \quad (3-3)$$

式中：$S_{垛}$ 为料垛或料架所占用的面积；Q 为进行码垛最高储备量；l，b，h 为料垛的长、宽、高；K 为料垛的容积充满系数；r 为进行码垛或存入料架物料的容重。

例 3-1 某仓库拟储存某类物料 500 t，全部就地堆垛。垛长 6 m，垛宽 2 m，垛高 1.5 m，容积充满系数为 0.7，物料的容重为 7.8 t/m³，求算料垛占用的总面积。

解 将所给数值代入式（3-3）得

$$S_{垛} = \frac{500}{1.5 \times 0.7 \times 7.8} \approx 61 \, (\text{m}^2)$$

按每垛单元面积 12 m²，则最小料垛面积为 72 m²。

在同一库内不同类别的物料应分别计算，最后求和。

以上计算的是有效面积，如果要求建筑面积，还应除以建筑系数。它是有效面积与建筑面积的比值，可根据现有仓库的实际数值计算。

3.1.3 概略计算法

1. 荷重法

荷重法也称概略计算法。它是根据年物料储备量、储备期和物料的单位面积有效负荷三个主要因素，结合面积利用系数进行计算和具体布置，来获得仓库储存物料需要的面积。其计算公式为

$$S = \frac{QT}{365q\alpha_1} \quad (3-4)$$

式中：S 为仓库储存物料所需的计算面积；q 为单位有效面积负荷，t/m²；α_1 为面积利用系

数；Q 为物料年储备量，t；T 为储备期，天。

（1）仓库面积利用系数

仓库面积利用系数与储存物料品种规格的繁杂程度、仓库工艺布置、建筑物跨度和长度及仓储设备等有关，而影响最大的为仓库内部通道的宽度。面积利用系数的计算公式为

$$仓库面积利用系数(\alpha_1) = \frac{仓库实际利用的有效面积}{仓库总面积-辅助面积} \qquad (3-5)$$

式中的仓库辅助面积包括：验收分发场地、办公室及卫生间、通道、过道、巷道。

（2）单位有效面积负荷

单位有效面积负荷主要决定于物料的包装情况、储存方式方法、起重堆垛设备、物料规格的品种和数量，以及每一规格品种的储存量等，故在确定单位有效面积负荷时，必须认真对上述因素加以研究，防止盲目套用。

2. 比较类推法

它是以现已建成的同级、同类、同种物料仓库面积为基础，根据储备量增减的比例关系，加以适当地调整，最后推算出所求仓库的面积，其计算公式为

$$S = S_0 \cdot \frac{Q}{Q_0} \cdot K \qquad (3-6)$$

式中：S 为所求新建仓库面积；S_0 为已建成的同类仓库面积；Q 为拟新建仓库最高储备量；Q_0 为已建成的同类仓库的最高储备量；K 为调整系数，当已建成的同类物料仓库面积有余时其取值小于 1；当面积不足用时，其取值大于 1。

例 3-2 某机械制造总厂拟新建一栋原料配送中心，预计最高储备量约 200 t。现已知生产性质和生产规模相似的生产企业的原料配送中心面积为 500 m²，最高储备量为 150 t，从运用情况看还有较大的潜力，储存能力未得到充分发挥。据此推算新建内燃配件库的面积。

解 按照上述公式，$S_0 = 500 \text{ m}^2$，$Q = 200 \text{ t}$，$Q_0 = 150 \text{ t}$，K 值可取 0.9，若代入式（3-6）可得

$$S = 500 \times \frac{200}{150} \times 0.9 = 600 (\text{m}^2)$$

即新建原料配送中心的面积为 600 m²。

3.2 库房内布置

3.2.1 作业功能区位设置

库房内部应根据库内的作业需要，设置多种作业功能区，如入库区、待验区、保管区、分拣区、出库区等，也可以根据需要设置合格品区、不合格品区、退料区、呆废料区、包装区等。之所以设置这些功能区域，是因为设置这些功能区后，可以使仓储作业按其作业内容在其特定的功能区内作业，保证作业井然有序，不会使作业相互影响，物料之间出现错乱。

1. 收发货区

它是用来专门供物料入库验收和配发货时临时存放物料，可分别设置收货区和发货区，也可设置一个收发货共用区。收发货区应靠近库门和运输通道，分别设在入库口和出口，也

可根据具体情况设在适中的位置，避免收发货时互相干扰。如库房两边设有库边站台，收货区应靠近铁路专用线一侧，发货区靠近汽车道路一侧。收发货区所需面积根据一次收发物料批量大小、物料品种规格的多少、供货和发货的不均衡性和物料收发的有关制度等综合考虑确定。

从仓库的功能上来讲，保管区所占面积最大，其次应该是分拣区，保管区面积的确定上文已有详细的阐述，下面介绍一些功能区面积确定的方法，这些方法值得借鉴，但在实际工作中，还应该充分考虑实际需要，以确定这些功能区的面积。

2. 验收分发场地

验收分发场地为物料入库后的分类、点数、检验及出库时分发的场地，当物料出入库在仓库同一侧时可合并使用。一般情况下，其面积约占仓库总面积的4%~5%，计算公式为

入库验收场场地

$$S_1 = \frac{K_1 Qt}{306 q \alpha_1}$$

出库发送场地

$$S_0 = \frac{K_0 Qt}{306 q \alpha_0}$$

式中：S_1、S_0 为入、出库验收场地面积，m^2；Q 为物料年储备量，t；q 为单位面积有效负荷，t/m^2；K_1 为进料不均衡系数，一般取1.5；K_0 为发料不均衡系数，一般取1.2；t 为物料在场地内停放天数，一般取3天；α_1、α_0 为验收及发送场地面积利用系数，可取0.5。

3. 办公室

保管人员的办公室，可放在库外或库内，库内办公地点尽量靠近仓库入口或出口，以有利于出入库作业；库外设办公室可节约仓储有效空间。危险品仓库，则一律在库外设办公室。保管人员的办公室，一般可按下列标准确定：3人以下时，按每人5 m^2 计；3~5人，按每人4 m^2 计；5人以上时，按每人3.25 m^2 计。

3.2.2 料位面积的确定

在库房内设置的最重要的功能区是保管区，目前一般物料是采取分区分类保管，每类物料的保管位置是根据物料的体积、重量、性质、价值大小和收发频率来决定。

确定了储位的位置，进而要确定物料的储存区域面积的大小。最直接的影响因素是储存物料数量的多少。由于物料在仓储的过程中，伴随着物料的频繁出入库，数量经常发生变化，同一物料在一个区域有最高存量、最低存量和经常储备量。在选择区域面积大小时，通常以经常储备量的大小，并参照物料的外包装尺寸和物料性质确定料位的面积大小。不宜采用最高存量或最低存量的大小来确定储料位面积，否则会造成料位过大或过小，料位过大造成保管区域的浪费，过小使得料位不够，常出现为腾出料位而辗转搬运。

3.2.3 储存方式的规划

储存货物的空间叫储存空间，储存是仓库的核心功能，储存区域规划的合理与否直接关系仓库的作业效率和储存能力。在进行仓储区域的空间规划时，需考虑货物尺寸及数量、堆码方式、托盘方式、托盘尺寸、货架货位等因素对储存空间的影响，尤其是堆码方式、托盘

及货架对空间的利用的影响。

1. 货物在仓库的存储方式

货物在仓库的存储方式主要有以下三种。

① 散放。散放是最原始的方式,空间利用率低,且散放活性系数为0,极不便于搬运作业,是应当尽量避免的。但是如果仓库进出货物采用人工搬运方式(这在我国还很常见),收发货暂存区域就会存在散放,因此在人工搬运为主的仓库中,确定暂存区大小时要予以考虑。

② 堆码。仓库存放的物料多种多样,包装材料及规格是多种多样的,散装物料形状更是各异,因此堆码有多种形式,如重叠式堆码、交错式堆码、悬臂式堆码、宝塔式堆码和散装物料的特殊堆码方式。堆码的空间利用率也不高,而且不能满足先进先出这一存储的管理原则。

③ 货架储存。这是现代仓库储存的主要方式,它很好地解决了空间利用和先进先出两个问题。要根据具体物料特性和出入库量选择合适的货架与配套的搬运方式。货架和搬运设备的结合就确定了面积要求。

2. 货架或货垛布置的方式

库房内货架或货垛的布置一般有直形和斜形两大类型。在直形排列中又有横列式、纵列式和混合式。露天货场上货垛的安排,则一般与货场的主要作业通道成垂直方向,即按横列式排列,以便利搬运和装卸。

(1) 直形布置

即货架或货垛的排列与两侧墙壁互相垂直或平行。

① 横列式布置。是指货架或货垛的长度方向与库房两侧墙壁互相垂直(与两端山墙互相平行)。

这种布置方式的主要优点是:主通道长又宽,副通道短,整齐美观,对物料的存取查点方便;通风和自然采光良好。目前我国库房中大部分采用这种布置方式。但是其主要缺点是通道占用面积大,面积利用率低。

② 纵列式布置。是指货架或货垛的长度方向与库房两侧墙壁互相平行(与两端山墙互相垂直)。

纵列式布置的优缺点与横列式正好相反。其优点主要是仓库面积利用率比较高;缺点是难以进行机械化作业,特别是叉车作业,存取物料不便,对通风采光不利。

③ 混合式布置。是指在同一库房内,货架或货垛的排列既有横列式又有纵列式,它兼有上述两种方式的特点。

(2) 斜形布置

它是指货架或货垛与主通道的交角成60°、45°或30°(如图3-1所示),即成斜向排列。这种布置方式的优点主要是:进行叉车作业时不必直角转弯,叉车回转角度小,操作方便,可提高装卸搬运作业效率;同时可以减少通道宽度和架(垛)距。其缺点是:形成众多三角形面积,无法集中使用。从总的来说,斜形布置的面积利用率,应视物料情况、货架或堆垛形式及长宽度、库房跨度等而定。一般地,斜形布置主要适应于物料品种较少,批量大,可用叉车操作直接上下架、码垛、搬运等物料。

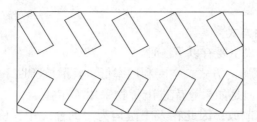

图 3-1 斜形布置

3.2.4 堆垛方式的设置

物料堆垛又称物料堆码和码垛。它是根据物料本身的特点和环境因素，按照一定的要求将各种物料在库房、货棚、货场内堆码成货垛的操作。堆垛可利用原包装堆码，或利用托盘或集装箱直接堆码。

1. 物料堆垛前应具备的条件

① 物料已验收完毕，已查清其数量、质量和规格等。未经验收或验收中发现问题的物料不能正式堆垛。

② 包装完好，标志清晰。包装破损、标志不清或标志不全的物料不能正式堆垛。

③ 必须清除物料外表污渍或其他杂物，并且清除活动对物料质量没有产生负面影响方能进行堆垛。

④ 物料受潮、锈蚀甚至出现某种质量变化，必须进行养护处理，经过处理能恢复原状并对质量无影响者方可堆垛。

2. 物料堆垛的基本要求

物料堆垛是一项技术性的工作，在堆垛设计中应满足以下基本要求。

① 科学合理。应根据物料的性质、形状、大小、容重、数量、包装等不同情况，确定相应的堆码方式；要按照物料的不同品种、规格、型号、等级、生产厂、进货批次等分别堆垛，并用料签把这些内容明显标志出来；应贯彻先进先出的原则；做好下垫上苫，创造良好的保管条件。

② 稳固安全。垛基要坚实牢固，能承受料垛的全部重量；单位面积的储存量应小于地坪最大承载能力；料垛高度要适宜，符合该物料堆垛高度的限制，或保证最下层的物料或包装受重压而不损坏；降低料垛的重心，垛形不偏不斜，不歪不倒，保持一定的垂直度；进行必要的加固，增强料垛的整体性和稳定性，防止料垛倒塌。

③ 简易方便。垛型应尽量简化，使其容易堆码，省力省工，便于物料的收发查点，有利于实现装卸搬运机械化。人工作业时料垛高度不宜过高，尽可能采取立柱式或框架式托盘堆垛。

④ 定量摆放，整齐美观。料垛排列和料垛本身横竖成线，实行"五五化"堆码，过目成数。在这里，并不是局限于要求堆垛的每一层放 5 个，不同物料有不同的"五五化"垛形和物料堆码方法，如大的五五成方，高的五五成行，矮的五五成堆，小的五五成包，带眼的五五成串等。在确定各种物料的"五五化"堆码时，同样必须符合上述的基本要求。只要能每 5 个的区分开来即可。注意料签、标记应明显可见。

特别注意的是，不要片面为了追求形式上的"五五化"，而多占了仓位，多费了劳动力，或不利于物料的保管、保养。对于"五五化"的堆码也必须因物因地制宜。

3. 物料堆垛设计的内容

为了达到上述基本要求，必须根据保管场所的实际情况、物料本身的特点、装卸搬运条件和技术作业过程的要求，对物料堆垛进行总体设计。设计的内容应包括垛基、垛型、料垛参数、堆码方式、料垛苫盖、料垛加固等。

（1）垛基

垛基是料垛的基础，主要作用是承受整个料垛的重量，将商品的垂直压力传递给地坪；将商品与地面隔离，起防水、防潮和通风的作用；垛基空间为搬运作业提供方便条件。因此，对垛基提出以下要求。

① 将整垛商品的重量均匀地传递给地坪，垛基本身要有足够的抗压强度和刚度，为了防止地坪被压陷，应扩大垛基同地坪的接触面积，下垫的水泥墩和枕木要有足够的密度。

② 保证良好的防潮和通风。垛基应为敞开式，有利于空气流通；可适当增加垛基的高度，特别是露天料场的垛基，其高度应在 300 mm～500 mm，必要时可增设防潮层，露天料场的钢材垛基应保持一定的坡度，以利排水。

③ 保证垛基上存放的物料不发生变形。露天场地应平整夯实，下垫物应放平摆正，所有下垫物要同时受力，而且受力均匀。大型设备的重心部位应增强下垫物。

垛基分为固定式和移动式两种，移动式又可分为整体式和组合式，组合式垛基机动灵活，可根据需要进行拼装。

（2）垛型

物料的堆码方式主要取决于物料本身的性质、形状、体积、包装等。一般情况下多采取平放（卧放），使重心最低，易于堆码，稳定牢固。经常采用的堆码方法有重叠式、骑缝压码、纵横交错压码、反扣码、衬垫码、栽柱堆码、串联式堆码、鱼鳞形堆码、凸凹镶入式堆码等。有些物料，由于本身性质的原因，堆垛内部容易发热，使物料发霉、板结造成物料损坏，如粮食等。因此，堆垛要码通风垛，使堆垛内部能通风降温。

垛型是指料垛的外部轮廓形状。按垛底的平面形状，可分为矩形、方形、三角形、圆形、环形等；按料垛立面的形状，可分为矩形、方形、三角形、梯形、半圆形。另外，还可组成矩形、三角形、矩形-梯形等复合形状。

各种不同立面的料垛各有优缺点：矩形、方形料垛，堆码容易，计数方便，库容整齐，能充分利用仓库空间，但稳定性较差；梯形、三角形、半圆形料垛，稳定性较好，易苫盖，排水性能好，但不容易堆码，不便于计数，不能充分利用仓库空间；矩形-三角形、矩形-梯形等复合形料垛，是上述其中两者的结合，兼有两者的特点，多用于露天存料的堆垛。

但也有些物料不宜平放堆码，必须竖直立放，如下面所举例子。

① 片状易碎品。如玻璃、片状砂轮、成卷石棉纸及云母带等，它们的机械强度比较低，抗冲击性能差，当平放时受到垂直压力或撞击易破碎。

② 某些橡胶、塑料及沥青制品。如橡胶管、成卷橡胶板、人造革、地板布、油毛毡、油纸等，受热后变软发黏，若平放堆垛，受压后易黏结变形，影响质量。

③ 某些桶装、罐装、坛装物料。如油脂、涂料、酸类、压缩气体及液化气体等，由于其封口均在上端，所以应立放，以防渗漏外溢，并便于对其密封性进行检查。

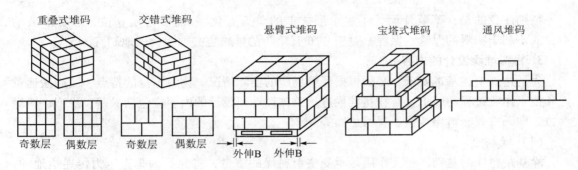

图 3-2 几种常见堆码方式

④ 缠绕在辊筒上的物料。如钢丝绳、钢绞线、电缆、纸张等，必须使辊筒两端板直立存放，否则易松动，维护保养困难，搬运不便。

⑤ 其他具有标志要求立放的物料。

（3）料垛参数

料垛参数是指料垛的长、宽、高，即料垛的外廓尺寸。一般应首先确定料垛的长度。各种钢材的定尺长度作为料垛的长度，包装成件物料的垛长应为包装长度或宽度的整数倍。具体长度还应根据仓库的平面布置和物料的多少而定。料垛的宽度，应根据物料的性质、要求的保管条件、搬运方式、数量多寡及收发制度等确定，一般多以 2 个或 5 个单位包装为料垛宽度。料垛高度，主要应根据库房高度、地坪承载能力、物料本身及包装的耐压能力、装卸搬运设备的类型及技术性能、物料的理化性质等来确定。在条件允许的情况下，应尽量增加料垛的高度，以提高仓库的空间利用率。料垛的长、宽、高，互相联系，互相制约，三者必须综合加以考虑。

（4）料垛苫盖

料垛苫盖主要是指露天堆垛的物料，为了防雨雪、防风吹日晒、防尘、防散失等，使用苫盖物进行苫盖。一般多使用篷布、油毡、苇席、塑料薄膜或铁皮制作活动苫棚。苫盖中应注意上部起脊以使排水良好；苫盖物要与被苫盖物隔离，以免渗水浸湿物料。近几年来活动料棚得到普遍采用，这是一种代替苫盖的有效措施，应大力提倡。

（5）料垛加固

为了防止料垛倒塌，对某些稳定性较差的料垛应进行必要的加固，加固是为了增加料垛的整体性。常用的方法有两侧立挡柱、层间加垫板、使用 U 形架、两侧加楔形木、使用钢丝拉链等。可通过静力学的计算确定加固材料的规格尺寸和数量。

3.3 库房内道路布置

1. 库房内道路

通道是根据搬运方法、车辆出入频度和作业路线等因素决定的。由于建筑物内部通道的设置与建筑物设施的功能、效率、空间利用率等因素有关，所以应根据进出库物料的品种、数量、外部尺寸及所选定的设备的作业特点来决定通道宽度与通道条数。

库房内的通道可分为运输通道（主通道）、作业通道（副通道）和检查通道。

运输通道供装卸运输设备在库内运行，其宽度主要取决于装卸运输设备的类型、外形尺寸和单元装载的大小。当用手推车搬运物料时,通道宽度一般为2~2.5 m;电瓶车或叉车搬运时,一般为2.5~3 m;汽车搬运时,一般为3.8 m。若库内安装桥式起重机,其运输通道宽度可压缩到1~1.5 m。

辅助通道的宽度应根据物料的外形尺寸、堆垛存放或货架存放的不同,以方便操作为前提予以确定。一般情况下,普通货架相互之间的通道宽为0.8~1.0 m,堆垛之间的宽度则大于0.5 m,堆垛与墙柱之间的距离为0.25~0.3 m。如果使用手推车进入作业通道作业,则通道的宽度应视手推车的宽度而定。

检查通道是供仓库人员检查库存商品时的行走通道。其宽度只要能使检查人员自由通过即可,一般为0.5 m左右。

叉车作业时,直角堆垛通道宽度可通过计算求得。如图3-3所示。

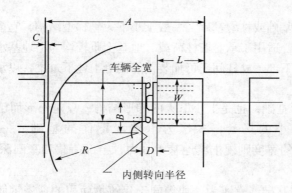

图3-3　直角堆垛通道宽度计算示意图

用叉车在库内进行作业时,应考虑叉车装载单元货物在直角通道转弯时,所需的通道宽度。直角堆垛最小通道宽度的计算方法如下。

当 $B > \dfrac{W}{2}$ 时,计算比较简单,计算公式为

$$A = R + D + L + C$$

当 $B < \dfrac{W}{2}$ 时,考虑到托盘(或码放货物)内侧角的回转半径的影响,计算公式为

$$A = R + \sqrt{(D+L)^2 + \left(\dfrac{W}{2} - B\right)^2} + C$$

式中:A 为直角堆垛的通道宽度;R 为叉车的最小回转半径;B 为由车体中心线至回转中心点的距离;W 为托盘的宽度(或码放货物的宽度);L 为托盘的长度(或码放货物的长度);D 为由前轴中心至货叉垂直前臂的距离;C 为作业所需的间隙(约200 mm)。

2. 铁路专用线进入库房

铁路专用线直接进入库房内,使整车的物料直接在库内装卸车,这样可减少作业环节和装卸次数,实现"一次性作业"。此外,为了满足仓库机械化作业的要求,还应提高库内地坪的承载能力,库内不设或少设立柱,保证机械作业所必需的库房高度等。

3.4 库房的主要结构和设计

3.4.1 库房的主要结构

库房主要由基础、地坪、墙体、屋盖、库门、库窗、库内立柱和库边站台等部分组成。

1. 基础

基础是库房四周墙体和立柱下部的承重结构,用于承受建筑物恒载(包括自重和构件重)和活荷载(包括屋面、装载机械传至结构物及自然因素影响到结构物等的变动荷载等),并将其均匀地传递到地基中去。基础应具有足够的耐压强度、稳定性和防潮、防腐性能。基础按其结构可分为断续基础、连续基础和整体基础。

(1) 断续基础

断续基础又称独立基础或柱墩基础,一般上小下大呈梯型结构,它多为杯形基础,其上为小方基,其下为大方基,适用于承受墙柱荷载、地基土质较均匀、地基承载力较大的场合,多用于钢筋混凝土立柱的下部。立柱间还可加装钢筋混凝土地下过梁,以承受墙体的重量。

(2) 连续基础

连续基础又称条形基础,也是上小下大的梯形结构,只是长形而已。通常用于上部结构荷载大而地基承载力小的场合,多作为承重墙下面的基础。一般其顶部宽出墙体100~120 mm,而底部的宽度则视土壤地基承载力、上部荷载和基础深度而定。

(3) 整体基础

整体基础又称板式基础,它实为一块等同于建筑物面积的现浇钢筋混凝土地板。当地基的承载能力很小或上部结构荷载很大时,多采用这种基础。此外,当建筑物设有地下室或地下水位较高时,也常采用之。

2. 地坪

地坪对仓库建筑物来说,是承受堆积其上的被保管物料静荷载和装卸搬运动荷载的结构部分。因此,地坪要有足够的承载能力、平坦、耐磨、耐酸碱等。此外,为防止保管物料的质量变化,地坪还必须具备隔潮、防潮性能。为了达到以上要求,地坪一般由基层、垫层和面层组成。

(1) 基层

基层为地坪最下面的基土层。一般为经过处理的地基土,多采用素土分层夯实,或在土中夯入碎石等以加强其密度。如为耕土或淤泥,则应全部挖出换以新土再处理。

(2) 垫层

垫层为基层之上、面层之下,用来承受由面层传来的荷载,并将其均匀地传至基层的载体。因此要求其具有一定的厚度与坚固性。垫层分为刚性、弹性两类,如混凝土、三合土等垫层为刚性垫层;而夯实的沙、不加胶合材料的碎石、矿渣垫层为弹性(或称柔性)垫层。

(3) 面层

面层是地坪的表层。它直接与保管设备、装卸搬运设备接触,所以要求平坦、有足够承重力、不怕冲击、耐磨、易清扫、无污染等。一般仓库建筑物多采用"垫面合一"的水泥混凝土地坪,多由高标号混凝土振捣提浆、压实抹光、一次施工完成,表面涂以树脂漆或做成水磨石地面。实践中，水磨石地面的使用性能优于树脂漆地面，造价也低于树脂漆地面。

3. 墙体

墙体是建筑物的围护或承重构件。它修建于基础之上，在建筑物内部还可以增设隔墙。墙体的围护作用主要是防止自然因素，如阳光、风、雨、雪的侵蚀和起隔热、保温作用，同时还有防盗的作用。承重主要是承受屋盖重量。所以，墙体要求有一定的强度和保温性能。

4. 屋盖

屋盖与墙体一起构成封闭空间，起承重和围护作用。它由承重结构和围护结构组成。承重结构是屋架或屋面大梁，围护结构分基层（檩条）和面层（屋面）。屋面的整个结构是：屋面板——隔热保温层——找平层——防水层——保护层。

屋顶在站台上方的延伸部分即挑檐，它是屋盖的延伸部分。其作用是使在站台上的收发作业不受雪、雨的侵袭，并有遮阳作用，其宽度应遮挡至装卸作业车辆的驾驶室处。

5. 库门与库窗

（1）库门

库门是供人员、物料收发作业和设备的进出库使用的，其大小、位置、数量等对仓库作业都有直接影响。在沿仓库的长、宽一侧或两侧及两端皆可设置库门。库门按其结构与开启方式，分为平开门、上翻门、折叠门、推拉门、升降门、卷帘门等，防尘要求高的仓库，采用密封门。

库门的大小应保证装卸运输设备和物料顺利进出库；设置的数量视库房的规模而定，但两个库门之间的距离不宜超过 30 m。库门的尺寸主要取决于进出库机械设备的外廓尺寸和物料单位包装的最大尺寸。通常是根据进出库装卸运输设备的外廓尺寸加上一定的安全距离确定库门的高度和宽度。库门尺寸也要符合《建筑统一模数制》的要求，规定库门的宽度在 800～1 000 mm 时，应为 100 mm 的倍数，即 $1M_0$（$1M_0$ = 100 mm）的倍数；当库门宽在 1 200 mm 以上时，则应为 300 mm 的倍数，即 $3M_0$ 的倍数，如取门宽为 1 500 mm 或 1 800 mm 或 2 100 mm 等。库门高在低于 2 100 mm 时为 100 mm 的倍数，即 $1M_0$ 的倍数，而高于 2 100 mm 时，则应为 300 mm 的倍数，即 $3M_0$ 的倍数，如 2 400 m 等。但为了能使作业机械顺利通过库门，通常还应使库门的宽度比作业机械设备的外廓宽出 500～1 000 mm；其高度则应高出作业机械设备高度的 400～800 mm。

（2）库窗

库窗主要用于通风和采光。库窗按其安装位置分为侧窗和天窗两大类。一般在仓库纵向墙体上设置侧窗，但当仓库跨度超过 18 m 以上时，为增大库内自然通风与自然采光的需要，可在仓库顶部增设天窗。

库窗的尺寸主要取决于对库房自然通风与自然采光的要求，而该要求又与库房面积有关，最后还应满足统一模数的规定。例如，库窗总面积占库房面积应在 10%～15%之间，但建筑物统一模数要求侧窗的高度与宽度都应为 300 mm 的倍数，即为 $3M_0$ 的倍数。例如，库窗的宽度大致有：900、1 200、1 500、1 800、2 400 mm 等，而高度则为：600、900、1 200、1 800、2 100、2 400、3 000 mm 等。

6. 库内立柱

库内由于仓库跨度过大,为保证仓库在载荷状态下的安全,在纵横方向上可设立立柱,并与四周墙体的立柱构成柱网。但由于库内立柱将降低仓库面积利用率和不利于物料搬运与机械化作业,所以应尽量避免库内设立柱或减少立柱数。立柱可为钢或钢筋混凝土结构。

7. 库边站台

收发站台(dock)主要用于货物的装卸暂放。而且因为仓库是一个动态系统,进出频繁,需要专门考虑系统进出两端,也即收发站台的设计。

站台是仓库外缘四周或两侧从地面加高的长台。台高与库内地坪平齐,并大致与铁路货车车厢底板高相当,以便于在货车车厢和库房之间进行装卸作业。站台可沿仓库四周全长或部分设置。站台可以是砖、石或木材围成,内填沙石;也可以只由围墙和立柱构成骨架,再铺设地面,内部不填沙石。

收发站台的设计主要是站台的布置形式、站台的布置方向、站台的宽度、深度和高度尺寸、门的大小和数量,以及收发站台是否分开设置等。收发站台的位置关系决定了仓库物流的方向,如收发站台在仓库同一边的,物流模式就是 U 形,库内布置也要遵循这一基本形状,以满足物流畅通的要求。收发站台设计的主要参数如表 3-1 所示。

表 3-1　站台设计参数

项 目	汽车站台/m	铁路站台/m
一般站台宽度	2.0~2.5	3.5
小型叉车作业站台宽度	3.4~4.0	≥4.0
站台高度	高出地面 0.9~1.2	高出轨顶 1.1
站台上雨篷高度	高出地面 4.5	高出轨顶 5.0
站台边距铁路中心距离		1.75
站台端头下降坡度	≤10%	≤10%

站台布置形式一般有 4 种,即直接式(flush dock)、驶入式(drive-in dock)、穿过式(drive-through dock)和伸出式(finger dock),见图 3-4。直接式是最常见的形式,站台门开在外墙上,货车后面靠近门,即可装卸货。因为货车厢底面与站台高度可能有差异,故需要站台登车桥。直接式也有货车侧面靠门的,这时货车厢侧面开门装卸货。为防止风雨影响,可采用能与 8 英尺、宽 8~8.5 英尺高的标准集装箱货车箱后门无缝对接的密封门,或在外墙上搭雨篷。而驶入式货车可以门倒进室内,完全不怕风雪。穿过式主要用于铁路站台。当车辆很多时,直接式站台宽度不够,可做成锯齿状,或采用伸出式站台,如图 3-4 所示。伸出式一次可由很多辆车装卸作业,货车可停靠伸出站台的两边,可沿伸出方向布置输送机,加快货物进入库内的速度。为防雨雪伸出站台上要搭雨篷。

站台的高度主要满足方便装卸作业的要求。在铁路专用线一侧的站台高度应与车厢底板大致持平,一般为高出轨面 1.1 m;用于装卸汽车的站台高度应与汽车车厢底板大致持平,一般为 1 m 左右。库边站台的宽度主要应根据站台的功能、物料吞吐量的大小和作业方式而定。如站台需具有暂时存放物料的功能时,则宽度就应大一些;物料吞吐量大时,站台宽度也应适当加宽。可根据实际需要,使站台长度与库房长度相同。

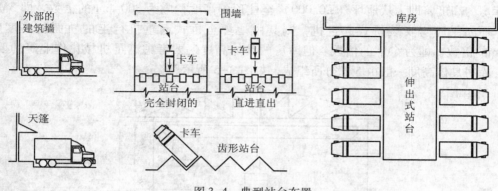

图 3-4 典型站台布置

为便于车辆作业,在收发区外还要考虑布置停车场(详细方法请参见有关建筑设计规范类书籍)。

3.4.2 库房的长、宽、高参数的确定

库房的长度和宽度(跨度)与库房的面积有关,在库房面积一定的情况下,长、宽可以有无数个组合,即有多个宽长比。因此,必须对库房的宽和长确定一个适当的比例。通常的宽长比,如表 3-2 所列。

表 3-2 库房建筑宽长比

仓库面积/m²	<500	500~1 000	1 000~2 000
宽与长之比	1:2~1:3	1:3~1:5	1:5~1:6

有了宽长比这个限制条件,就能容易地求算出库房的长度和宽度。通常是先确定库房的宽度,然后用宽度去除库房面积,即得库房长度。例如,库房面积为 800 m²,其宽与长比取 1:4,则库房的宽度和长度分别为 14 m 和 56 m。

实际上,这样计算出来的结果是不标准的,还应按照标准化的要求进行调整,这个标准就是《建筑统一模数制》。为了实现建筑设计标准化、构配件生产工厂化和施工机械化,逐步提高建筑工业化水平,国家建委制定了《建筑统一模数制》,作为统一与协调各种建筑尺寸的基本标准。《建筑统一模数制》协调各种尺寸的基本模数规定为 100 mm,以 M_0 表示;同时根据实际需要尺寸的大小,规定出各种扩大模数和分模数,以便于应用。

当库房的跨度小于等于 18 m 时,其跨度应采用 3 m 的倍数;当其跨度大于 18 m 时,应用 6 m 的倍数。因此,常采用的库房宽度(跨度)为 6、9、12、15、18、24、30 m 等。若有特殊需要,也可采用 21~27 m 等。库房的长度则应为宽度的整数倍。

按照这一要求,前面所计算的库房宽度为 14 m、长度 56 m 不符合规定,应加以调整。其调整方法一般是先将宽度调整到其最接近的统一模数的数值,得出符合模数规定的标准尺寸,然后用其去除已知的库房面积,求得长度,并将其调整到符合模数规定的标准尺寸。如上例中将宽度 14 m 调整为 15 m,去除面积 800 m²,得 53.3 m,即长度,再将其调整为 6 m 的整数倍则为 54 m。这样宽度和长度都符合统一模数制的要求。

库房的高度，即为从地坪（±0.000）至柱顶的高度，应为 300 mm 的倍数，即 $3M_0$ 的倍数。而如果库房安装桥式起重机，则其由地坪至桥式起重机行走的轨面的高度应为 600 mm 的倍数，即为 $6M_0$ 的倍数。但库房的具体高度还要考虑满足机械化作业等的要求。这样，库房具体高度一般由 5 部分所组成，如图 3-5 所示。

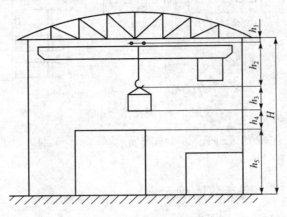

图 3-5 平库房的高度结构

图 3-5 中，H 为库房建筑高度；h_1 为屋架下缘至桥式起重机上限尺寸之间的距离；h_2 为桥式起重机吊钩吊起上限与起重机上限尺寸之间的距离；h_3 为被吊起的货物所占空间的高度；h_4 为被吊起货物的下缘与料架、料架顶部之间的安全距离；h_5 为料架或料垛的最大高度。

根据库房应具备的基本功能，库房建筑物在整体上应满足物料保管、仓库作业和仓库安全等方面的要求。

库房建筑物要为物料保管创造良好的环境和适宜的条件。为此，应具备以下性能。

（1）防水防潮性能

库内湿度对库存物料影响最大。大部分物料怕潮湿，一些物料受潮后容易锈蚀、发霉、腐蚀、生虫、变质失效或质量下降，所以平库建筑物的防水、防潮非常重要。这就要求库房的地坪、墙体和屋顶具有良好的防水和隔潮性能。如增加地坪的高度，采用水泥混凝土地面，必要时增加防水层，加大屋顶的坡度以利排水，做好屋顶的防水层，特别应做好双跨或多跨平库两跨结合部的防渗漏处理；提高库门、库窗的密封性，防止雨雪侵入和库外潮湿空气的影响等。

（2）隔热保温性能

温度也是影响库存物料质量的主要因素之一。温度过高、过低或急剧变化，都会对一些物料产生不良影响。大部分物料怕高温，在温度比较高的情况下，容易使一些物料挥发、老化、软化、熔化、变质等。库房的隔热保温性能，主要取决于库房墙体和屋顶的结构特点与结构材料。如增加墙体的厚度，采用混凝土空心砌块、粉煤灰硅酸盐砌块、加气混凝土砌块等砌筑库房外墙，采取双层屋顶，或在屋面结构中加隔热保温层，提高库门、库窗的密封性，或设双层门窗等。

（3）密封性与坚固性

要求库房具有良好的密封性，不但是防水、防潮、隔热、保温的需要，而且更是防尘、防有害气体的需要。灰尘特别是烟尘对各种物料的保管都是不利的。为了保持库内清洁无尘，必须提高库房的密封性。库房密封性的好坏，主要取决于墙体、屋顶和门窗，尤其是门窗。

库房为了防盗、防破坏，必须有一定的坚固性，这需要通过合理的结构设计和结构材料加以保证。

3.5 库内搬运工具的选择

3.5.1 搬运车辆

1. 手推车

手推车（hand cart）是一种以人力为主，在路面上水平输送物料的搬运车。其特点是价廉、轻巧、易操作、回转半径小，适于短距离搬运轻型物料。因运输物料的种类、性质、重量、形状、行走线路条件及作业内容不同，可选用不同类型的手推车。常见的手推车类型包括杠杆式手推车、手推台车、登高式手推车和手动液压升降台车（如图3-6所示）。

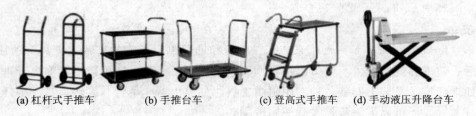

(a) 杠杆式手推车　　(b) 手推台车　　(c) 登高式手推车　　(d) 手动液压升降台车

图3-6　各类手推车

在选择和使用手推车时，首先应考虑物料的形状及性质。当搬运多品种货物时，应考虑采用通用型的手推车；当搬运单一品种货物时，则应尽量选用专用手推车，以提高作业效率。其次还要考虑输送量及运距，由于手推车是以人力为动力的搬运工具，运距和载重量不宜太大。

2. 托盘搬运车

托盘搬运车（pallet jack）是一种轻小型搬运设备，它有两个货叉似的插腿，可插入托盘自由叉孔之内。插腿的前端有两个小直径的行走轮，用来支撑托盘货物的重量。货叉通过液压或机械传动可以抬起，使托盘或货箱离开地面，然后使之行走。这种托盘搬运车广泛应用于仓库内外的物料装卸或车间内各工序间的搬运作业。

（1）手动托盘搬运车（hand jack）

在使用手动托盘搬运车（见图3-7）时，将其承载的货叉插入托盘孔内，由人力驱动液压系统来实现托盘货物的起升和下降，并由人力拉动完成搬运作业。它的费效比很高，是日常托盘运输中最常见的装卸搬运工具。

（2）电动托盘搬运车（walkie rider）

电动托盘搬运车由外伸在车体前方的、带脚轮的支腿来保持车体的稳定，货叉位于支腿的正上方，并可以做微起升，使

图3-7　手动托盘搬运车

托盘货物离地进行搬运作业。根据司机运行操作的不同可分步行式电动托盘搬运车、站驾式电动托盘搬运车、座驾式电动托盘搬运车（图 3-8）。其作业安静、不起尘，大量使用在库房内部或车间内的物料搬运。

(a) 步行式　　　(b) 站驾式　　　(c) 座驾式

图 3-8　电动托盘搬运车

3. 固定平台搬运车

固定平台搬运车（platform truck），是具有较大承载物料平台的搬运车。相对承载卡车而言，承载平台离地低，装卸方便；结构简单、价格低；轴距、轮距较小，作业灵活等，一般用于库房内、库房与库房之间、车间与车间，车间与仓库之间的运输。根据动力不同分为内燃型和电瓶型。

4. 叉车

叉车（forklift truck）是一种用来装卸、搬运和堆码单元货物的车辆。它具有适用性强、机动灵活、效率高的优点，不仅可以将货物叉起进行水平搬运，还可以将货物提升进行垂直堆码。如果在货叉叉架上安装各种专用附属工具，如推出器、吊臂、旋转夹具、串杆、侧移叉、倾翻叉等，还可以进一步扩大其使用范围。

根据所用的动力，叉车可以分为内燃机式叉车和蓄电池式叉车。内燃机式叉车又可分为汽油内燃叉车和柴油内燃叉车，前者多用于 1~3 t 的起重载荷，后者多用于 3t 以上的起重载荷。蓄电池式叉车一般用于 2 t 以下的起重载荷。

根据叉车的结构特点，叉车还可分为平衡重式（见图 3-9）、前移式、插腿式、侧面叉车等。

（1）平衡重式叉车（counterbalance forklift truck）

平衡重式叉车（见图 3-9）是使用最为广泛的叉车。货叉在前轮中心线以外，为了克服货物产生的倾覆力矩，在叉车的尾部装有平衡重物。这种叉车由于运行速度比较快，而且有较好的爬坡能力，因此适用于在露天货场作业。取货或卸货时，门架可以左右或前移，便于货叉插入，取货后门架可后倾，使物料重心后移，以便在运行中保持货物的稳定。

(a) 内燃式　　　　　　(b) 电瓶式

图 3-9　平衡重式叉车

平衡重式叉车主要由发动机、底盘（包括传动系、转向系、车架等）、门架、叉架、液压系统、电气系统及平衡重等部分组成。叉车门架一般为两级门架，起升高度为 2～4 m。当需要叉车在更高的高度作业时，可采用三级或多级门架。货叉的升降及门架的倾斜，均采用液压系统驱动。一般提升油缸配合起重滑轮、链条可使货叉增速升降，即货叉起升降速度为内门架（或油缸活塞）升降速度的两倍。

（2）前移式叉车（reach truck）

前移式叉车（见图3-10）是其门架（或货叉）可以前后移动的叉车。运行时门架后移，使货物重心位于前后轮之间，运行稳定，不需要平衡重，自重轻，降低直角通道宽和直角堆垛宽，适用于车间、仓库内工作。按操作可分站驾式和座驾式；按作业场所可分普通型、防爆型、冷藏型。

（a）站驾式　　（b）座驾式

图 3-10　前移式叉车站驾式和座驾式

前移式叉车是在车间或仓库内作业时使用最广泛的一种叉车。这种叉车采用蓄电池为动力，不会污染周围的空气。由于在库内作业，地面条件好，故一般采用实心轮胎，车轮直径也比较小。在取货或卸货时，货叉随着门架前移到前轮以外。但运行时，门架缩回到车体内，使叉车整体是平衡的。这种叉车的蓄电池起一定的平衡作用，不需配备专门的平衡重。车体尺寸较小，转弯半径也小。在巷道内作业时，巷道宽度比平衡重式叉车小得多，从而可提高仓库面积利用率。

（3）插腿式叉车（straddle truck）

插腿式叉车（见图3-11）的结构非常紧凑。货叉在两个支腿之间，因此无论在取货或卸货时，还是在运行过程中，都不会失去稳定性。由于尺寸小，转弯半径小，在库内作业比较方便。但是货架或货箱的底部必须留有一定高度的空间，使叉车的两个支腿插入。由于支腿的高度会影响仓库的空间利用率，必须使其尽量低，故前轮的直径也比较小，对地面平整度的要求就比较高。其起升机构包括手摇机械式、手动液压式和电动液压式三种，适用于工厂车间、仓库内效率要求不高但需要有一定堆垛、装卸高度的场合。

（4）侧面叉车

侧面叉车（见图3-12）主要用于长料货物的搬运。这种叉车有一个放置货物的平台，门架与货叉在车体的中央，可以横向伸出取货，然后缩回车体内将货物放在平台上即可行走。这种叉车司机的视野好，所需通道宽度也较小。

图 3-11 插腿式叉车

图 3-12 侧面叉车

3.5.2 起重机械

起重机械是一种以间歇作业方式对物品进行起升、下降和水平移动的搬运设备。起重机械以完成货物垂直升降作业为主要功能，兼有一定水平运输作业，工作对象主要为笨重大件物品。

起重机械至少具有完成物品上、下升降功能的起升机构。根据起升机构的活动范围不同，起重机械分为简单起重机械、通用起重机械和特种起重机械。

1. 简单起重机械

简单起重机械一般只做升降运动或一个直线方向移动，只需要具备一个运动结构，包括手拉葫芦、手扳葫芦、电动环链葫芦和升降机等。它们起升货物重量不大，作业速度及效率较低，见图 3-13。

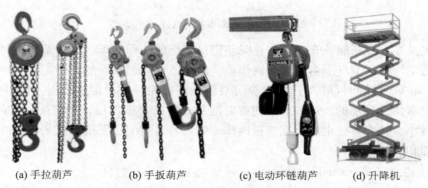

(a) 手拉葫芦　　(b) 手扳葫芦　　(c) 电动环链葫芦　　(d) 升降机

图 3-13 各种简单起重机械

2. 通用起重机械

通用起重机械具有使物品做水平方向的直线运动或回转运动的机构，通用不仅指搬运物品的多样性，而且也包括使用场所的广泛性。通用起重机主要有桥式起重机、龙门式起重机、固定回转起重机和移动回转起重机（如汽车起重机）等。

1）回转类起重机

这种起重机是利用臂架或整个起重机的回转来搬运物品，臂架的吊钩幅度可以改变，起重机的工作范围是一个圆柱或扇形立体空间。回转类起重机分为两大类：固定回转起重机和移动回转起重机。前者装在固定地点工作，后者安装在有轨或无轨的运行车体上，随着工作需要可以改变其工作地点。如图 3-14 所示。

(a) 定柱式回转起重机　　　(b) 门座式起重机　　　(c) 汽车起重机

图 3-14　回转类起重机

转柱式回转起重机、定柱式回转起重机和转盘式回转起重机属于固定回转起重机；塔式、港口门座式和铁路起重机属于有轨运行回转起重机；汽车式、轮胎式和履带式起重机等属于无轨运行回转起重机。

2）桥式起重机

桥式起重机是指以桥架为承载结构，由起升机构、小车运行机构和大车运行机构等几部分组成的起重机械。按其结构不同可分为梁式起重机、通用桥式起重机、龙门式起重机、装卸桥等类型，见图 3-15。

(a) 桥式起重机　　　(b) 龙门式起重机　　　(c) 装卸桥

图 3-15　桥式起重机

桥式起重机的基本参数有：起重量、起升高度、跨度、各种机构的工作速度及各机构的工作级别。另外，机械的生产率、轨距、外形尺寸、最大轮压等也是重要参数。这些参数说明起重机的工作性能和技术经济指标，是设计起重机的技术依据，也是生产使用中选择起重机技术性能的依据。桥式起重机已有国家标准，选用时可参考有关资料。

需要说明的是，龙门式起重机的作业跨度，并不仅限于两个门脚之间，而是横梁的跨度。

3. 起重机械的选择

在物料搬运中配备起重机的原则，主要根据以下参数进行起重机的类型、型号选择：

① 所需起重物品的重量、形态、外形尺寸等；
② 工作场地的条件（长×宽×高，室内或室外等）；
③ 工作级别（工作频繁程度、负荷情况）的要求；
④ 每小时的生产率要求。

根据上述要求，首先选择起重机的类型，再决定选用这一类型起重机中的某个型号。

3.5.3　传送带和输送机械

输送机械是在一定的线路上连续不断地沿同一方向输送物料的物料搬运机械，装卸过程无需停车，因此生产率很高。皮带类型的输送机械常称为传送带，其他类型则称为连续输送机。输送机械以完成水平物品运输功能为主，兼有一定垂直运输作业，工作对象为小型件及散状物品居多。输送机械输送能力大，运距长，结构简单。还可在输送过程中同时完成若干工艺操作，所以应用十分广泛。输送机械可进行倾斜输送，也可组成空间输送线路，输送线路一般是固定的。

1. 输送机械分类

连续输送机械可以根据其装载的物料类型（散装或单元化）进行分类，也可以根据其所处的位置或其最大载重量进行分类。常见的类型有斜槽输送机、皮带输送机、轮式输送机和辊子输送机等。

2. 单元负载式输送机械

在物流系统中，其搬运作业以集装单元化搬运最为普遍，因此所用的输送机械也以单元负载式输送机械为主。

单元负载式输送机械主要用于输送托盘、箱装件或其他有固定尺寸的集装单元货物。根据有无动力源来区分，输送机械可以分为无动力式和动力驱动式两类，无动力式是利用输送物品本身的重量或人力推动为动力。无动力式输送机械因滚动转子的不同，可分为滚轮式、滚筒式及滚珠式三种形式。动力驱动式输送机械，一般均以电机等为动力。根据其输送介质的不同，可以分为辊子输送机、皮带输送机、链条式输送机和悬挂式输送机等。另外，按应用方式分类，单元负载式输送机械又可分为积存输送机械和分类输送机械。各类单元负载式输送机械，见图3-16。

皮带输送机常称为传送带，是用输送带作承载和牵引构件的输送机械，它利用物品与皮带之间的摩擦力来输送各种轻量或中量的规则或不规则形状的物品。

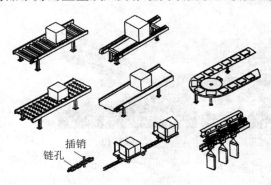

图3-16　各类单元负载式输送机

链条式输送机有许多种类型，最简单的链条式输送机由两根套筒辊子链条组成。链条由驱动链轮牵引，链条下面有导轨，支撑着链条上的套筒辊子。货物直接压在链条上，随着链条的运动向前移动。

无动力输送机械根据其输送介质不同，可分为无动力滚筒输送机、无动力滚轮输送机和滚珠输送机。

3. 辊子输送机

辊子输送机是一种使用最为广泛的输送机械，如图3-17所示。它由一系列以一定的间隔排列的辊子组成，用于输送成件货物或托盘货物，辊柱在动力驱动下带动其上置物料移动；也可在无动力情况下，由人力或依靠重力运送物料。

辊子输送机是成件物料运输中最常用的一种输送机械。可根据生产工艺要求，由直线段、圆弧弯段、水平段、倾斜段、分流段、合流段、升降段和回转段等形式组成开式或闭式生产流水线。物料在辊子输送机搬运系统上可同时完成焊接、装配、测试、称量、包装、储运和分检等各类工艺作业。物料也可在某些区段短暂停留积放，而不影响输送线中其他部分的正常工作。

辊子输送机结构简单，运行可靠，维修量少，布置灵活，营运经济，适应性强，成本低，承载能力大，因而搬运大而重的物件较为容易，常用于搬运托盘集装货物和包装货物。

4. 悬挂式输送机

悬挂式输送机的结构是一种由牵引链形成的空间封闭运输线路，如图3-18所示。

图3-17　辊子输送机

图3-18　输送轮胎的悬挂式输送机

3.5.4　散料搬运设备

散料搬运设备主要有皮带输送机、斗式提升机和螺旋输送机等，主要应用于散状物料的连续、均衡输送作业，一般适于工厂生产线、港口码头场所。

皮带输送机按安装方式分为移动式和固定式两种。移动式皮带输送机适用于散状物料或成件物品的短途运输和装卸工作。采用钢管结构，轻巧美观，机动性好。传动装置为电动滚筒，并配有充气轮胎和钢轮两种走轮。机长可达10 m以上，且倾角可调。固定式带式输送机由于输送量大、结构简单、维护方便、成本低、通用性强等优点而广泛在冶金、煤炭、交通、水电等各部门中用来输送散状物料或成件物品。根据输送工艺要求，可以单机输送，也可多台或与其他输送机组成水平或倾斜的输送系统。

3.5.5　自动物料搬运设备及系统

自动物料搬运设备主要有自动导引搬运车（Automatic Guided Vehicle，AGV）、自动堆垛机和搬运机器人。自动搬运系统是以多台自动导引搬运车为主体结合集群中央控制系统组成的物料搬运系统，主要应用于自动化程度较高的机械制造业、自动化仓库等场合。

1. 自动导引搬运车

AGV即无人驾驶的自动搬运车，是一种能自动导向、自动认址、自动动作的搬运车辆。自动导引搬运车系统（Automatic Guided Vehicle System，AGVS）是由若干辆自动导引搬运车在计算机控制下按导引路线行驶，应用在物流系统、生产系统中的总称。AGVS广泛应用于柔性生产系统（FMS）、柔性搬运系统和自动化仓库中。AGV主要由导向系统、移载装置、转向机构及安全设施四大部分组成。

自动导引搬运车应用最广泛的领域是装配作业，特别是汽车的装配生产线作业（见图3-19）。在重型机械行业中，自动导引搬运车的主要用途是运送模具和原材料，由于运送物的重量较大，自动导引搬运车需要配备功率较大的移载装置。自动导引搬运车在其他行业中，如邮政业、仓储业、纺织业、电子行业等都有广泛的应用。

自动导引搬运车的优点有：灵活性强，自动化程度高和代替人力，适应特殊工作场地。

图 3-19　AGV 应用在汽车装配生产线

由于搬运车具有以上一些独特的优点，故一般适用于有噪声、空气污染、放射性元素等对人体有害的地方及通道狭窄、光线较暗等不适合用人驾驶车辆的场合。

2. 自动堆垛机

自动堆垛机也称巷道堆垛机，是自动化立体仓库存取货物的主要设备，其结构和形式很多，通常可分为单柱式和双柱式、有轨和无轨结构等。其运行方式有直线运动和回转运动，合起来可以有 4 个自由度，以达到存取货物的高效和方便。

3. 搬运机器人

搬运机器人是一种有若干自由度、动作程序灵活可变、能任意定位、具有独立控制系统，能搬运、装卸物件或操纵工具的自动化机械装置。在生产物流搬运设备中主要用于为机床搬运、装卸工件，为加工中心更换刀具，在物流的节点和输送线的端点用来装卸堆垛物料，在装配线上用于产品的装配与喷漆等。在生产物流搬运中应用搬运机器人不仅能提高劳动生产率，减少成本，保证产品质量，而且还能增加系统的柔性，为生产物流搬运提供一种强有力的工具和手段。另外，桥式起重机能充分利用空间，对其增加自动化功能后已被用作在空间移动的搬运机器人，成为物料搬运自动化的重要设备之一。

在选择自动搬运设备时，首先要了解系统的基本参数和要求，例如：所搬运物料的形状、体积、重量和品种；搬运的途径、速度、频率和定位精度；搬运中的加工和装配要求；厂房的空间位置约束；物料搬运路线的可扩充性等。在实际工程中，自动搬运设备的选择不但要从技术角度考虑，还需结合投料能力和环境条件做出综合选择。

习题与思考题

1. 影响仓库面积大小的因素有哪些？
2. 仓库面积确定的方法有哪些？分别在什么情况下应用这些方法？
3. 库房内部应设置哪些功能区？布置中应注意哪些事项？
4. 货物在仓库的存储方式主要有哪几种？请简述货架或货垛布置的方式。
5. 物料堆垛设计的内容是哪些？堆垛的垛形有哪些？请阐述如何确定堆垛的垛形。
6. 为什么在库房设计的参数选择中，需要运用模数化的设计？
7. 请全面阐述库房设计时所设计的库房主要结构。
8. 物料搬运设备主要包括哪些？其应用特点是什么？
9. 叉车的主要技术参数有哪些？选用时应考虑的技术指标是什么？
10. 请说明什么是物料的"五五"摆放？"五五"摆放在应用中，应注意什么？

第4章 仓储作业管理

本章主要内容
- 仓储作业管理概述
- 仓储作业管理的一般原则
- 影响库存物料变化的主要因素
- 5S 管理
- 价值工程法
- 仓库安全管理

4.1 仓储作业管理概述

仓储作业管理就是对仓储业务,如收发、储存保管等活动的计划、执行和控制。一个仓库保管着成千上万种的物料,需要拥有一定的劳动力和与之相适应的仓储技术和装备。仓储管理,一方面执行着合理组织仓储生产能力的一般职能,对各种工作要素进行合理的管理,以提高其经济效益;另一方面,仓储管理又要求正确处理好仓库内外的各种关系,调动各方面的积极性和创造性,充分发挥物流重要节点的作用。

1. 仓储作业管理的意义

首先,仓储作业管理是物流管理的有机组成部分。仓储管理在物流管理中占有特殊的地位,物流管理的各环节同仓储有着直接或间接的联系。仓储管理工作好坏直接影响着物流管理工作的进行,它从实物形态上保证物流活动正常并高效地运作。

其次,仓储作业管理是保持储存物料原有的使用价值、减少消耗、促进节约、降低成本的重要手段。任何一种物料,当它处在储存时期,表面上物料是处在静止状态,但从物理的和化学的角度来看,物料仍不断发生着变化,这种变化,因物料本身的性质、所处的条件及与外界的接触不同而有差异,变化结果除极少数外,大多对物料的使用价值都有损害作用。为保管好这些储存品,使它们不受或少受有害因素的影响,就必须进行科学的保管、保养。从这个角度讲,物料的管理比资金的管理更难也更有意义。

再次,仓储作业管理有利于合理化库存,加速资金周转,提高企业经济效益。由于仓储工作担负着物料流通中实物储存保管、装卸搬运、配送发运等任务,这些环节的快慢程度直接影响着物料的流通时间,因此要求仓储工作做到快进快出,以加快物料的周转速度。同时，仓库是组织物料供应的场所，若注意对物料合理利用、代用和回收复用，就能使有限的物料资源发挥更大的作用。

最后，现代生产企业中，仓储是反映工厂各种物流活动状况的集中场所，清晰、准确的报表等信息记载，为企业的生产经营活动提供了便利的信息来源。

2. 仓储作业管理的主要内容

仓储管理的主要内容包括了一个完整的仓储活动，即从物料入库开始，到物料从仓库发往用户为止的所有具体操作和管理控制活动。

具体包括：
① 核单、验收入库；
② 物料分类摆放保管；
③ 物料按单分拣、发放；
④ 物料盘点；
⑤ 呆废物料处理；
⑥ 退货处理；
⑦ 物料账务处理；
⑧ 安全维护；
⑨ 资料保管。

4.2 仓储作业管理的一般原则

长期以来，我国企业对仓储管理都不十分重视，从业人员的素质也比较低下，对仓储管理的认识，还停留在简单的看管物料的基础上，满足于物料不丢失。因此，很多企业物料的管理存在很多问题，甚至是无管理的状态。

4.2.1 一般仓库存在的主要问题

一般仓库主要存在以下 13 个方面的问题。
① 物料堆放不整齐，通道被阻塞。
② 无区位标志，查找物料较困难。
③ 物料或包装箱上无物料名称、编码标志。
④ 堆放物料无安全意识，存在隐患。
⑤ 呆废物料未及时处理。
⑥ 需退回供方之不合格物料未及时退回。
⑦ 发料未按先进先出的原则发放。
⑧ 账实不符。
⑨ 记账方法不正确。
⑩ 仓库无采购订单，未按订单要求收货。
⑪ 物料编码不正确或无编码。
⑫ 未按时盘点。
⑬ 仓库资料保管不善。

4.2.2 仓储作业管理的一般要求及基本原则

1. 仓储作业管理的一般要求

仓库作业管理要求做到:"三化"、"三保"、"三清"、"两齐"、"四一致"、"五防"。

① "三化":仓库规范化、存放系列化、养护经常化。
② "三保":保质、保量、保安全。
③ "三清":材料清、规格清、数量清。
④ "两齐":库区整齐、工位整齐。
⑤ "四一致":账、物、卡、证相一致。
⑥ "五防":防火、防潮、防盗、防虫、防变形。

2. 仓储作业管理的基本原则

① 建立健全各项规章制度,使工作有章可循。
② 做好人员的业务培训,提高工作人员的工作责任心和业务素质。
③ 仓库应绘制仓库平面图,标明各类物料存放位置,并贴于仓库入口处。
④ 物料按其特性、体积、重量、数量,分库分类分区存放。并堆放整齐,标志清楚。易燃易爆物料应与其他物料隔离保管,并有明显安全标志。
⑤ 已验收物料、待验收物料和不合格物料应分区存放,并标志清楚。
⑥ 当天的账务,当天处理完毕。每月应核对物料账,遇有账实不符,应即时追查原因,经公司负责人核准后方可调整。
⑦ 仓库应做好安全保卫工作,设置相应的消防设备及消防器材和报警装置。
⑧ 仓库内应随时保持清洁、干燥和通风状态良好。尤其注意控制仓管工作人员将生活垃圾带入仓库库房,如生活用品或在库内吃饭,并将剩饭剩菜丢弃在库房内等。
⑨ 建立健全的岗位责任制,加强火源、电源管理,防火、防汛、防盗、防虫、防潮等工作。

4.3 影响库存物料变劣的主要因素

物料在储存过程中,由于物料本身的性能特点及各种外界因素的影响,可能发生各种质量变化。研究储存过程中物料变化的影响因素,对确保物料安全,防止、减少物料损耗或损失有十分重要的作用。

通常引起物料变化的因素有内因和外因两方面。

4.3.1 影响物料质量变化的内在因素

1. 物料的物理性质

物料的物理性质主要包括吸湿性、导热性、耐热性、透气性与透水性等。

(1) 物料的吸湿性

物料吸湿性,是指物料吸收和放出水分的特性。物料吸湿性的大小、吸湿速度的快慢,直接影响该物料含水量的增减,对物料质量的影响极大,是许多物料在储存期间发生质量变化的重要原因之一。

（2）物料的导热性

物料的导热性是指物体传递热能的性质。物料的导热性，与其成分和组织结构有密切关系。

（3）物料的耐热性

物料的耐热性，是指物料耐温度变化而不致被破坏或显著降低强度的性质。导热性大而膨胀系数小的物料，耐热性良好；反之，则差。

（4）物料的透气性与透水性

物料能被水蒸气透过的性质，称为透气性；物料能被水透过的性质叫透水性。物料透气性、透水性的大小，主要取决于物料的组织结构和化学成分。结构松弛、化学成分含有亲水基团，其透气性、透水性都大。

2. 物料的机械性质

物料的机械性质，是指物料的形态、结构在外力作用下的反应。它包括物料的弹性、塑性、强度、韧性、脆性等。这些物料的机械性质对物料的外形及结构变化有很大的影响。

3. 物料的化学性质

物料的化学性质，是指物料的形态、结构以及物料在光、热、氧、酸、碱、温度、湿度等作用下，发生性质的改变。

如盐酸与钢铁制品作用，使钢铁制品遭受腐蚀；烧碱能腐蚀皮革、纤维制品和人的皮肤；硫酸能吸收动植物物料中的水分，使它们碳化而变黑；漂白粉的氧化性能破坏一些有机物；石灰有强吸水性和发热性，能灼热皮肤和刺激呼吸器官等。因此在保管时要根据物料不同的性能，选择储存场所，安全保管。易燃物料有红磷、火柴、松香、汽油、柴油、乙醇、丙酮等低分子有机物，如遇碰撞、火花和高温极易燃烧，因而在储存中应该特别注意防火。

4. 物料的化学成分

物料所含的化学成分是决定商品质量高低、有无实际使用价值的重要因素。物料分为无机物和有机物。

5. 物料的形态

物料的种类繁多，各种物料有各种不同的形态，要求用不同的包装盛装。如气体物料，分子运动快，间距大，多用钢瓶盛装，其形态随盛器而变；液态物料，分子运动比气态慢，间距比气态小，其形态随盛器而变；只有固态物料，有一定外形。物料的外观形态多种多样，所以在保管时应合理安排仓容，科学地进行堆码，以保证物料质量的完好。

影响物料发生质量变化的因素很多，这些因素主要包括物料的性质、成分、结构等内在因素，这些因素之间是相互联系、相互影响的统一整体，实际工作中决不能孤立对待。

4.3.2 影响物料质量变化的外界因素

物料储存期间的质量变化，主要是物料的内部运动或生理活动的结果，但与储存的外界因素有密切关系。这些外界因素主要包括：空气中的氧气、日光、温度、湿度、微生物和昆虫等。

1. 空气中的氧气

空气中含有21%左右的氧气。氧气非常活泼，能和许多物料发生作用，对物料质量变化影响很大。如氧气可以使金属物料氧化锈蚀；不利于危险品的安全储存；在有机质的酸败、分解、变质中，氧气都起着积极的作用。因此，在养护中，对于受氧气影响比较大的物料，要采取各种方法（如浸泡、密封、充氮等）隔绝氧气对物料的影响。

2. 日光

日光中含有热量、紫外线、红外线等。一方面，日光能够加速受潮物料的水分蒸发，杀死、杀伤微生物和物料害虫，在一定条件下有利于物料的保护；但另一方面，日光的直接照射又对某些物料起破坏作用。如日光能使酒类挥发、油脂加速酸败、橡胶塑料制品迅速老化、纸张发黄变脆、色布退色、药品变质、照相胶卷感光等。因此，要根据各种不同物料的特性，注意避免或减少日光的照射。

3. 微生物和仓库害虫

微生物和仓库害虫的存在是物料霉腐、虫蛀的前提条件。

仓库害虫不仅蛀食动植物性物料和包装，有些仓虫还能危害塑料、化纤等化工合成物料，白蚁还会蛀蚀仓库建筑物和纤维质物料。

微生物的活动，需要一定的温度和湿度。根据物料的含水量情况采取不同的措施，防止微生物生长，以利物料储存。

4. 温度

温度是影响物料质量变化的重要因素，温度能直接影响物质微粒的运动速度。一般物料在常温或常温以下，都比较稳定；高温能够促进物料的挥发、渗漏、熔化等物理变化及各种化学变化；而低温又容易引起某些物料的冻结、沉淀等变化；温度忽高忽低，会影响到物料质量的稳定性。此外，温度适宜时会给微生物和害虫的生长繁殖创造有利条件，加速物料腐败变质和虫蛀。因此，控制和调节仓储物料的温度是物料养护的重要工作内容之一。

5. 空气的湿度

空气湿度的改变，能引起物料的含水量、化学成分、外形或形态结构发生变化；同时也是霉腐菌生长的重要条件之一。在物料养护中，必须掌握各种物料的适宜湿度要求，针对具体物料及设备，尽量创造物料保管的适宜湿度。

6. 卫生条件

良好的卫生条件是保证物料免于变质腐败的重要条件之一。卫生条件不良，不仅使灰尘、油垢、垃圾、腥臭等污染物料造成某些外观疵点和感染异味，而且还为微生物、害虫等创造了活动场所。在物料储存过程中，一定要搞好储存环境的卫生，保持物料本身的卫生，防止物料之间的感染。

7. 有害气体

大气中的有害气体，主要来自燃料，如煤、石油、天然气、煤气等燃料放出的烟尘及工业生产过程中的粉尘、废气，如二氧化碳、二氧化硫、硫化氢、氯化氢等。

物料储存在有害气体浓度大的空气中，其质量变化明显。如二氧化硫气体溶解度很大，溶于水中能生成亚硫酸。空气中含有 0.01% 的二氧化硫，能使金属锈蚀增加几十倍，使皮革、纸张、纤维制品脆化。

目前，主要是从改进和维护物料包装或物料表面涂油、涂蜡等方法，减少有害气体对物料质量的影响。

4.3.3 物料质量变劣的控制

1. 仓库温湿度控制

仓库的温湿度往往受大自然变化的影响,这就需要管理人员正确地控制和调节仓库温湿度,以确保储存物料的安全。

1)仓库内外温湿度的变化

(1)库外温湿度的变化

一般来讲,一天之中,日出前气温最低,下午2—3时气温最高。一年之内,在内陆省份气温最高的月份是7月,最低的月份是1月;沿海省份气温最高的月份是8月,气温最低的月份是2月。

绝对湿度通常随气温的升高而增大,气温的降低而减少;而相对湿度的变化却相反,它随着气温的升高而降低。

(2)库内温湿度的变化

仓库内温湿度变化规律和库外基本相同,但是库外气温对库内的影响有个过程,并且会有一定程度的减弱。因此,库外温度夜间比库内高,白天库内比库外低。

仓库内湿度通常随库外湿度变化,但密封良好的库房受到的影响较小。且库内各部位的湿度也因库内具体情况而异。

从气温变化规律分析,一般在夏季降低库房内温度的适宜时间是夜间10点钟以后,至次日上午6点钟;而降低湿度的适宜时间是上午6点钟至下午4点钟。当然,还需要考虑到物料的特性、库房条件、气候等因素。

2)库房温湿度的控制与调节

实践证明,采用密封、通风与吸潮相结合的办法,是控制和调节库内温湿度行之有效的办法。

(1)密封

密封就是把物料尽可能严密地封闭起来,减少外界不良气候对物料的影响,以达到安全保管的目的。

采用密封方法,要和通风、吸潮结合运用,密封保管时应注意以下事项:密封前要检查物料质量、温度和含水量是否正常,如发现物料已经生霉、生虫、发热等现象就不能进行密封,发现物料含水量超过安全范围或包装材料过潮,也不宜密封。

密封常用的方法有:整库、小室、按垛、按货架或按件密封。

(2)通风

风是空气不断流动造成的。流动速度越快,风速越大。通风使仓库内外空气形成对流,达到调节仓库内温湿度的目的。

若仓库内外的温度差越大,就可以加速仓库内外空气的对流,但风速不宜过大(风力超过5级,会扬尘造成库内灰尘较多)。

按通风的目的不同,可分为通风降温(或增温)和通风散潮。

(3)吸潮

梅雨季节或阴雨天,库内湿度过高,而这时库内外湿度都大,无法通过通风散潮达到降低湿度的目的。这时可以在密封库内用吸潮的办法降低湿度。

仓库内通常使用的吸湿剂有氯化钙、硅胶等,传统而廉价的方法是撒生石灰。对棉布、针棉织品、贵重百货、医药仪器、电工器材和盐糖酒类及武器弹药的仓库,也可采用吸湿机。

2. 物料霉腐的控制

物料的腐烂是指在某些微生物的作用下,引起物料的腐烂和腐败发臭等质量变化的现象。

物料的霉变是由于霉菌在物料上生长繁殖而导致的物料变质现象。霉菌是一种低等植物,成熟后主要靠孢子进行无性繁殖。

一般来讲,有机质的物料容易发生霉腐,矿产品、金属制品等若沾染污染物,在一定条件下,霉菌也能生长。

1) 影响霉腐生物生存的条件

(1) 水分和空气湿度

实验证明,当空气的相对湿度达75%以上时,多数物料含水量有可能引起霉腐的微生物生长繁殖,因而把75%这个相对湿度叫作物料霉腐临界湿度。

水果、蔬菜等含水量较多的物料,对湿度要求比一般物料要高,储存适宜的湿度为85%~90%,但温度不宜过高。

(2) 温度

按微生物对温度的适应能力,可将其分为低温微生物、中温微生物、高温微生物。各种微生物生存的温度见表4-1。

表4-1 微生物生存的温度

	最低温度	最适温度	最高温度
低温微生物	0℃	5℃~10℃	20℃~30℃
中温微生物	5℃	20℃~37℃	45℃~50℃
高温微生物	30℃	50℃~60℃	70℃~80℃

霉腐微生物,大多是中温性微生物,在10℃以下不易生长,在45℃以上停止生长。由此可见,低温有抑制微生物生长的作用,能使微生物休眠或死亡;高温能破坏菌体细胞组织和酶的活动,使蛋白质发生凝固,降低生命活力,甚至很快就会死亡。

(3) 光线

日光对于多数微生物的生长都会有影响,多数霉腐微生物在日光直射下1~4小时即能大部分死亡,所以物料大部分是在阴暗的地方霉腐的。

(4) 溶液浓度

多数微生物不能在浓度很高的溶液中生存,因为浓度很高的溶液能使微生物细胞脱水,造成细胞质壁分离,使其失去活动的活力甚至死亡。

(5) 空气成分

多数霉腐菌生物特别是霉菌,需要在有氧条件下才能正常生长,在无氧条件下形成不了孢子,如气体中二氧化碳的浓度达20%时,霉腐菌死亡率达50%~70%。

2) 物料霉腐的控制

控制物料霉腐,主要从以下7个方面进行。

① 加强易霉腐物料的入库验收，检查物料是否潮湿或污染。
② 加强仓库温湿度管理。
③ 选择合适的储存场所，易霉腐物料应尽量安排在通风良好、光线较强、较干燥的位置，并尽可能避免与含水量大的物料同时存放在一起。
④ 合理堆垛，下垫隔潮层。
⑤ 采取密封。
⑥ 做好日常的清洁卫生。仓库的积尘容易吸潮，使霉腐菌繁殖。
⑦ 必要时采用药剂防霉腐。

3. 仓库内虫害的防治

（1）特性
仓库内害虫的特点是：适应性强，食性复杂，繁殖力强，活动隐蔽。
（2）仓库内害虫的来源
仓库内害虫主要来源有：
① 入库前即隐藏在物料或物料的包装中；
② 通过运输车辆带入库中；
③ 仓库内环境不清洁，库内杂物、垃圾没有及时清理干净，使害虫藏匿、繁殖和生长；
④ 通过飞过仓库的飞鸟等带来。
（3）仓库内部害虫的防治
① 阻绝仓库害虫来源：对入库物料和外包装进行检查和处理；加强仓库内的环境卫生及备用器具的消毒卫生。
② 及时进行药物毒杀。

4.4 5S 管理

5S 管理源于日本企业广泛采用的现场管理方法，它通过开展以整理、整顿、清扫、清洁和素养为内容的活动，创造一个干净整洁、舒适合理的工作环境；通过对工作环境的整治，对生产现场中的生产要素进行有效管理。因为整理、整顿、清扫、清洁和素养 5 个日文单词的罗马拼音的首字母均为"S"，故称为 5S。

在仓储管理中实行 5S 管理，能营造良好的仓储工作环境，提高仓储保管人员的素质，保证仓库安全工作，实施标准化作业，降低作业成本，有效地提高工作效率和仓储效益。

4.4.1 5S 管理的含义

5S 的基本含义如表 4-2 所示。

表 4-2 5S 的基本含义

5S 项目	基本含义
整理	将物品分为有用的与无用的物品，并将无用的物品清除掉
整顿	合理安排物品放置的位置和方法，并进行必要的标志

续表

5S 项目	基本含义
清扫	彻底清除工作场所的垃圾、灰尘和污渍
清洁	持续推行整理、整顿、清扫工作,并使之规范化、制度化,保持工作场所的干净整洁、舒适
素养	要求员工建立自律和养成从事 5S 工作的习惯,使 5S 的要求成为日常工作中的自觉行为。

5S 活动中的 5 个部分不是孤立的,它们是一个有机的整体,整理、整顿、清扫是进行日常 5S 活动的具体内容,清洁则是指对整理、整顿秩序、清扫工作得以持续开展,保持良好的工作环境;素养是要求员工建立自律、养成自觉进行 5S 活动的良好习惯。

4.4.2 整理的内容

1. 整理的概念

① 定义:将工作场所的物品分为有用的和无用的,清除无用的物品。

② 目的:腾出空间,以便更充分地利用空间,防止误送(送错地方),误用(无用的或不良的物品),减少库存量,创造清爽的工作环境。

③ 主要活动:明确原则,大胆果断清除(或废弃)无用物品,研究无用物品的产生原因,对其设计对策,防止污染源的发生;实施文件档案的编排存放工作。

2. 整理的实施

1)无用物品的判定

(1)判定方法

首先,将无用物品摆放在一个指定的地方,并在这些物品上贴上无物品标签;其次,由公司指定的判定者对等待判定的物品进行最终判定,决定处理意见。整理时要制定仓库储存物料与其他仓储设备、设施是否需要的判别标准,决定各种物品的处理方法。

(2)判定者

可以根据对象物的不同,分层次分阶段进行判定,如一般物品由主管判定,重要物品由更高级别人员判定。也可以设计一个有效的判定流程,由各个不同的部门对种类物品进行判定。

2)判定后的处理

① 作价出售;

② 移送给需要的其他部门或其他项目使用;

③ 修理、修复,恢复其使用价值;

④ 对已失去使用价值的物品,废弃或回收。

3)无用物品判断的实施

无用物品的存在造成浪费,占用场地,增加了寻找、搬运物品的困难,浪费时间,降低工作效率,增加了管理难度。无用物品的存在要远大于其潜在的利用价值,因此,必须快速地判定和处理无用物品,做到以下几点:

① 规定判定无用物品的期限,以便后续工作的进行;

② 对各部门贴有无用物品标签的一些物品判定为可留用时,要向物品所属部门说明理由,并将其重新放置;

③ 管理者要下定决心，及时废弃无用物品，以保证5S活动的进程；
④ 正确判断物品的使用价值，按其现在的价值而非其购买的价值来判断。

4）建立一个废弃无用物品的程序

要维持整理活动的成果，要建立一个废弃无用物品的程序，明确物品废弃的提出、审查、批准和处理办法，为整理工作提供制度上的保证。

① 物品所有部门提出废弃申请；
② 技术或主管部门判定物品的利用价值；
③ 相关部门确认物品再利用的可能性；
④ 财务等部门确认；
⑤ 高层负责人作最终的废弃认可；
⑥ 由指定部门实施废弃处理，填写废弃单，保留单据待查；
⑦ 财务部门做账面销账处理。

3. 整理的方法

① 拍摄法：对未经整理的现场进行拍照，对录像进行分析，区分出经常使用的和不常使用的物品。
② 标牌法：根据标牌示意，对物品进行整理。

4.4.3 整顿的内容

1. 整顿的概念

① 定义：把要用的东西，按规定位置摆放整齐，并做好标志进行管理。
② 目的：使工作场所一目了然，减少或消除寻找物品的时间，营造整齐、有序的工作环境，消除积压物品。
③ 主要活动：合理确定物品的保管方法，合理规划物品的放置场所及位置，实施定点、定位存放管理，标示物品内容，使物品放置目视化，摆放整齐。

2. 整顿的实施

（1）定位：决定合理的位置

确定合理放置物品应遵循两个原则：一是位置要固定；二是根据物品使用频率和使用的便利性来决定物品放置的场所。

进行定位管理有以下几个好处：
① 固定物品位置，便于寻找和管理，提高工作效率；
② 可以根据物品的使用频率决定物品放置的场所；
③ 常用的物品放在操作者身边，较常用的放在工作场所的固定位置，不常用的物品放在仓库或工具间。

（2）定量：决定合理的数量

确定物品数量的原则是：在不影响工作的情况下，存放的数量越少越好；节约场地，减少资金占用，便于管理，提高工作效率和经济效益。

（3）标志：进行合理的标志

工作现场中物品种类众多，规格复杂，利用标志可以迅速地找到所需的物品。标志可以说明两个问题：一是某种物品存放在什么位置；二是某个场所中存放了什么物品。

合理标志主要有以下几个方面的工作：

① 建立合理的位置编号体系；

② 对场所进行命名，或对物品存放位置进行设定；

③ 对物品进行标志，如名称、数量、生产日期、使用场所、现有状态（有用物品、无用物品、合格品、不良品）等。

3. 整顿的步骤

整顿有 5 个步骤：

① 腾出空间；

② 规划放置场所及位置；

③ 规划放置方法，便于查找容易和存取方便；

④ 放置标志，物品放置目视化；

⑤ 摆放整齐、明确。

4.4.4　清扫的内容

1. 清扫的概念

① 定义：将不需要的东西清除掉，保持工作现场无垃圾，无污秽状态。

② 目的：创造清洁的工作场所，消除污秽，确保员工的健康、安全卫生。此外，还能早期发现设备的异常、松动等，以达到全员预防保养的目的，借以提高工作效益、降低成本，使设备永远维持在最佳的运转状态下，保证设备精度，减少事故发生。

③ 主要活动：对区域、设备进行彻底的清扫工作。此外，对工作场所的地面、墙壁、天花板及日光灯的内侧均要清洗干净。

2. 清扫的实施

① 彻底进行清扫工作，将工作场所从地面到台面及天花板的每一个地方打扫干净。

② 将设备器具彻底擦拭干净。

③ 发现脏污问题，对在清扫工作中发现的难点问题和发生源制定对策并加以解决。

④ 在清扫中贯彻"清扫即点检"的原则，对设备进行检查和维护，消除灰尘、脏污、异物对设备造成的不良影响，及时发现设备隐患。

4.4.5　清洁的内容

1. 清洁的概念

① 定义：维持以上整理、整顿、清扫后的局面，继续保持场地及设备的整洁，使员工觉得工作场地整洁、卫生。

② 目的：清洁是整理、整顿、清扫的坚持与深入，并制度化、规范化，维持前面"3S"的成果，并设法找出造成各种不良现象的原因，彻底解决问题，根除不良和脏乱的源头；"清洁"是追根究底，从小事做起，创造一个无污染、无垃圾的工作环境。

③ 主要活动：彻底、持续地实施整理、整顿、清扫工作，并做到责任到部门、到个人，保证无清扫盲区。清洁要做到"三不"，不制造脏乱，不扩散脏乱，不恢复脏乱。

2. 清洁的实施

(1) 职责明确

所有的区域及设备都应有明确的整理、整顿、清扫工作的责任者，对这些工作的实施项目、实施频率和达到的水平应有明确的要求。在明确责任的同时，还应建立与之对应的监督检查制度，以确保整理、整顿、清扫工作能有效地实施并保持高水准。

(2) 重视标准化工作

进行整理、整顿、清扫工作时，要对工作方法进行分析总结，将最正确、最经济、最有效率的工作方法加以文件化，并教育员工在工作中遵照执行，形成标准化工作。重视标准化工作，可以维持整理、整顿、清扫工作的实施水准，保证工作效率，有效地避免设备和人身事故的发生。

4.4.6 素养的内容

1. 素养的概念

① 定义：通过进行上述"整理、整顿、清扫、清洁"的活动，使每个员工都自觉遵守各项规章制度，养成良好的工作习惯，工作积极主动。

② 目的：造就员工良好的工作习惯，营造团队精神，提高员工及客户的满意度。

③ 主要活动：强化对员工的教育，创造良好的工作环境和工作氛围，加强员工之间的沟通，对员工的努力给予恰当的评价。

2. 素养的实施

① 持续进行整理、整顿、清扫和清洁工作，使之成为员工习惯化的行为。

② 根据企业的实际需要，制定5S工作标准，对员工行为进行规范。加强对员工的教育培训，掌握5S的基本知识、理念、要求，5S实施和改善技巧，掌握操作技能及日常规范等，提高员工的个人素养。

③ 通过对工作的标准化、规范化及对员工的教育培训，培养自主、自立型的员工队伍，使员工养成积极思考问题、主动解决问题的能力。

整理、整顿、清扫、清洁、素养，在推行5S运动中都很重要，但其中最重要的是"素养"。5S实际上是日常习惯的事，也不是靠一个人做就可以的，而是需要亲身去体会实行，从内心里认同。因为自己的疏忽，会给别人带来不便、损失，所以养成习惯、确实自觉遵守纪律的行为，就是"素养"。

4.4.7 5S活动的常用工具

5S活动的常用工具有：红牌作战、看板、定点拍照、推移图、查核表。

(1) 红牌作战

指对现场存在的问题用红色的表单示出，并张贴或悬挂在醒目的位置。红牌的内容包括问题描述、改善措施、改善时间和改善结果等内容。红牌可以使存在问题一目了然，提高每个员工的自觉性和改进意识。

(2) 看板

将仓库管理的内容、流程、工作日程等写在看板上，便于进行相应的仓库作业。看板上尽量做到文字与图表结合起来。

(3) 定点拍照

对同一地点、面对同一方向，对问题点改善前后的状况进行拍照，以便对比前后的状态，把仓库现场的不合理现象，包括作业、设备、流程及工作方法等进行定点拍照，并进行持续性改善。

进行拍照时要注意：每次拍照时应站在同一位置，拍照方向和设置一致，照片上应打上拍照日期。

(4) 推移图

推移图将部门的5S业绩（如检查的得分等）作为纵坐标，时间作为横坐标，形成一个二维的5S活动状态变化趋势图，如图4-1所示。通过推移，可以看出本部门现场管理状况的变化，不断改进管理工作。

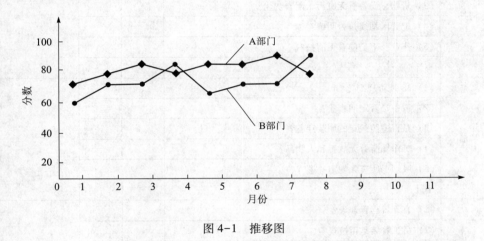

图4-1 推移图

(5) 检查表

根据仓库现场实际状况（如表4-3所示），制定一个5S检查表。按照表中的内容，定期检查5S活动推行的现状，找到问题所在，并不断加以改善。

表4-3 5S检查表

检 查 人：_____
检查日期：_____

项 目	检查内容	配分	得分	缺点事项
（一）整理	(1) 是否定期实施红牌作战（清除不必要品）？			
	(2) 有无不用或不急用的工具等？			
	(3) 有无剩料及近期不用的物品？			
	(4) 是否"不必要的隔断"影响现场视野？			
	(5) 作业场所是否明确地区别清楚？			
	小计			

续表

项　目	检查内容	配分	得分	缺点事项
（二）整顿	（1）仓库是否按分类进行区域管理？			
	（2）货架是否定位化，物品是否依规定放置？			
	（3）工具、设备是否易于取用，不用寻找？			
	（4）工具、设备是否有颜色管理？			
	（5）特殊材料是否按相关规定进行管理？			
	（6）废弃品或不良品放置有否有规定？并加以管理			
	小计			
（三）清扫	（1）通道、作业场所是否杂乱？			
	（2）货架是否杂乱？			
	（3）货物、设备有无脏污、附着灰尘？			
	（4）配置区画线是否明确？			
	（5）作业及下班前有无清扫？			
	小计			
（四）清洁	（1）3S 是否规则化？			
	（2）设备是否定期查验？			
	（3）是否遵照规定的服装穿着？			
	（4）工作场所有无放置私人物品？			
	（5）吸烟场所有无规定并遵守？			
	小计			
（五）素养	（1）有无日程管理表？			
	（2）员工着装是否按规定？			
	（3）有无遵照标准作业？			
	（4）有无异常发生时的对应处理规定？			
	（5）晨会是否积极参加？			
	（6）是否遵守开始、停止的规定？			
	小计			
合计		100		
评语				

专栏 4-1

　　参观过日本工厂的人，印象一定特别强烈：环境优美，通道上物品、车辆摆放整齐、有序。厂内不论办公场所、工作车间还是储物仓库，从地板、墙面、窗户到天花板，所看到的均是亮亮丽丽、整洁无比。工作环境舒爽，员工的工作态度也非常严谨，工作井然有序，生产配合流畅，给人的感觉就是高素质、高效率。看到这些就不难明白为什么日本这样一个自然资源缺乏的国家，能在短短的二三十年时间里跻身到世界经济强国之列。

反观国内企业，大部分会存在这些问题：厂区道路上有很多坑洞，虽然也比较重视绿化，但总是横七竖八缺乏规划性地摆放许多东西；办公场所缺乏统一，办公桌上的文件或文具随意放置；再看车间，机器设备定位不合理，且布满灰尘，缺乏保养；原料、半成品、成品、待修品、报废品存放位置未予合理规划，物品运输通道拐弯抹角，工具随意放置，员工服装、仪容不整，经常不必要的走动……

以上种种不良现象，均会给企业造成很大浪费，包括资金的浪费、场所的浪费、人员的浪费、士气的浪费、形象的浪费、效率的浪费、品质的浪费和成本的浪费。所以，如何杜绝不良现象，减少浪费，使之成为一个有效率、高品质、低成本的企业便成为了目前国内许多企业面临的当务之急。其中最有效、最直接并切实可行的方法就是推行"5S"。

传化集团较早地意识到了这一点，集团下属的各个企业也都陆续导入了"5S"管理。

专栏 4-2

股份公司：失败之后从头来

1999年底，股份公司决定推行"5S"活动，并落实了专门人员来开展这项工作。刚开始时工作并不顺利，由于"5S"对中国企业来讲是个新事物，对它的了解实在是少之又少。管理人员尚且如此，其他普通员工更是不用说了，而"5S"工作最重要的恰恰就是需要全员参与和团队合作。所以在这种情况下，工作难度可想而知。

公司在长达一年多的时间里没有出现5S预期的效果，管理者认为这不是长久之计。要想达到目标，首先要通过学习来提高自身的素质，只有对"5S"的理解非常透彻了，才能带领大家去干好这项工作。于是公司一方面派人特地到图书馆、书店去寻找"5S"方面的书籍进行学习；另一方面组织相关人员到管理较好的单位去学习取经。

经过一段时间的精心准备，借鉴其他公司的成功经验，并结合股份公司的实际情况，公司于2001年初设置了推行委员会，成立了"5S"工作小组，由公司主要领导担任组长，以崭新的面貌重新开展此项工作。

根据以前的经验，公司清楚地认识到，要想顺利推行"5S"，最关键就是要做到人人重视，全员参与。所以第一步就是要加强宣传，通过进行"5S"知识培训、举行"5S"知识竞赛等一系列活动使广大员工逐步接受"5S"；同时，"5S"工作组还制定了考核方法。每天由小组成员在现场进行巡视，对一些有违"5S"管理的行为加以指正并记录，汇总到每月一次的检查中进行综合考评，与经济利益挂钩，实行奖罚制度，并将考评结果在网上公布。另外，还进行年度排名，对于"5S"工作的先进单位进行奖励。此外，公司还加大在基础设施方面的投入。包括建立宣传栏，在道路上绘制停车线，修补破损路面，增加隔离栏等。对公司所有钢棚进行统一上色，使其一体化，视觉效果的确大有改观。"人心齐，泰山移"，在公司领导的大力支持下，在小组成员的努力工作下，在全体员工的积极配合下，股份公司的"5S"活动已经有声有色地开展起来了。

如今，"整理、整顿、清扫、清洁、素养"十字方针已经深入人心。每个员工上班第一件事或者下班最后一件事必定是整理桌面，清扫现场。股份公司场地紧张众所周知，房屋设备也略显陈旧，而生产又是一片繁忙。但纵观整个环境，却丝毫不显凌乱，一切都是那么自然、和谐、井井有条，显示了强大的生命力和战斗力，这就是"5S"带来的不凡功效。

专栏 4-3

华洋公司：从一只工具箱开始

在工作中，往往会被这样的问题困扰：在生产现场打开一只工具箱，发现工具箱里除了工具之外，还有雨伞、茶杯、鞋子、报纸等杂物，甚至它们掩盖了工具。有时费了好大工夫才找到了急需的工具，却发现它已破损不能使用，只有向别的岗位去借，多费了时间也耽误了生产……

这些问题的存在，使得工作效率大大降低，白白浪费了宝贵的时间和金钱，它们甚至可能威胁到安全生产。

要解决这些问题，加强现场管理显得尤为重要。华洋公司生产系统从建厂初期便开展了"5S"管理活动，经过3年多的运行已进入了正常的轨道，并通过有效的推行和积极的实施，收到了良好的效果。

第一，从"5S"的基本——"整理、整顿、清扫、清洁、素养"出发，建立和培养员工的现场管理意识。通过现场区块的划定及区块功能的确定，确定了车间的物流走向和静态物体的摆放，从根本上杜绝了混乱场面的现象。

第二，不断强化"5S"管理意识，养成良好的行为习惯，促进素养的逐步提升。在进行"5S"管理过程中也碰到管理水平的波动起伏甚至下降。在摸索过程中，将职责分解到班组，以班组为单位，定期开展"5S"工作，并形成记录，通过小团体对现有状况的自我分析，自我解决，达到了强化和加强的目的。通过活动的开展，发挥员工的主观能动性和积极性，在培养习惯的同时提升了素养。

第三，循环提升基本要求，达到素养及管理的良性提高。对于现场管理中不断出现的新问题，运用"5S"进行简单管理也是不可取的。新问题错综复杂，要求组织及组织中的每个人都必须具有对问题更全面、更完善的认识分析及解决能力。在现场管理工作中，实行对"5S"小组活动记录进行定期查看，通过查看、了解以及和员工的充分沟通，来对当前的工作进行指导。定期将活动情况上报给上级主管，结合上级主管给予的意见和建议，调整当前的工作方式，改进工作方法，提高工作能力，从而达到全面提高。

专栏 4-4

传化大地：咬定"三优四美"不放松

围绕创建"安全、有序、高效、创新"的现场工作秩序，从2002年10月起，杭州传化大地生物技术股份有限公司，全面开展了"5S"管理活动。为保证现场管理工作的顺利开展和取得预期的效果，公司制定了"5S"考核管理办法，并纳入公司目标绩效考核体系，通过一抓组织领导，二抓宣传教育，三抓基层班组，四抓制度规范，五抓考核整改，取得了良好的成效。

"5S"现场管理的过程，实质是一个管理者与员工双向沟通的过程，公司提出了"5S"管理的目标是实现"三优四美"的工作要求，即：优良秩序、优美环境、优质服务；心灵美、环境美、语言美、行为美。以岗位工作职责为基础,通过持续有效的沟通,全体员工对此已形成共识,员工之间、部门之间的沟通更为顺畅,"5S"管理要求成为员工的自觉行为。

通过实施"5S",公司环境卫生和安全生产秩序得到了很好的改善,特别是对各种设施设备的维护和使用上,专业维护与日常使用维护密切结合,责任人制度得到了很好的贯彻落实,确保高科技设施、设备的运行水平和投资效益。

生物公司作为园区高科技示范企业、社会效益和技术创新能力的体现,也是公司的活力之源。通过"5S"管理活动的开展,公司员工立足于生产实际,不断开展生产技术创新、设备设施改造创新,不断提高产品质量和档次,提高经济效益,充分展示了高科技条件下高素质员工的风采。

经过短短 5 个月现场管理实践,公司的整体面貌和员工精神为之一新,收到了良好的社会效益。

4.5 价值工程法

价值工程,也称价值分析,是一种有组织的活动,旨在以最低的成本创造一个产品的功能,而不至于对产品所要求的质量、可靠性和市场销售能力产生不利影响。价值工程是降低成本、提高经济效益的有效方法,推广应用价值工程能够促使资源得到合理有效的利用。

4.5.1 价值工程的概念

1. 价值工程的定义

价值工程(Value Engineering,VE),也称价值分析(Value Analysis,VA),是研究如何以最低的寿命周期成本,可靠地实现对象(产品、作业或服务等)的必要功能,而致力于功能分析的一种有组织的技术经济思想方法和管理技术。

价值工程提出了三个基本概念:价值、功能和产品寿命周期费用。其三者之间的关系可以表示为

$$V = \frac{F}{C}$$

式中:V 为价值,F 为功能,C 为产品寿命周期费用。

功能是价值工程的核心概念,它指的是价值工程分析对象能够满足某种顾客需求的特定属性;寿命周期费用是价值工程分析对象从产生起到顾客停止使用为止的时间里支付的全部费用;价值是为了可靠地满足一个产品或一项服务规定的功能所需要支付的最低成本,既包括生产成本,也包括使用成本。

2. 提高产品价值的途径

从价值工程三要素的关系 $V = F/C$,可以通过以下方式提高产品价值。

① F 提高,C 降低。即通过提高功能和降低产品寿命周期费用使 V 提高,这是使产品价值提高的最理想途径。在价值工程对象的原有功能、寿命周期费用与顾客要求差距较大的情况下,采用补充必要功能、消除不必要功能、降低多余费用的方法,有可能大幅提高价值。

② F 不变,C 降低。即在保证价值工程对象必要功能的前提下,采取措施降低产品寿

命周期费用使 V 提高。适用于价值工程对象存在不必要功能,在保证必要功能不变的前提下,通过消除不必要功能、降低产品寿命周期费用来提高价值的情况。

③ F 提高,C 不变。即在控制产品寿命周期费用不增加的条件下,采取措施提高功能使 V 提高。适用于价值工程对象原有的必要功能不足,需要采取措施补充不足功能,同时又能够通过控制原有费用的方法以保持寿命周期费用基本不变,最终提高价值的情况。

④ F 提高,C 提高。即在产品寿命周期费用略有增加的情况下,大大提高功能,从而使 V 提高。例如,当顾客对产品的功能要求提高了,为弥补功能不足,适当地提高了产品寿命周期费用,同时又消除一些不必要功能或采取其他产品寿命周期费用降低的措施,使产品寿命周期费用的总体增长幅度低于功能提高的幅度,从而提高价值。

⑤ F 降低,C 降低。即在功能稍有降低的情况下,大大降低产品寿命周期费用,从而使 V 提高。在实际运作中,功能下降应该以不改变产品性质、不影响使用效果为前提——在顾客认为在某些价值工程对象的功能或性能指标的下降并不太妨碍使用,而这些功能的降低能带来产品寿命周期费用大幅度下降时,价值就被提高了。

4.5.2 仓储管理中的价值工程应用

在日常仓储管理活动中,我们希望以尽可能少的投入高效地完成仓储活动,当然这些活动的效率也可能体现在整个物流系统的效率提高上。

如在仓库作业中,依然是完成入库、分拣和发料的作业,但可以减少入库验收这个环节,甚至可以直接采取越库作业,这样既减少了作业环节,同时又减少了搬运装卸次数,减少了作业成本。依据价值工程分析法,通过这样的改进,仓储作业价值大幅提高了。依照这样的思路,把仓库作业从单纯的物料储存,转变为加速物料的移动,以时间换空间来保证物料的供应,使仓库实现从"蓄水池"转化为"动库"的革命性的转变。

在仓库作业中,从作业流程、设备选型、岗位配置等都可以运用价值工程法的思想,依据实际情况,不断探讨改进作业,提高效率的途径。

4.6 仓库安全管理

4.6.1 消防安全管理

仓库的消防安全管理是仓库安全管理的重要内容,仓库中可能存放的易燃易爆品,如燃油、化学危险品、仓库的电气设施等,是造成火灾的重要隐患。加强消防安全管理,对仓库的安全非常重要。

消防安全重在预防,以预防为主,防消结合。把预防工作放在首位,采取有力措施避免火灾发生,并在预防的同时做好灭火准备,将火灾扑灭在萌芽状态。确保仓库的安全。

为落实"预防为主,防消结合"的方针,必须采取必要的安全管理措施。从火源、可燃物和助燃物三方面杜绝火灾的发生。

1. 库房管理措施

① 库存货物必须进行分区分类管理。严禁性质互抵货物、有污染或易感染货物、食品与毒品、容易引起化学反应的物品、灭火方法不同的物品相互混存。在分区分类储存的同

时,还应在仓库的醒目处标明库存货物的名称、主要特性和灭火方法。

② 库存货物要进行合理的堆码苫垫,特别对能发生自燃的货物要堆通风垛,使之易散潮、散热,以防此类货物因紧压受潮而积热自燃。露天储存此类货物要苫严垫好,防止水湿或阳光暴晒。

③ 露天存放货物要留出必要的防火间距,建筑物之间的距离必须符合建筑设计防火规范的规定。

对于有温度、湿度极限的货物,要严格按规定安排适宜的储存场所,并要安置专用仪器定时检测。

④ 货物在入库前,要进行严格的检查和验收,确定无火种隐患后方可入库。暖库均要采取水暖,其散热器、供暖管道与库存货物的距离不少于 0.3 m。

2. 搬运装卸管理措施

① 进入库区的所有机动车辆必须安装防火罩,防止排气管喷射火花引起火灾。

② 汽油车、柴油车原则上一律不准进入库房。进入库房的电瓶车、电瓶叉车必须是防爆型的,必须装有防火花溅出的安全装置。

③ 各种机动车辆装卸货物后,不准在库区停放和修理。

④ 各种搬运机械设备要有专人负责、专人操作,严禁非司机开车。库内固定装卸设备维修时,应采取安全措施,经主管领导批准后方可进行。

⑤ 装卸作业结束后,应对库区、库房和操作现场进行检查,确认安全后方可离人。

3. 电器管理措施

① 仓库的电器装置必须符合国家现行的有关电气设计和施工、安装、验收标准规范的规定,必须符合货物性质的安全规定。照明灯具必须悬挂在库房内道路的上方;禁止使用不符合标准的灯具和不合格的保险装置。

② 库房内不准设置移动式照明灯具,必须使用时要报告消防部门批准,并有必要的安全保护措施。

③ 库房内不准使用配电线路,需穿金属管或用非燃性硬塑料管保护。

④ 库房内不准使用电炉、电烙铁、电热杯等电热器具和电视机、电冰箱等家电用品;对使用电刨、电焊、电锯、各种车床的部门要严格管理,必须制定安全操作规程和管理制度,并报告消防部门批准;否则不得使用。

⑤ 仓库电器设备的周围和架空线路的下方,严禁堆放货物。对输送机、升降机、吊机、叉车等机械设备易产生火花的部位和电机、开关等受潮后易出现短路的部位要设置防护罩。

⑥ 仓库必须按照国家有关防雷规定设置防雷装置,并定期检测,保证有效。对影响防雷装置效应的高大树木和障碍,要按规定及时清理。

⑦ 仓库的电器设备,必须由持合格证的电工进行安装、拆检、修理和保养。电工要遵守各项电器操作规程,严禁违章作业。

4. 火源管理措施

① 仓库应当在各醒目部位设置"严禁烟火"、"禁止吸烟"等防火标志,提醒一切人员随时注意严禁烟火。

② 仓库的生活区和生产区要严格划分隔开,并在区分处设警卫,对外来人员要做好宣传,动员他们交出火柴、打火机等火种,由门卫负责保管,防止把火种带入库区。

③ 对外来提送货物的车辆要严格进行检查，防止汽油、柴油、易燃易爆货物进入仓库。为向这些顾客提供方便可在库外设《易燃品暂存处》，由专人负责管理。

④ 库房内严禁使用明火。库房外动用明火作业时必须办理动火证，经单位防火负责人批准，并采取有效的安全措施。动火证应注明动火地点、时间、动火人、现场监护人、批准人和防火措施等内容。

⑤ 库房内不准使用火炉取暖。仓库需要使用炉火取暖时，每个取暖点都要经过仓库防火负责人的批准，未经批准一律不许生火取暖。仓库要制定炉火管理制度，严格进行管理和检查，每个火炉也都要有专人负责。

5. 消防设施、器材的管理

① 消防器材应当设置在明显和便于取用的地点，周围不准堆放物品和杂物。

② 消防设施器材应当由专人管理，负责检查维修保养、更换和添置，并保证完好有效，严禁圈占、埋压和挪用。

③ 专业大型仓库，应当安装相应的监视装置、自动报警和自动灭火装置。

④ 地处寒带的仓库，在冷冻季节要对消防池、消防缸、消防栓、灭火器等设备采取防冻措施，要保证随时能用。

⑤ 库区的消防车通道，仓库安全出口、疏散楼道，库房内门道、走道要保证畅通，严禁堆放物品。

4.6.2 危险品仓库管理

危险品按不同的危险属性分为 10 种类型：爆炸性物品、氧化剂、压缩气体和液化气体、自燃物品、遇水燃烧物品、易燃气体、易燃固体、毒害性物品、腐蚀性物品及放射性物品，这些物料各有特点，但也有一些共同之处，即一般怕热、怕摩擦、怕水等。

危险品仓库的设置必须远离四周其他建筑物，中华人民共和国公安部《仓库防火安全规则》规定，按照仓库储存物品的火灾危险性，通常将仓库分为甲、乙、丙、丁、戊 5 类，其中前三类属于储存易燃、可燃物品仓库。要根据危险品的不同性质来建造和选择适宜的储存场所，并采取科学的方法装卸、搬运、堆放及保管、养护危险品。在分区分类储存的同时，还应在仓库的醒目处标明库存货物的名称、主要特性和灭火方法。

不同类型的化学危险品的安全储存管理要求如下：

1. 爆炸物品的安全储存管理

1) 合理设置库房建筑

① 储存爆炸物品最好是半地下库。库顶宜采用质轻且不燃的材料，库外四周修建排水沟，库内四壁和地面要充分做好防水层，地面平整，通风条件要良好。如地面上的库房，不论采取何种建筑结构，均宜采用轻型隔热库顶，地面宜以沥青压平，建筑面积不宜过大，一般每幢以不超过 100 m^2 为宜，要求通风条件良好，经常保持干燥。

② 为了防止日光照射，库房门窗安装不透明玻璃或用白色涂料涂刷，库内照明可安装电灯（最好安装防爆式电灯），电源开关应设在库房外避雨的地方，无电源的地方，可用干电池照明，绝对不可以用明火灯具。

2) 加强在库管理

（1）分区分类储存

储存爆炸物品，必须按其性质严格分区分类管理，分别专库储存。一切爆炸物品绝对禁止与氧化剂、酸类、碱类、盐类及易燃物、金属粉末等物质同库储存，更不能堆放在办公室、宿舍、商店等处。

（2）入库验收

爆炸性物品入库时，除核对品名外，应仔细核对规格、数量是否与入库单相符。

验收，主要是感官验收，看有无受潮、结块、变色、变质等异状。如有稳定剂的爆炸品，要检查其稳定剂是否漏失等。

验收时，要逐件检查包装有无异状，如破损、残漏、水湿、油污及混有性质互相抵触的杂物等；对破漏的不符合安全要求的包装，应移到专门用于整修的包装室或适当地点，整修完好后方能入库；发现水湿受潮足以影响质量变化的情况，应拒绝入库。在验收中，如发现已经在药柱（块）中装有雷管时，应拒收。验收炸药一般不宜开箱（桶）检查，如必须开箱验明细数或质量变化情况，均应分批移送验收室或安全地点进行。开启包装要严格遵守安全操作规程，要用铜工具，拆箱用力不要过猛，严防撞击、震动。

验收人员应穿戴适当防护用具。

（3）堆码

储存爆炸物品的库房，堆垛一般应垫有 10 cm 以上高度的方型枕木，堆垛要整齐，堆垛高度不宜超过 1.5 m，宜堆行列式，墙、柱距不应少于 0.5 m，垛与垛的间隔不少于 1 m，留有适当的间距，以利通风、检查和出入库安全操作。

（4）温湿度管理与安全检查

爆炸性物品大多数品种都具有吸湿性，因此必须加强库房的温湿度控制与调节。应在库房内设置干湿计。每日定时观测并记录清楚，根据需要做好通风、密封、吸潮工作。

夏季库温应保持不高于 30 ℃。库房相对湿度指数最好能经常保持在 75% 以下，最高也不宜超过 80%。冬季储存胶质炸药的库房，库温不得低于零下 10 ℃，以防药体变脆，发生危险。

储存爆炸物品的仓库必须严格执行安全检查制度，注意检查包装有无异状，堆放是否安全，有无受潮和日光暴晒，门窗是否严密，消防器材和电源控制是否安全有效。

爆炸物品在保管期间一般不开启包装检查，必要时应严格遵守各项安全操作规程，以防发生意外。

3）消防方法

储存爆炸物品的仓库必须建立严格的消防安全管理制度。

① 仓库范围内绝对禁止吸烟和使用明火。入库人员禁止携带火柴、点火用具和武器，也不准穿带铁钉的鞋进入库房，并应建立入库登记制度。

② 库房作业完毕后，要关闭门窗并上锁。夏季需要夜间通风时，要有专人值班。

③ 仓库应有专人值班巡逻检查，万一发生火灾，可用水和各式灭火机扑救。消防人员应带防毒面具，并站在上风头，以防中毒。

2. 氧化剂的安全储存管理

1）入库验收

入库验收工作应在验收室或库外的安全地点进行，同时应保持现场的清洁卫生，并配备与所验商品相适应的消防器材。

根据不同的物品特性，按比例或全部检验验收，发现问题，及时采取有效的措施处理，做好详细的验收记录。

2）堆码

在操作过程中，不能使用能够产生火花的铁制工具，而应使用铜制或木质工具；要防止摩擦、震动。使用机器操作时，特别要防止摔、撞。桶装商品不得在地上滚动，应使用专用车或机器搬运。开启包装检查、串倒、整理时，一律不得在库内进行。对于有毒和有腐蚀性的氧化剂，操作人员应穿戴相应的防护用具以保证人身安全。

氧化剂不论是箱装、桶装或袋装，都应码成行列式货垛。桶装应层层垫木板或橡皮垫，以防止摩擦。堆垛不宜过高过大，要求安全牢固，便于操作和检查，同时便于机器操作。

3）储存

根据氧化物性质和消防扑救方法的不同，选择适当的库房分类存放。如有机氧化剂不能与无机氧化剂混存，氯酸盐、硝酸盐、高锰酸盐和亚硝酸盐都不能混存，过氧化物则宜专库存放；库房要与爆炸物、易燃物、可燃物、酸类、还原剂、火种、热源及生活区隔离。

（1）仓库的温湿度管理

库房应设置温度计、湿度计，定时记录和观察温度、湿度变化情况，采取整库密封、货垛密封或密封与自然通风相结合的方法，或采用库内吸潮或人工降温方法控制库房的温湿度。一般氧化剂的库内相对湿度指数宜保持在80%以下，最高不宜超过85%；库温不宜超过35 ℃。

（2）在库商品的质量检查

根据氧化剂特点定出固定的物品质量检查日期和检查内容，按时进行质量检查，并及时采取相应的养护措施，确保商品自入库时起到出库时止全部保管过程的质量。

4）消防方法

在储存过程中，对各种氧化剂都要坚持"以防为主"的方针。发生火灾时，对过氧化物和不溶于水的有机液体氧化剂等，不能用水和泡沫扑救，只能用干砂、二氧化碳、干粉灭火机扑救。其余大部分氧化剂都可用水扑救，粉状物品应用雾状水扑救。

3. 压缩气体和液化气体的安全储存管理

（1）入库验收

入库验收时，首先检查气瓶上的涂色、品名是否与入库单相符，安全帽是否完整，瓶壁腐蚀程度，有无凹陷及损坏现象，然后脱去安全帽，检查是否漏气。

① 感官检查有无漏气和有无异味，有毒气体不能用鼻嗅，可以在瓶口接缝处涂肥皂水，如有气泡发生，则说明有漏气现象。氧气瓶严格禁止使用肥皂水检漏，以防因肥皂水含油脂而发生爆炸。

② 用软胶管套在气瓶的出气嘴上，另一端连接气球，如气球膨胀，则说明有漏气现象。

③ 检查液氯气瓶，可用棉花蘸氨水接近气瓶出气嘴，如发生氯化氨白雾，则证明气瓶漏气。

④ 检查液氨，可用经水湿润后的红色石蕊试纸接近气瓶的出气嘴，如试纸由红色变成蓝色，说明气瓶漏气。

⑤ 用压力表测量气瓶内气压，如气压不足，说明有漏气的可能，应再做其他方面的检查。

（2）储存

压缩气体或液化气体宜专库专存。库房建筑宜采用耐火材料或半耐火材料，库房墙壁坚固并有隔绝热源的能力。库顶应使用质轻不燃的材料。库内高度应不低于 3.25 m，门窗应向外开，以防万一发生爆炸时减少波及面。库房要保持干燥，窗户应使用磨砂玻璃或涂成白色。

地坪应光滑而不易在摩擦时发生火花。库内照明禁用明火灯具，应采用防爆照明或干电池灯。

储存易燃易爆气体的库房，应有避雷装置。库与库之间的距离应不少于 20 m，库与生活区距离不少于 50 m，在储存气体的库房周围不能堆放任何可燃材料。

压缩气体和液化气体必须与爆炸物品、氧化剂、易燃物、自燃物及腐蚀性物品隔离。

（3）堆码

堆码气瓶应有专用木架，必须保持气瓶放置稳固。气瓶要直放，切勿倒置。每个气瓶外套两个橡胶圈，木架可设三层，但不宜过高，瓶口向同一方向排列。

（4）温湿度管理

库内设湿度计，定时观测并记录，库温最高不宜超过 32°，相对湿度控制在 80% 以下，以防气瓶生锈。夏季库温过高时，可于早晨或夜间通风降温。

（5）消防方法

储存压缩气体和液化气体的仓库，根据所存气体的性质和消防方法不同，设置相应的消防器材和用具。最主要的消防方法为雾状水。

遇到火灾应迅速扑救；如来不及扑灭时，应将着火部位的气瓶迅速移至库外安全地带；无法移出库外时，可用雾化水浇在气瓶上，使其冷却。在火势尚未扩大时，可用二氧化碳灭火器扑救。

消防人员应有防护用具，以防中毒，并且注意不要在气瓶头尾部站立，防止爆炸伤害人体。

4. 自燃物品的安全储存管理

1）入库验收

自燃物品本身质量和包装不符合安全要求时，就容易发生自燃。所以入库时要严格进行检查。

（1）检查外包装有无异状

如包装破损、渗漏、不严密、外包装水湿等。

（2）检查商品情况

查看自燃物品，主要是检查安全隐患。在检查时，应根据物品的性质和包装条件等不同情况，采取不同的检查方法。

（3）检查比例

一级自燃物品，须逐件检查；二级自燃物品，须结合当时气候特点和包装好坏，适当抽查。

（4）检查地点

一级自燃物品，须在库外适当地点检查；二级自燃物品，原则要求在库外找适当地点检查，如库外条件差（太阳暴晒），可进仓库抽查。

2）仓库要求

一级自燃物品（不包括黄磷）和桐油配料制品，温湿度要求比较严格，须储存在阴凉、干燥、通风的库房，库房条件要求有防热、隔热措施，如双墙双层顶或库内墙壁屋顶加隔热层；不宜存放在平顶单层或石棉瓦屋顶的库房，更不宜存在铁皮屋顶的库房。存放黄磷的库房结构要求冬天能防冻。这些物品都须专库存放。消防方法不同的三乙基铝、铝铁熔剂需要和其他自燃物品分库存放。库房都不宜过大，和邻库须有一定的安全距离。

3）储存要求

（1）堆码苫垫

自燃物品堆码苫垫应根据不同的要求，采取隔绝地潮措施和不同堆码形式。如桐油配料制品须堆通风垛，堆垛也不能高大，有条件可用货架排列存放，更利于散热。其他自燃物品宜堆行列式垛，以便于检查。

（2）温湿度管理

一级自燃物品（不包括黄磷），库温不宜超过28 ℃，相对湿度指数不宜超过80%；二级自燃物品，库温不宜超过32 ℃，相对湿度指数不宜超过85%。黄磷库房温度，冬天不低于3 ℃。要达到上述温湿度要求，应严格加强库房温湿度管理，采取一定的措施，及时做好密封、通风、吸潮等工作。

（3）在库检查

根据自燃物品的性质，结合气候特点及库房条件好坏、储存时间长短、包装情况、出厂质量等，有重点地开展检查工作。

4）消防方法

自燃物品起火时，除三乙基铝和铝铁熔剂不能用水扑救外，其他物品均可用大量的水灭火，也可用砂土和二氧化碳、干粉等器材灭火。三乙基铝、铝铁熔剂与水能发生作用，产生易燃气体。当它们燃烧时，不能用水灭火，可用砂土、干粉等物料。

5. 遇水燃烧物品的安全储存管理

这类物品若受潮或遇水后，能发生燃烧或爆炸，因此在入库验收时特别要防止雨淋、水浸、受潮等，以确保安全。

（1）入库验收

入库验收工作不得在库内进行，应在验收室或离开库房的安全地点进行，验收场所应保持清洁卫生，备有相应的消防安全设施。由于这类物品危险性较大，最好能逐件验收。

（2）堆码

在装卸、堆码、拆装、钉箱、包装、整理等各项操作中，必须轻拿轻放，禁止撞击和震动，以防止包装损坏引起物品损失。堆垛时，必须选用干燥的枕木或垫板，不能使用带有酸、碱、氧化剂及其他性质有抵触的物品作垫料。

这类物品必须选用地势高、夏季绝对不会进水的库房。为防止受潮，必须垫一层或两层枕木，码行列式货垛，堆垛不宜过高过大，以便于操作和检查。

（3）保养

这类物品应储存在地势高、干燥、便于控制温湿度的库房内，不能在露天储存。不能和含水物、氧化剂、酸、易燃物以及灭火方法不同的物品同库存放。雨雪天气不能出入库和运输。

库房的温湿度管理可根据这类物品的特性，采取通风散潮、密封防潮或库内用氯化钙、吸潮剂吸潮等方法。

(4) 消防方法

由于这类物品遇水能发生燃烧或爆炸,所以在灭火时绝对不能用水,也不能使用酸、碱灭火机和泡沫灭火机,只能用干砂、干粉扑救。在存放这类物品的库房内或适当地点备好干砂土,并在库外做出明显的灭火方法标志:"严禁用水",以防扑救方法错误,扩大灾害。

此外,碳化物、磷化物、保险粉等燃烧时能放出大量剧毒性气体,扑救时,人应站在上风头,戴防毒面具,以防中毒。

6. 易燃液体的安全储存管理

(1) 入库验收

易燃液体验收应在验收室或安全地点进行,验收场所应保持清洁卫生,验收现场不能有氧化剂、酸类等与易燃液体能发生强烈反应的物品,并应配备好适当的消防器材。

入库验收主要是验收外包装和商品质量。桶装商品注意有无膨胀、破裂、渗漏;瓶装的内外包装要求牢固,内外封口严密有效。发现渗漏或气味太大时,应及时采取修补、串倒或封口等措施。由于这类物品多属于澄清透明(各种油漆和涂料除外)液体,须检验颜色有无变化,查看沉淀杂质情况。

(2) 堆码

由于这类物品极易燃烧,所以验收、拆箱、整理、倒装等各项操作,均不得在库内进行,必须在远离库房的安全地点进行,并不得使用能够产生火花的铁制工具(如铁锤、板子等),宜用铜制工具。

可根据库房的大小和高低,结合物料的危险性和包装牢固程度确定堆码垛形,货垛一般不宜太大、太高。垛高以 2.5 m 为宜,并使用与物料性质相适应的苫垫物料。

一般宜码成行列式垛形货垛,货垛之间要留有一定的间隔和墙距,以便操作和检查。各种铁桶包装,人力操作时,可码两个高;使用机器时,可码三个高。为防止摩擦和保持货垛牢固,应层层垫木板,注意瓶(桶)口向上,不得倒置,以确保安全。

(3) 保养

易燃液体的沸点都较低,容易挥发,宜储存在阴凉、通风条件好的库房内。不能在铁皮顶库内和在露天储存。库内外墙壁也不宜安装电器设备和开关、电闸等。可用防爆灯在库外通过玻璃窗照射库内,或用干电池手电筒照明,不能使用明火或电瓶照明。库房周围一定距离内不准有明火,以防库内散发出来的蒸气引起燃烧。储存时,不能与氧化剂和强酸等性质不同并能互相起反应的或消防方法不同的物品同库存放。

对仓库的温度进行管理:库内温度过高,是造成易燃液体挥发损耗的主要原因之一,也往往是造成火灾事故的原因,有必要采取有效的降温方法。一般沸点在 50 ℃以下、闪点①在 0 ℃以下的易燃液体,库内温度宜控制在 25 ℃~26 ℃以下;沸点在 51 ℃以上、闪点在 1 ℃以上的,宜保持在 30 ℃以下。二级易燃液体的库房,温度宜保持在 32 ℃上下,最高不宜超过 35 ℃。

(4) 消防方法

易燃液体的火灾发展迅速而猛烈,有时甚至发生爆炸,且不易扑救。要根据不同物品的

---

① 闪点:在易燃液体加热过程中,当火焰接近燃油蒸汽和周围空气所形成的混合气时,产生瞬间即来的闪火现象的最低温度。

特性、易燃程度和消防方法，配备足够的和相应的消防器材。

对比水轻又不溶于水的烃基化合物，如乙酸、石油醚、苯等的火灾，可用泡沫或固体干粉灭火机扑救，当火势初燃、面积不大或着火物不多时，可用二氧化碳扑救。能溶于水或部分溶于水的物品，如甲醇、乙醇等醇类、乙酸乙酯、乙酸戊酯等酯类、丙酮、丁酮等酮类发生火灾时，可用雾状水、化学泡沫、干粉等灭火机扑救，使用化学泡沫灭火时，泡沫强度必须比扑救不溶于水的易燃液体大3～5倍。火势不大，着火物数量不多时，可用二氧化碳扑救。不溶于水、比重大于水的，如二硫化碳等着火时，可用水扑救。

易燃液体多具有酸性和毒性，消防人员灭火时应站在上风头，穿戴必要的防护用具。

7. 易燃固体的安全储存管理

1）入库验收

易燃固体燃点低，性质不稳定，易受外因影响而引起燃烧。入库时，必须认真对包装及易燃固体进行验收。

查外包装是否完整无破损，或沾染与物品性质互相抵触的其他杂物。此外，还应检查有无受潮、水湿等现象。对外包装不合要求的，须经过加工整理或换装后才能入库；对标志不清、性质不明的物品，须查清楚后再分类入库或加工改装。

检查易燃固体，观察有无溶解、结块、风化、变色、异味等现象。对硝酸纤维素（硝化棉、火棉胶）还要注意检查稳定剂酒精是否充足。检查须在库外指定地点进行，以防止发生不安全事故，影响库内其他物品。

2）储存条件

储存一级易燃固体物品的库房，要阴凉、干燥、有隔热、防热措施，门窗应便于通风和密封，窗玻璃要涂成白色。夏天挂门帘、窗帘，防日光和辐射热。库房照明应使用防爆式、封闭式的电灯。硝化棉和赤磷的储存量如大，并且条件允许，应专库储存。

二级易燃固体物品须储存在阴凉、干燥及便于通风、密封的库房，有一定的防热措施。

3）保养

（1）堆码

易燃固体的堆码，须根据该物品的性质而定，如容易挥发的樟脑、奈等宜堆密封垛。火柴堆垛不宜过于高大（一般不宜超过2.5 m），并须整齐稳固，防止倾斜倒垛。

多数易燃固体受潮后容易变质，所以须根据商品性质和包装情况，注意下垫方法。一般可用枕木垫板，如要求防潮严格的硫磺及各种磷的化合物等，可在垫板上加一层油毡，再铺一层芦席（不适宜垫铁桶装的物品，因油毡和芦席容易被损坏），最好做防潮地坪。

（2）温湿度管理

温度过高或湿度过大都会直接影响易燃固体物品的安全储存，所以易燃固体在库期间，加强温湿度管理是很重要的养护措施。因此，一级易燃固体物品和二级易燃固体物品中的樟脑、精奈等怕热商品，库房温度宜保持在30 ℃以下，相对湿度指数宜在80%以下。

二级易燃固体物品，库房温度不要超过35 ℃，相对湿度指数在80%以下为宜。

（3）在库检查

易燃固体在储存期间，会受各种因素的影响发生变化。特别是对硝化棉、各种磷的化合物等，需加强检查，对查出的问题应及时、迅速采取防护措施，以防止事故发生。

4) 消防方法

易燃固体燃烧时迅速、猛烈，在储存期间失火时不容易补救。所以，一个库的储存量不宜过大，最好选择面积较小的库房，与相邻库还要有一定的安全距离，并不宜和酸性物品库房接近，以防受酸性气体或酸性蒸气的影响，更不能和酸、碱、氧化剂等物品混存。

易燃固体发生火灾时，可以用水、砂土、石棉毯、泡沫、二氧化碳、干粉等消防用品扑灭。金属粉末着火时，须先用砂土、石棉毯覆盖，再用水扑救。磷的化合物和硝基化合物（包括硝化棉）、硫磺等物品，燃烧时产生有毒和刺激性气体，消防人员须注意戴好防毒口罩或防毒面具。

8. 毒害性物品的安全储存管理

（1）入库验收

入库前，首先检查是否和性质相抵触的物品混装、混运，途中有无经雨淋、水湿、污染，包装是否完整并符合规定要求，同时注意验收数量。

验收采取检验其形态、颜色、异杂物、沉淀、潮解等现象，必要时可进行理化检验，如含水量、酸碱度、熔点、沸点等测定。验收人员必须戴好必要的防护用具，在验收室或安全地点进行验收。

（2）保管

一些有机易挥发液体剧毒品，在库温过高时能加速挥发，不仅使库内有毒气体浓度加大，影响人身健康，而且加大了商品损耗。因此，库内温度以不超过32℃为宜，相对湿度指数应控制在80%以下。有些毒品受潮后易结块，甚至降低质量。如氰化钙等受潮后分解，放出剧毒气体。所以库内应经常保持干燥。

剧毒品可按性质专库储存，包装必须严密，如氰化钾、钠等要与酸性物质隔离存放。

在储存过程中，应按商品性质、季节变化制定定期检查制度。对有挥发性毒物仓库，根据不同季节，对空气内所含气体浓度进行测定。还要经常检查操作人员的防毒设备是否齐全有效，以保证人身安全。

（3）储存要求和堆码

毒害性物品应选择干燥且通风条件良好的库房。有条件的库房可安装机械通风排毒设备，以保持库内空气清洁。门窗玻璃宜涂成白色，以防日光直接照射。

毒害性物品的苫垫物料宜专用，不能和其他物品特别是不能和食品所用的苫垫物料混合使用。垫垛方法根据具体情况而定，堆码高度以不超过3 m为宜。

（4）消防方法

大部分有机毒品都能燃烧，在燃烧时产生有毒气体。为了防止消防人员中毒，必须根据毒物的性质采取不同的消防方法。如氰化物、硒化物、磷化物等着火时，就不能用酸碱式灭火机，只能用雾状水、二氧化碳等灭火，消防人员必须戴防毒面具，站在上风处。一般毒品着火时，可用水灭火。

9. 腐蚀性物品的安全储存管理

1）入库验收

① 查包装情况：须认真检查外包装是否牢固，有无腐蚀、松脱，内包装容器有无破损渗漏，衬垫物是否符合要求等。

② 查商品情况：液体是否有沉淀物和杂物，颜色是否正常；固体物品颜色是否正常，

有无异物。

2）储存条件

（1）库房建筑要求

库顶最好是水泥的平顶结构，里面涂耐酸漆，以防腐蚀。对于木结构的屋架、门窗和各个结构部位的铁附件，都应涂上耐酸漆或比较耐酸的油漆，以防酸性物品挥发出来的气体或蒸气腐蚀库房建筑结构。库内不宜安装电灯，在建筑上必须考虑库房的采光，也可以采取在库外向库内照明的方法。

（2）储存要求

对易燃、易挥发的腐蚀性物品均须存于冬暖夏凉的库房。遇水分解发烟的卤化物（多卤化物）的库房，必须干燥和通风良好。碱性腐蚀物品可以存放在地势较高的一般库房。工业用品可以存放在露天货场，但须注意包装完整严密，注意苫垫周围，不受雨淋水浸。氨水库房既要阴凉又要便于通风。

酸性腐蚀物品和碱性腐蚀物品，须注意分库存放。氧化性强的硝酸、高氯酸等也不宜和其他酸性物品混存。

3）保养

（1）堆码

露天存放的坛装硫酸、盐酸，可除去外包装，平放一个高度，但库内堆码宜带外包装。为便于搬运，宜堆行列式两个高，中间留 0.5 m 左右宽的走道。

用花格木箱或木箱套装的瓶装液体物品，宜堆直立式垛，垛高不宜超过 2 m。

桶装的腐蚀物品可堆行列式垛，行列之间稍留点距离，便于检查物品，垛高不宜超过 2~2.5 m。固体物品可堆至 3 m。各种形式的容器包装的液体物品，严禁倒放，堆码时要注意轻拿轻放。

各种形式的外包装，在堆码时，垛底必须有防潮设备，如枕木、垫板等，以防由于地潮造成外包装腐烂脱落，在搬运时发生事故。

（2）温湿度管理

腐蚀性物品品种较多，性质各异，对温湿度要求也不尽相同，必须掌握它们的性质及受温湿度等外界因素影响的规律性，以便采取相应的控制和调节方法。

对沸点低和易燃的腐蚀性物品，库房温度宜保持在 30 ℃ 以下，相对湿度指数不宜超过 85%。对怕冻的腐蚀性物品，冬天需做好防冻工作，库房温度须保持 10 ℃ ~15 ℃ 以上。

对吸湿后分解、发热、发烟的腐蚀性物品，除须经常保持包装完整、封口严密外，还须尽力保持库房干燥，相对湿度指数不宜超过 70%。

（3）在库检查

根据物品性质，结合季节特点，加强物品在库期间的检查工作。除检查商品外，还须检查库内有害气体的浓度。库房空气中的酸度或碱度较强时，都须进行通风排毒。

4）消防方法

腐蚀性物品着火时，可用雾状水和干砂、泡沫、干粉扑救，不宜用高压水，以防酸液四溅。硫酸、卤化物、强碱等物品遇水发热，卤化物通水产生酸性烟雾，所以不能用水扑救，可用干砂、泡沫、干粉扑救。

消防人员须注意防腐蚀、防毒气，应戴防毒口罩、防护眼镜或防毒面具，穿橡胶雨衣和长统胶鞋,戴防腐蚀手套等。灭火时,人应站在上风头。

10. 放射性物品的安全储存方法

(1) 入库验收

验收放射性物质,主要检验包装,发现破漏及时剔出整修。放射性较强的物品箱内应有适当厚度的铅皮防护罩。用木箱内加玻璃瓶包装的物品,应有柔软材料衬垫妥实,瓶口必须密封。在入库时,应用放射性探测仪测试放射剂量,以便于安排储存和进行人身防护。

(2) 储存条件

储存放射性物品,应建特型库,不应在一般库房或简易货棚内储存。库房建筑宜用混凝土结构,墙壁厚度应不少于50 cm,内壁和天花板应用拌有重晶石粉的混凝土抹平,地面光滑无缝隙,便于清扫和冲洗。库内应有下水道和专用渗井,防止放射性物品扩散;门窗应有铅板覆盖;库房要远离生活区。

放射性物品应专库储存,并应根据放射剂量、成品、半成品、原料分别储存。

(3) 装卸搬运和堆码苫垫

装卸搬运放射性物品时,宜用机械操作,减少与人体的接触机会。对玻璃瓶包装,注意轻拿轻放。无机械设备时可用手推车或抬运。码垛人员应轮换,工作时间根据不同放射剂量而定。其堆码垫架方法,与毒害性物品类似。

(4) 温湿度管理及保养

放射性物品对库内温湿度无特殊要求,只须防止湿度过大损坏包装。物品在库期间,除必要的检查和收发业务外,工作人员尽量减少进入库房的次数。库内应经常保持清洁、干燥。

(5) 消防法

放射性物品沾染人体时,应迅速用肥皂水洗刷,最好洗刷三次。发生火灾时,可用雾状水扑救。消防人员须穿戴防护用具,并站在上风处。注意不要使消防用水流散面积过大,以免造成大面积污染。

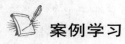
案例学习

深圳安贸危险品储运公司清水河仓库火灾①

深圳市安贸危险品储运公司(以下简称安贸公司),是中国对外贸易开发集团公司所属的中贸集团储运公司与深圳市危险品公司的联营单位,位于罗湖区清水河,与市区一山之隔,距国贸大厦直线距离仅4 000 m。清水河库区共有10栋仓库。主要储存硝酸铵、碳酸钡、高锰酸钾、过硫酸钠、漂白粉、染料、甲苯、乙酯、二甲苯、硫酸钠、火柴、打火机、双氧水等危险品。

基本情况

1993年8月5日13时,清水河4号仓库突然发生大火。库内的工人发现火情后奋力扑救。13时15分,一名保安员跑到笋岗消防中队报警。笋岗消防中队立即出动3辆消防车、

---

① 摘编自:http://www.china-fireren.com。

10余名干部赶赴现场。刚到清水河路口时，4号仓库发生了爆炸。很快，市区上步、罗湖、田贝、福田4个消防中队的14辆消防车赶到现场。又急令沙头角、南头、宝安、蛇口等6个公安消防队与专职消防队的13辆消防车前去增援。紧接着又调宝安、龙岗两区各镇村和机场的42个专职消防队参战。临时火场指挥部命令兵分三路，一路抢救第一次爆炸死伤的人员；一路重点消灭爆炸起火的4号仓库，阻击向双氧水库蔓延的火势；一部分力量用水冷却液化石油气库、汽油柴油库。14时25分，6号库发生了爆炸。由于各种化学危险品混存，遇水熄灭的物质和遇水加剧燃烧的物质混在一起，灭火的效果不大，火势越来越猛，导致连续爆炸，爆炸又使火灾迅速蔓延。广东省公安消防部队请示广东省委调派了广州、珠海、佛山、惠州、东莞等10个市的消防支队的80多辆消防车前来增援，于19时50分将大火控制。在这过程中，共发生2次大爆炸和7次小爆炸，有18处起火燃烧。经数千名解放军指战员、武警官兵、公安民警、消防民警16小时的艰苦奋战，于6日7时30分将大火基本扑灭，于8日22时彻底扑灭残火。

火灾中死亡18人，重伤136人，烧毁、炸毁建筑物面积39 000 m^2和大量化学物品，直接经济损失2.5亿元。

火灾是由于安贸公司危险品4号仓库内的硫化钠、硝酸铵、高锰酸钾、过硫酸铵等化学危险品混储，引起化学反应造成的。

主要教训

① 违反消防法规，丙类物品仓库当甲类物品仓库使用。1987年5月30日，中贸发储运公司持北京有色冶金设计研究院设计的图纸，以丙类杂品干货仓库使用性质向深圳市消防支队报请建筑防火审核。根据当时的规划，主要安排一些影响市容和有污染的项目，仓库初期主要存放丙类货物，有散装水泥库、煤场、木材场、其他丙类干货。1989年该仓库部分库房改储危险品，1号仓库租给一家石油化工有限公司作为双氧水厂。1990年9月中贸发储运公司与深圳市爆炸危险品服务中心联合成立深圳市安贸危险品储运公司，该库区10栋仓房，安贸公司将2~8号仓库用于储存化学危险物品，清水河仓库则成为深圳市最大的化学危险品储存中心。改变使用性质后，该仓库违反了消防规范要求。一是仓库位置处于市区，危及城市安全，违反《建筑设计防火规范》、《化学危险品安全管理条例》、《仓库防火安全管理规则》等。仓库周围有居民区，相距100多米处有深圳四家公司的液化气库和油库，这种环境显然不符合规范要求。二是该仓库改储甲、乙类物品后，库区建筑防火间距不符合规范要求。更有甚者，安贸公司在防火间距中私自搭建了3号仓和6号仓，使单体仓变成了连体仓，成为违章建筑。三是消防设施达不到要求。该仓库改为危险品仓库后，没有改善消防供水设施，消防储水池没水，消火栓也不出水，又没配置必要的灭火器材。8月5日发生火灾后，无法扑救初期火灾，使火势蔓延导致爆炸。

② 消防安全管理工作不落实。清水河仓库改为化学危险品储运仓后，安全管理工作没跟上。作为一个危险场所，没有按消防十项标准要求搞好消防工作，安全管理较为混乱。

第一，干部消防安全素质差，对仓库违章现象没能及时发现、及时纠正，自防能力弱，使消防安全失控。

第二，化学危险品进库没有进行安全检查和技术监督，账目不清。由于安全制度不健全，化学危险品乱放、混储的现象就不可避免，易燃、易爆、腐蚀、有毒的化学危险品同库堆放，毗邻储存。如该仓库发生第一次爆炸的4号仓库内有过硫酸铵（一级氧化剂）40 t，硫化钠（一级碱性腐蚀品）60 t、高锰酸钾（一级氧化剂）10 t、碳酸钡（一级有机毒害品）60 t、火柴3 000箱、多孔硝酸铵65 t等；发生第二次大爆炸的6号仓库内有：硫化钠60 t、硫磺15.7 t、甲苯4 t、乙酯60 t、碳酸钡60 t、多孔硝酸铵48 t、保险粉2 t、甲酸甲酯4 t、磷酸60 t、亚硝酸钠60 t、氢氧化钾40 t。严重违反了安全规章。

第三，该仓库搬运工和部分仓管员是外来临时工，上岗前没经过必要的培训，文化素质较差，不懂各类化学危险品性质，平时不能做好消防安全工作，发生火灾后又不能采取有效措施控制火势，使小火酿成大灾。

第四，没有消防应急预案，发生火灾后，不但没有自救能力，而且不能积极配合消防队展开灭火。

③ 拒绝消防监督部门提出的整改意见，对隐患久拖不改。1989年9月，深圳市消防支队两次检查该仓库时，发现6号仓库有甲、乙类物品，发出书面意见书要求整改。1990年4月30日，深圳市消防支队对该仓库建筑进行验收，只有1～5号库房合格发了合格证，6号库房甲类物品没颁证，但该公司照常使用。1991年2月13日消防支队到该仓库防火检查，发现该仓库储存大量甲、乙类物品，要求搬迁，安贸公司负责人以种种借口顶住不搬。1999年3月21日消防支队对该仓库进行检查后又发出《火险隐患整改通知书》，提出9条整改意见，要求在4月10日前整改完毕，但安贸公司置若罔闻没有进行整改。对安贸公司多次对消防监督部门意见置之不理的行为，有关部门对安贸公司不作任何处理，而且消防执法还受到行政干预。

④ 消防基础设施、技术装备与扑救特大火灾不适应。深圳市是缺水的城市，清水河地区更是缺水区，安贸公司仓库区虽然有消火栓，但压力达不到国家消防技术标准规定。发生火灾后，靠消防车运水灭火，远水救不了近火。消防队伍的装备也较落后，缺少隔热服和防毒面具。有些消防车已接近或到了退役年限，机件已老化，在灭火中常出故障。

习题与思考题

1. 什么是仓储管理？做好仓储管理有何意义？
2. 仓储作业的主要内容是什么？
3. 影响物料质量的环境因素有哪些？
4. 5S管理的含义是什么？在仓储管理中实施5S管理有何意义？
5. 何谓价值工程？在仓储管理中运用价值工程有何意义？
6. 仓库消防安全管理常采用哪些措施？
7. 危险品仓库发生火灾应如何扑救？

验收入库与上架作业

本章主要内容
- 入库验收
- 入库验收作业的程序
- 物料入库验收的方法
- 仓储管理信息系统入库验收
- 货位分配与上架作业

5.1 入库验收

物料的验收入库是仓储管理工作的重要一环，也是仓储业务的第一个环节，所有物料在入库以前都需进行验收，只有在验收合格后方能正式入库。当然，目前伴随着现代物流管理理念的日益普及，越来越多的企业把物料验收前置，即企业通过开展供应商管理，对物料质量进行跟踪考评，以督促供应商在对本企业供应物料时，强化质量管理，保证所供物料全部合格。本企业收到物料后，并不进行物料的质量检验，直接将物料入库。以减少物料在需方的入库停滞时间。但在我国大部分企业并没有开展供应商管理，因此物料的验收入库仍然是企业物料仓储业务的重要内容。由于物料验收工作是一项技术要求高、组织严密的工作，关系到整个仓储业务能否顺利进行，所以必须做到及时、准确、严格、经济。

5.1.1 入库验收作业的意义

验收是做好仓库管理工作的基础环节，其主要任务是对入库物料的数量、品种、规格和质量进行检查，准确、及时地把好入库物料的数量关、质量关和凭证关，做到物料入库有依据。

其意义在于：

① 有利于明确供需双方的数量和质量责任；
② 有利于明确进料品质状况，避免对生产造成影响；
③ 有利于了解订单的完成情况；
④ 有利于为支付供方货款提供依据；
⑤ 有利于监督采购计划的执行。

5.1.2 入库验收作业的内容

一般来讲，每一个企业由于管理架构不同，验收的内容也不尽相同。但验收作业主要包括：

① 核对供方"送货单"内容填写是否详细，是否已填物料名称、物料编码、订单编号和数量等内容；

② 核对"送货单"与本企业采购部门下达的订单之数量、品种和规格及交货期限是否相符；

③ 核对实物料种规格与送货单是否相符；

④ 抽查包装箱或容器内的物料数量是否与所贴标签一致；

⑤ 检验物料品质是否达到要求；

⑥ 合格物料入库并建立物料账。

品质检验，包括内在品质和外观质量的检验。很多企业仓储部门只负责外观质量的检验，而内在品质，由于需要技术手段，一般都是交给企业专门的技术部门负责检验。

5.2 入库验收作业的程序

入库通常是客户利用电话或者电话加传真（随着网络的普及，也有通过网络平台的方式）预先通知，仓储方接通知后，核对本公司采购订单指令，符合则即做好货物入库的准备，不符合通知对方不能送货。

供货方将货物运送到仓库，仓库管理人员核对送货单与采购指令，如果无误即通知安排相关人员作业，包括叉车司机、仓管员（可由叉车司机兼）、装卸队辅助工人等。

作业完毕以后由仓管员登记作业数据（载体为装卸作业理货单），由统计员将其录入计算机，作为计算工人工资、客户收费、统计报表生成的基础数据。

最后，给出载有实际操作数据量的收货单，并交给客户确认，打印具有法律效力的仓单，入库程序结束。

物料入库检验工作包括接单接货验收准备、核对验收单证、确定验收比例和检验实物、签收、摆放、立卡、登账、建档。如图5-1所示。

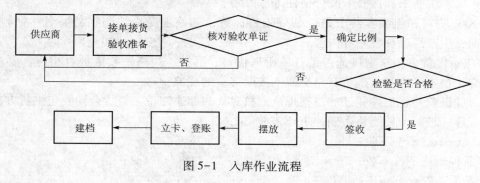

图 5-1 入库作业流程

5.2.1 接单接货验收准备

接到供货方送货通知后，存储方核对是否有此订单，确认供货商和供货日期是否正确。

如正确则开始做接货准备，包括准备货位，安排接货人员和工具，通知技术部门安排检验工作计划。

归纳起来，就是要做好以下 5 个方面的准备工作。

① 收集、整理并熟悉各项验收凭证、资料和有关验收要求。对那些业务素质不高的业务员，或第一次接触的物料，应及时收集验收资料或向供货方索取验收技术资料。

② 准备所需的计量器具、卡量工具和检测仪器仪表等。

③ 落实入库货物的存放地点，选择合理的堆码垛形和保管方法。

④ 准备所需的苫垫堆码物料、装卸机械、操作器具和担任验收作业的人力。如为特殊性货物，还须配备相应的防护用品，采取必要的应急防范措施，以防万一。

⑤ 进口货物或存货单位要求对货物进行质量检验时，要预先通知商检部门或检验部门到库进行检验或质量检测。

如果是供货方通过运输部门托运的物料，还要衔接好运输车辆和人员，及时提货。由于接运工作直接与交通运输部门接触，所以做好接运工作还需要熟悉交通运输部门的要求和制度。例如，发货人与运输部门的交接关系和责任的划分，铁路或航运、海运等运输部门在运输中应负的责任，铁路或其他运输部门编制普通记录和商务记录的范围，向交通运输部门或保险公司索赔的手续和必要的证件等。

通过做好商品接运业务管理，可以防止把在运输过程中或运输之前已经发生的商品损害和各种差错带入仓库，减少或避免经济损失，为验收和保管保养创造良好的条件。

5.2.2 核对验收单证

1. 供货方送货

供货方将物料运至仓库，就要开始核对单证，对物料进行当面验收并做好记录。若有差错，应填写记录，由相关人员签字证明，据此向有关部门提出索赔。核对单证按下列 4 个方面的内容进行。

① 审核验收依据，包括业务主管部门或采购部门提供的入库通知单、订货合同或订货协议书。

② 核对供货方提供的验收凭证是否齐全，包括发票、质量保证书、发货明细表、装箱单、磅码单、说明书和保修卡及合格证等。

③ 检查物料和包装容器上是否贴有物料标签，标签上是否注明物料品名、物料编码、生产日期、生产厂家和数量等内容。

④ 核对供货方所交物料是否是订单所列物料、品种、规格；数量是否相符，要求数量不能多交，也不能少交；是否有超交或不按期交货的现象。

核对凭证就是将上述凭证加以整理全面核对。入库通知单、订货合同要与供货方提供的所有凭证逐一核对，要严格做到"五不点收"：

- 凭证手续不全不收；
- 品种规格不符不收；
- 品质不符合要求不收；
- 无计划不收；
- 逾期不收。

相符后才可以进行下一步的检验工作。

2. 车站、码头接货

① 提货人员对所提取的物料除了要了解其品名、规格型号、特性和一般保管知识外，还要知道装卸搬运注意事项等。在提货前应做好接运货物的准备工作，如装卸运输工具，腾出存放物料的场地等。提货人员在到货前，同样应根据采购指令和提货通知，了解到货时间和交货情况，根据到货多少，组织装卸人员、机具和车辆，按时前往提货。

② 提货时应根据运单及有关资料详细核对品名、规格、数量，并要注意物料包装外观、封印是否完好，有无散捆、玷污、受潮、水浸、油渍等异状。若有疑点或不符，应当场要求运输部门检查。对包装破散的，要重新清点，发现短缺损坏情况，凡属铁路方面责任的，应做出商务记录；属于其他方面责任需要铁路部门证明的应做出普通记录，由铁路运输员签字。注意记录内容与实际情况要相符合。

③ 在短途运输中，要做到不混不乱，避免碰坏损失。危险品应按照危险品搬运规定办理。

④ 物料到库后，提货员应与保管员密切配合，尽量做到提货、运输、验收、入库、堆码一条龙作业，从而缩短入库验收时间，并办理内部交接手续。

3. 铁路专用线接车

① 接到专用线到货通知后，应立即确定卸货货位，力求缩短场内搬运距离；组织好卸车所需要的机械、人员及有关资料，做好卸车准备。

② 车皮到达仓库后，引导对位，进行检查。看车皮封闭情况是否良好（即卡车、车窗、铅封、苫布等有无异状），根据运单和有关资料核对到货品名、规格、标志和清点件数；检查包装是否有损坏或有无散包；检查是否有水浸、受潮或其他损坏现象。在检查中若发现异常情况，应请铁路部门派员复查，做出普通或商务记录，记录内容应与实际情况相符，以便交涉索赔。

③ 卸车时要注意为商品验收和入库保管提供便利条件，分清车号、品名、规格，不混不乱；保证包装完好，不碰坏，不压伤，更不得自行打开包装。应根据物料的性质合理堆放，以免混淆。卸车后在物料上应标明车号和卸车日期。

④ 编制卸车记录，记录卸车货位、规格、数量，连同有关证件和资料，尽快向保管人员交代清楚，办好内部交接手续。

5.2.3 确认验收比例及物料检验、签收和摆放

1. 确定验收比例

确定验收比例，是物料检验的前提。抽验比例适当，既可以加快物料流动的速度，又降低检验成本。检验分为全数检验和抽样检验。

（1）全数检验

对被检批商品逐个（件）地进行检验，又称百分之百检验。它可以提供较多的物料质量信息，适用于批量小、质量特性少且质量不稳定或较贵重的商品检验。

（2）抽样检验

按照事先已确定的抽样方案，从被检批商品中随机抽取少量样品，组成样本，再对样品逐一测试，并将结果与标准或合同技术要求进行比较，最后由样本质量状况统计推断受检批物料整体质量合格与否的检验。它检验的物料数量相对较少，节约检验费用，有利于及时交货，但提供的物料质量信息少，有可能误判，也不适用于质量差异程度大的物料。

若能避免抽样时可能犯的错误，其可靠性甚至优于全数检验。抽样检验适用于批量较

大、价值较低、质量特性多且质量较稳定或具有破坏性的检验。抽验比例应首先以合同规定为准;合同没有规定时,确定抽验的比例一般应考虑以下因素。

① 物料价值。物料价值高的,全查或抽验比例大;反之则小。有些价值特别大的物料应全查。

② 物料的性质。物料性质不稳定的、质量易变化的和易混杂不良品质的,验收比例大或全查;反之则小。

③ 气候条件。在雨季或梅雨季节,怕潮物料抽验比例大;在冬季怕冻物料抽验比例大或全查;反之则小。

④ 运输方式和运输工具。对采用容易影响物料质量的运输方式和运输工具运送的物料,抽验比例大;反之则小。

⑤ 厂商信誉。信誉好的抽验比例小;反之则大。

⑥ 生产技术。生产技术水平高,产品质量较稳定,抽验比例小;反之则大。

⑦ 储存时间。储存时间长的物料,抽验比例大;反之则小。

2. 物料检验、签收和摆放

物料检验,就是根据入库单和有关技术资料对实物进行数量和质量检验。仓储部门做物料的实物检验,一般只做外观和数量的检验;内在品质检验交相关技术部门,仓储部门做好协助工作。检验完毕后,做出检验报告。

签收检验合格,物料才能入库签收;不合格物料,摆放在退料区或不合格品区,及时退回供应方。如果急需这批物料使用,可进行预入库,但必须分开记账,待检验合格后,才能正式登记入库。

入库摆放,是根据物料的物理和化学性质、体积和价值大小、分类和出入库频率等决定如何进行物料的入库摆放。

5.2.4 立卡、登账、建档

物料一经验收入库,就须立卡、登账、建档。

1. 立卡

"卡"即是放在物料垛位上直接反映该垛物料的品名、型号规格、单价、进出库动态和结存数的保管卡片。物料在验收完毕、入库码垛的同时,即应建立卡片,应一垛一卡,拴挂在物料堆垛上面。卡片应按"入库通知单"所列内容逐项填写。填写时一定要准确、齐全。填写错误时,要用"画红线更正法"予以更改,不得涂改、刮擦。

卡片式样随物料存放地点的不同而呈多样化。存放在库房内的一般为纸卡或塑料卡;存放在露天的,为防止卡片丢失和损坏,可先用塑料袋盛装或放在特制的盒子内,再拴在垛位上,也有用油漆写在铁牌或木牌上的。常见的卡片见表5-1。

表5-1 物料存放卡

存放位置	库	物料收发明细表	类型	
	排		单位	
	架	物料名称:	单价	
	层	型号规格:	出厂日期	
	位	生产厂家:	入库日期	

续表

年		凭证编号	摘要收入	发出	结存	备注
月	日					
					卡片编号	

物料卡片是识别物料，保持物料不混不乱，并直接反映物料储存动态的重要标志。建立以后要加以爱护，保持整洁，不得随意涂画、撕毁或丢弃，也不能将卡片错放。物料出入库时，应按出入库凭证随时填写，并经常查点实物，保证卡上结存数与实物相符。卡片记满要换新卡片时，应将结存数进行结转，老卡片要妥善保存，不得随意毁弃。保管员调动时，应按规定办理移交手续，但卡片可连续使用。

2. 登账

为了保证物料的数量准确，随时反映物料的进出和结存情况，仓库应建立"实物保管明细账"。

实物保管明细账，按物料的品名、型号、规格、单价、货主等分别建立账户。此类账用活页式，按物料的种类和编号顺序排列。在账页上还应注明货位号和档案编号，以便查对。账册应由负责该类物料的保管员或保管组长专人负责。实物保管明细账（见表5-2）必须严格按照物料的入、出库凭证及时登记，要按记账规则填写准确、清楚。记账发生错误时，要用红字明细账冲销，再重新入账登记更改，不得刮、擦、挖、补。

表5-2 物料保管明细账

存放地点_____　　　　　　　　　　　　　　　　　　　　　　品名_____
计量单位_____　　　　　　　物料保管明细账　　　　　　　型号规格_____

年		凭证		摘要	单价	收入数量	发出数量	结存数量
月	日	字	号					

账页可跨年度使用。账页记完，应将结存数结转新账页，旧账页应妥善保存，以备查阅。登账凭证要妥善保管，装订成册，不得遗失。实物保管账要经常核对，保证账、卡、物相符。

3. 建档

入库物料验收后，在立卡的同时，必须建立物料档案。物料档案，即按物料品名、型号、规格、单价、批次等而分类立账归档，集中保存记录物料数量、质量等情况的资料、证件和凭证等。建立物料档案的目的是管好物料技术资料，使其不致散失，便于给用货单位提供材质证明参考。这样，不仅调用查阅方便，同时便于了解物料在入库前及保管期的活动全貌，便于合理地保管物料，有利于研究和积累保管经验，总结管理规律，为物料的采购和供应商的选择、考评提供全面的参考资料。

物料建档工作要求做到以下三个方面。

① 物料档案应一物一档，即将一种物料的各种材料用档案袋盛装起来。入库物料的下列资料应归入档案：

- 出厂时的各种凭证、技术资料；
- 入库前的运输资料和其他凭证；
- 入库验收记录、磅码单、技术检验证件；
- 入库保管期间的检查、维护保养、溢短损坏等情况的记录和其他资料等。

② 物料档案应统一编号，并在档案上注明材料编号、物料名称和供货厂家，同时在保管实物明细账上注明档案号，便于查阅。

③ 物料档案应妥善保管，应由专人进行保管，在专用的柜子里存放。当物料整进整出时，机电产品的有关技术证件应随物转给收货单位；金属材料的质量保证书等原始资料应留存，而将复制的抄件加盖公章，转给收货单位。整进零发时，其质量证明书可以用抄件加盖公章代用。整个档案应妥善长期保存。

5.3 物料入库验收的方法

货物经装卸作业环节被临时摆放到进货区后，由保管员根据物料的验收标准验收。物料验收的主要作业内容如下。

① 质量验收。质量验收目的是查明入库物料的质量状况，发现问题，以便分清责任，确保到库物料符合订货要求。质量验收通过感官检验和仪器检验等方法实现。

② 包装验收。包装验收是对物料的包装标准或者购销双方签订的合同为依据，具体验收的内容有：包装是否牢固，是否破损，是否被污染，是否集装，包装标志、标记是否符合要求。

③ 数量验收。数量验收是根据客户提供的入库单上记载的货物名称、规格型号、唛头、数量等进行核对，以确保实际入库数量的准确无误。

在作业结束以后保管员将作业过程中的详细信息记载下来生成入库单，再由统计员输入计算机。

5.3.1 数量验收方法

数量检验是保证物料数量准确不可缺少的重要步骤，一般在质量验收之前，由仓库保管职能机构组织进行。数量检验是保证入库物料数量准确的重要步骤。数量检验应采取与供货单位一致的计量方法进行。按商品性质和包装情况，数量检验分为三种形式，即计件、检斤、检尺求积。检验方法包括：点数法、过磅法、测量法、理论计算法。

（1）计件

计件是按件数供货或以件数为计量单位的物料，对数量验收时的清点件数。一般情况下，计件商品应全部逐一点清；包装内有小件包装，应抽取部分包装进行拆包点验；进口商品按合同约定或惯例办理。

（2）检斤

检斤是按重量供货或以重量为计量单位的物料，对数量验收时的称重。金属材料、某些化工产品多半是检斤验收。按理论换算重量供应的商品，先要通过检斤，如金属材料中的板材、型材等，然后按规定的换算方法换算成重量验收。对于进口商品，原则上应全部检斤，但如果订货合同规定按理论换算重量交货，则应该按合同规定办理。所有检斤的物料，都应填写磅码单。需要注意的是，理论计算的物料的外部尺寸一定不能出现缩水，须符合国家标准或双方约定。

（3）检尺求积

检尺求积是对以体积为计量单位的物料，如木材、竹材、沙石等，先检尺后求体积所做的数量验收。凡是经过检尺求积检验的物料，都应该填写磅码单。

数量检验应一次进行完毕。计重物料的数量检验应实行一次清点制。一次清点制，即在入库验收时，逐磅记数，按顺序分层堆码，一次搞清标准，以后清查和发放出库时不再过磅。因此，在入库验收时，必须把好过磅、记码单和码垛三个环节，以保证数量准确。

按实际重量交货的，应过磅验收；以理论换算交货的，应按理论换算验收；计件物料则应计点件数。计重物料一律以净重计算。计件物料要注意配套情况，即成套的和带有附件的机电设备，须清点主件、部件、零件和工具等是否齐全。

在一般情况下数量检验应全验。按重量供货的全部过秤，按理论换算重量供货的全部先逐个检尺，后换算为重量；按件数交货的，全部点数，以实际检验结果的数量为实收数。

在下列情形下，可进行抽验检验：对于数量大而包装规格划一的物料；固定包装的小件物料；内包装完好或包装严密，打开包装易损坏物料质量或不易恢复包装的物料；按件标明重量或数量的物料；按理论换算而规格整齐划一的物料，都可采取抽验的方法。一般抽验5%～15%，抽验中如发现有问题，应扩大抽验比例或全验。

5.3.2 质量验收方法

质量检验包括外观检验、尺寸精度检验、机械物理性能检验和化学成分检验4种形式。仓库一般只做外观检验和尺寸精度检验；后两种检验如果有必要，则由技术管理职能机构取样，委托专门检验机构检验。

1. 检验方法

（1）感观鉴别法

又称为感官分析、感官检查或感官评价。它是用人的感觉器官作为检验器具，对物料的外形、色、香、味、手感、音色等感官质量特性，在一定的条件下做出判断或评价的检验方法。这种方法简单易行，快速灵活，成本较低。

（2）理化检验法

理化检验法是在实验室的一定环境条件下，利用各种仪器、器具和试剂作手段，运用物理、化学及生物学的方法来测试物料质量的方法。它主要用于检验物料成分、结构、物理性质、化学性质、安全性、卫生性以及对环境的污染和破坏性等。

（3）试用检验法

对那些急需上生产线而来不及检验或批量质量不稳定的物料，可以采用试用检验法，通过中小批量的实际使用,来确认该批物料的质量。

(4) 对比检验法

对那些没有可参照的检验标准的物料,可对比以前使用过的物料,参照判断物料是否合格。

2. 检验内容

① 在仓库中,质量验收主要指物料外观检验,由仓库保管职能机构组织进行。外观检验是指通过感官检验,检验物料的包装外形或装饰有无缺陷;检查物料包装的牢固程度;检查物料有无损伤,如撞击、变形、破碎等;检查物料是否被雨、雪、油污等污染,有无潮湿、霉腐、生虫等。外观有缺陷的物料,有时可能影响其质量,所以对外观有严重缺陷的物料,要单独存放,防止混杂,等待处理。凡经过外观检验的物料,都应该填写"检验记录单"。物料的外观检验只通过直接观察物料包装或商品外观来判别质量情况,大大简化了仓库的质量验收工作,避免了各个部门反复进行复杂的质量检验,从而节省大量的人力、物力和时间。

② 物料的尺寸精度检验由仓库的技术管理职能机构组织进行。进行尺寸精度检验的物料,主要是金属材料中的型材、部分机电产品和少数建筑材料。不同型材的尺寸检验各有特点,如椭圆材主要检验直径和圆度,管材主要检验壁厚和内径,板材主要检验厚度及其均匀度等。对部分机电产品的检验,一般请用料单位派技术员进行。尺寸精度检验是一项技术性强、很费时间的工作,全部检验的工作量大,并且有些产品质量的特征只有通过破坏性的检验才能测到。所以,一般采用抽验的方式进行。

③ 理化检验是对物料内在质量和物理、化学性质所进行的检验,一般主要是对进口物料进行理化检验。对物料内在质量的检验要求一定的技术知识和检验手段,目前仓库多不具备这些条件,所以一般由专门的技术检验部门进行。

以上质量检验是物料交货时或入库前的验收。在某些特殊情况下,尚有完工时期的验收和制造时期的验收,这就是指在供货单位完工和正在制造过程中,由需方派人员到供货单位进行的检验。应当指出,即使在供货单位检验过的物料,或者因为运输条件不良,或者因为质量不稳定,也会在进库时发生质量问题,所以在开展供应商管理的现在,对交货的物料,在任何情况下都必须进行紧密的跟踪,及时发现质量变化及存在的问题,通知供应商及时进行整改。

5.3.3 验收中发现问题的处理

物料验收中,可能会发现诸如证件不齐、数量短缺、质量不符合要求等问题,应区别不同情况,及时处理。

① 凡验收中发现问题等待处理的物料,应该单独存放,妥善保管,防止混杂、丢失、损坏。

② 数量短缺规定在磅差范围内的,可按原数入账;凡超过规定磅差范围的,应查对核实,做成验收记录和磅码单向供货方办理交涉。凡实际数量多于原发料量的,可由采购部门向供货方退回多发数,或补发货款。在物料入库验收过程中发生的数量不符情况,其原因可能是因为发货方面在发货过程中出现了差错,误发了物料,或者是在运输过程中漏装或丢失了物料等。在物料验收过程中,如果对数量不进行严格的检验,或由于工作粗心,放过了物

料数量的短缺，就会给企业造成经济损失。

③ 凡物料质量不符合规定，应及时通知采购部，并协助办理退货、换货事宜，或征得供货单位同意代为修理，或在不影响使用的前提下降价处理。物料规格不符或错发时，应先将规格对的予以入库，规格不对的做成验收记录交给采购部门办理换货。

④ 证件未到或不齐时，应及时向供货单位索取，到库物料应作为待检验物料堆放在待验区，待证件到齐后再进行验收；证件未到之前，不能验收，不能入库，更不能发料。

⑤ 凡属承运期间造成的物料数量短少或外观包装严重残损等，应凭接运提货时索取的"货运记录"向承运部门或保险公司索赔。

⑥ 凡"入库通知单"或其他证件已到，在规定的时间未见物料到库时，应及时向主管部门反映，以便查询处理。

5.4 仓储管理信息系统入库验收

企业的仓储系统是伴随着企业的采购、生产、销售所发生的仓储作业系统，而控制仓储作业系统的仓储管理信息系统（WMS），其作用是将仓储各种功能加以控制使之效率化。图 5-2 为 WMS 入库验收的流程图。

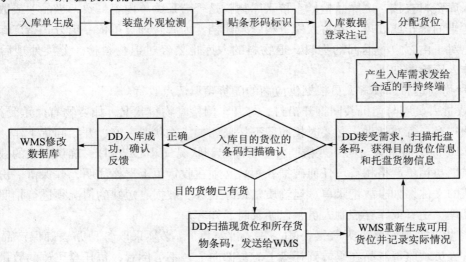

图 5-2　物料入库流程图

企业的仓储活动是由接到顾客订货的接单处理开始，因此接单信息是仓储活动的最根本信息。然后，根据接单信息，与现有物料的库存信息加以对照。物料的库存不足时，供应商则通过指令信息进行生产（或由批发商根据进货指令办理进货）；另一方面，通过出货信息将货物搬移到出货地点出货。为使仓储管理部门能够有效管理与控制仓储活动，必须搜集交货完成通知、仓储成本、仓库、车辆等仓储设施与机器的操作率等各项数据，以作为仓储管理的基本信息。

WMS 中的入出库单据如图 5-3 所示。

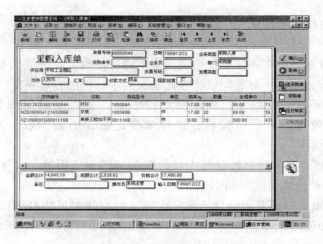

图 5-3　WMS 中的入出库单据管理

5.4.1　正常产品收货

当采购单开出之后，在采购人员进货入库跟踪催促的同时，入库进货管理员即可依据采购单上预定的入库日期，做入库作业排程、入库站台排程，然后于商品入库当日，当物料进入时做入库资料查核、入库品检，查核入库物料是否与采购单内容一致，当品项或数量不符时即做适当的修正或处理，并将入库资料登录建档。入库管理员可依一定方式指定卸货及栈板堆叠。对于由客户处退回的物料，退物料的入库也要经过退物料检、分类处理后登录入库。具体入库流程如下。

① 货物到达后，收货人员根据供应商的随货箱单清点收货。

② 收货人员应与司机共同打开铅封，打开车门检查物料状况，如货物有严重受损状况，需马上通知客户等候处理，必要时拍照留下凭证。如货物状况完好，开始卸货工作。

③ 卸货时，收货人员必须严格监督货物的装卸状况（小心装卸），确认产品的数量、包装及保质期与箱单严格相符。任何破损、短缺必须在收货单上严格注明，并保留一份由司机签字确认的文件，如事故记录单、运输质量跟踪表等。破损、短缺的情况须进行拍照，并及时上报经理、主管或库存控制人员，以便及时通知客户。

④ 卸货时如遇到恶劣天气（下雨、雪、冰雹等），必须采取各种办法确保产品不会受损。卸货人员须监督产品在码放到托盘上时全部向上，不可倒置，每托盘码放的数量严格按照产品码放示意图。（产品码放按照托盘的尺寸及货位标准设计）

⑤ 收货人员签收送货箱单，并填写相关所需单据，将有关的收货资料如产品名称、数量、生产日期（保质期或批号）、货物状态等交订单处理人员。

⑥ 订单处理人员接单后必须在当天完成将相关资料通知客户并录入系统。

⑦ 破损产品必须与正常产品分开单独存放，等候处理办法，并存入相关记录。

一般物料入库堆叠于托盘之后有两种作业方式。一种方式是物料入库上架，储放于储架上，等候出库，需求时再予出货。物料入库上架由计算机或管理人员依照仓库区域规划管理原则或物料生命周期等因素来指定储放位置，或于物料入库之后登录其储放位置，以便日后的存货管理或出货查询。另一种方式即为直接出库，此时管理人员依照出货要求，将物料送往指定的出货码头或暂时存放地点。在入库搬运的过程中由管理人员选用搬运工具、调派工作人员,并做工具、人员的工作时程安排。

5.4.2 接货表格和验收表格的设计

接货表格是记载待入库货物信息的单证,内容主要包括:货主名称、开单的日期、存仓编号、业务编号、送货单位、装货车号、柜号、抵达日期、申请人、经办人、主管等业务信息字段。此外,还有反映货物特性的内容,如货物名称、型号、唛头、数量、计量单位等。从整个物料入库的作业流程来看,接货表格应包括入库计划表、入库通知书及具有法律效力的仓单等。

表5-3 为某保税仓库货物入库核准单。

表 5-3 仓库货物入库核准单

海关编号:

××公司联系人	×××		电话		
货物代理人	××物流有限公司				
货物所有人					
进境口岸			运输方式		空运
提/运单号	转关单号				
商品名称	单位	数量	币种	总价	用途
××公司联系人	×××		电话		
合计:					
备注:					
以上情况属实报请海关审批					
保税仓库签章栏			海关审批栏		

签字   盖章
  年 月 日
			签字 盖章
			  年 月 日		

第一联:审批联   第二联:核销联   第三联:报关联   第四联:保税仓留存

5.5 货位分配与上架作业

物料验收以后,就要入库摆放,一般的摆放主要是堆垛和货架存储。摆放首先要决定物料的摆放区域,也就是进行货位分配(slotting)。

5.5.1 货位分配

物料储存期长短不等,通常达数日、数月甚至数年,物料累积储存,占用库房面积。同时,物料摆放的位置影响着物料搬运作业是否便利及搬运距离的长短,进而影响仓储作业成本。因此,货位摆放在仓储经营中占有很重要的位置,需要加强对库存物料的控制、保管,提高储存区的空间利用率和储存作业效率。

1. 货位分配的影响因素

货位分配需要考虑存储物料的特性、外形体积、重量、价值、质量、供应商、进货时间及数量、出入库的频次,以及储存设备、搬运与输送设备及其他辅助性的物料。

2. 货位分配的分类

货物在入库时由于其不同的特性需要按不同的储存方式储存,以达到最好的储存效果。通常采用的储存方案有定位储存、随机储存、分类储存、分类随机储存、共同储存 5 种。

(1) 定位储存

当需要库存的货物有下列特征或要求时,可以考虑定位储存:

① 多品种少批量的货物;

② 重要物料需要存放重点保管区;

③ 库房空间较大时;

④ 根据物料的重量及尺寸安排储位;

⑤ 不同物理、化学性质的货物须控制不同的保管储存条件,或防止不同性质的货物互相影响。

定位储存具有储位容易被记录、可以按周转率高低来缩短出入库的搬运距离,以及便于按货物的不同特性安排储位降低货物之间的影响等优点,因此特别适用于手工作业的仓库。缺点是库容利用率低,需要较大的储存空间,要求货物的储位容量必须大于其可能的最大在库量。

(2) 随机储存

随机储存是指根据库存货物及储位使用情况,随机安排和使用储位,每种商品的储位可随机改变。有研究显示:随机储存与定位储存相比,可节省 35% 的移动库存货物的时间,储存空间利用率可提高 30%。当出现商品品种类别少、批量或体积较大的货物,库存空间有限,需尽量利用储存空间情况时可以考虑随机储存。随机储存由于可以共用储位,储存区的利用率比较高,但是随机储存也存在以下缺点。

① 增加物料出入库管理及盘点工作难度。

② 周转率高的货物可能被储存在离出入口比较远的位置,增加了搬运的工作量和费用。

③ 如果存放的物料发生物理或化学的变化可能影响到相邻存放的物料。

④ 立体仓库的物料放在上部,底部空着,造成高层货架头重脚轻,不稳定。

由于以上特点,随机储存的储位适用信息化的仓库,管理要求比较严格。

(3) 分类储存

分类储存是指所有货物按一定特性加以分类,每一类货物固定其储存位置,同类货物不同品种又按一定的法则来安排储位。由于储位必须按各类货物的最大在库量设计,因此储存区域空间平均使用效率低于随机储存。

(4) 分类随机储存

分类随机储存是指每一类货物都有固定储位,但每一个储位的安排是随机的。因此,兼有定位储存和随机储存的特点。

(5) 共同储存

指在确定知道各货物进出仓库确定时间的前提下,不同货物共用相同的储位,这种储存可以更好地利用储存空间,节省搬运时间。

3. 货位编码

为了使存储的物料便于查找,存储物料的货位需要准确、真实、动态记录储位的变动情况。因此需要给每一货位进行唯一的编码。利用保管区中现成的参考单位,如建筑物第几栋、区段、排、行、层、格等,按相关顺序编码,如同邮政地址的区、胡同、号一样。较常用的编号方法一般采用"四号定位法"。具体就是采用4组数字号码对库房(料场)、货架(货区)、层次(排次)、货位(垛位)进行统一编号,见图5-4。

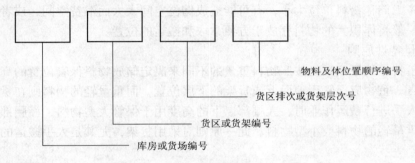

图 5-4 四号定位法示意图

例如,如图 5-5 所示,物料架的编号采用字母和数字结合的方式。由于柜台有4列,因此开头字母分别是 A、B、C、D,第二个字母是次一级的分类,数字是再次一级的分类。整个仓库的空间用得比较充分,柜台的排列很整齐,通道留得比较宽敞、合理,整个仓库的布置很符合明朗化的标准要求。

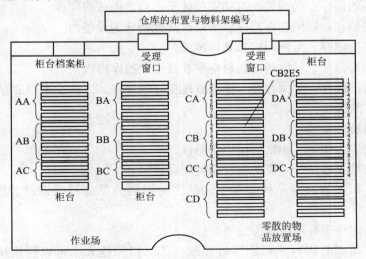

图 5-5 仓库布置与物料架编号

货位编号：　　　1　　　　CB2　　　　E　　　　5
　　　　　　　　库房号　　　货架号　　货架层次号　　位置顺序号

4. 货位选择原则

（1）面对通道原则

所谓面对通道原则，即物料面对通道来保管，将可识别的标号、名称等面向通道，使物料易于辨识。为了使物料的存、取容易且有效率地进行，物料须要面对通道来保管，这也是使物流中心能流畅运作及活性化的基本原则。

（2）产品尺寸原则

在仓库布置时，要同时考虑物料体积大小及物料的整批形状，以便能提供适当的空间满足某一特定需要。所以在储存物料时，要有不同大小位置的变化，用以容纳一切不同大小的物料和不同的容积。

如果不考虑储存物料单位大小，有可能造成储位空间太大而浪费空间，或者太小而无法存放物料。一般将体积大的物料存放于方便拿取和搬运的位置。

（3）重量特性原则

所谓重量特性的原则，是按照物料重量的不同来决定储放物料保管位置的高低。

一般而言，重物应保管于地面上或货架的下层位置，而重量轻的物料则在货架的上层位置；若是以人手进行搬运作业时，人腰部以下的高度用于保管大型物料，而腰部以上的高度则用来保管重量轻的物料或小型物料。此一原则对采用货架，尤其是人手搬运的作业有很大的意义。

（4）产品特性原则

物料特性不仅涉及物料本身的危险及易腐性质，同时也可能影响其他特性，因此在物流中心布置设计时必须考虑。5种有关物料特性的基本法如下。

① 易燃易爆物料的储存：须在具有高度防护作用的建筑物内安装适当防火隔间并储存在温度较低的阴凉处。

② 易窃物料的储存：必须装在有加锁的笼子、箱、柜或房间内。

③ 易腐品的储存：要储存在冷冻、冷藏或其他特殊的设备内。

④ 易污损品的储存：可使用帆布套等覆盖。

⑤ 怕潮湿和易霉变、易生锈的物料应放在较干燥的库房内。

⑥ 一般物料的储存：要储存在干燥及管理良好的库房，以满足客户的存取需要。

5. 具体货位的选择

① 依照物料特性来储存。

② 大批量使用大储区，小批量使用小储区。

③ 能安全有效率地储于高位的物料应使用高储区。

④ 笨重、体积大的物料品种储存于较坚固的层架的下部及接近出货区，不超过人体腰部。

⑤ 轻量物料储存于有限的载荷层架。

⑥ 将相同或相似的物料尽可能接近储放。产品相关性大小可以利用历史订单数据做分析。

⑦ 小、轻、容易处理的物料品种使用较远的储区。

⑧ 周转率低的物料尽量放于远离进货、出货区及仓库较高的区域。

⑨ 周转率高的物料尽量放于接近出货区及仓库较低的区域（如货架的底层、楼库的一层等）。

⑩ 易老化的物料应放在库房内部，不要靠窗，以避光照和粉尘。

⑪ 互补性高的物料也应存放于邻近位置，以便缺料时可迅速以另一品种替代。

⑫ 兼容性低的产品绝不可放置一起，以免损害品质，如烟、香皂、茶不可放在一起；强酸、强碱不能与高分子材料或金属材料放置在一起。

⑬ 办公、服务设施应选在低层楼区、阁楼、库外等。

6. 楼库储存货位的选择

一般楼房仓库只建设 3～5 层，物料在楼库各层之间按以下的原则进行摆放。

地上楼库的第一层，在功能上与平库极为相似，所不同的是其顶部是二层的楼板，不受太阳光的照射，夏季库内温度低于平库，而且没有漏雨使物资受潮的危险。同时，由于楼库一层与相同建筑面积的平库相比，总散热面积减少，所以在冬季其库内温度要高于平库。由此可见，楼库一层的保管条件稍优于平库，作业条件与平库也基本相同。因此，适合在平库内保管的物料，都可存入楼库的一层。但通常为了方便作业起见，楼库的一层主要储存要求一般保管条件的、重量大、体积大和经常收发的物料，如钢材、金属制品、有色金属锭块、普通机械配件等。

楼库的顶层（最上一层），在保管功能上也与平库相似，如屋顶受日晒、雨淋，库内温度变化比较大，库存物料有因漏雨而受潮的危险。与平库不同的是其承重构件不是地坪而是楼板，防潮、隔潮条件较好。同时，由于空间位置比较高，自然通风采光和防尘等条件优于平库。从总体上看楼库的顶层的保管条件比平库要好，但其作业不便。所以楼库的顶层适用于单位重量比较小、体积不大、不经常收发、要求保管条件不高的物料，如普通塑料制品、纤维制品、竹木制品、劳保用品等。

楼库的中间层，其保管条件是最好的，是楼库的最佳层，是最优良的物料保管空间，便于形成适应物料特性的小气候。所以，多用于储存要求保管条件高的物料，如电工器材、电子器件、精密仪器仪表、精密量具、贵重金属等。

5.5.2 入库上架作业

1. 入库作业流程的方式

入库作业流程主要有 4 种方式：直接入库、定向入库、成批及按序入库、交错存取及连续搬运。

（1）直接入库——直接将货物入库到主要储存位

直接入库指的是在设计仓库布局时不允许留出收货暂存区。这样就迫使仓库操作员在收货时立即将货物移开，而不是像传统收货及入库活动那样耽搁大量时间执行复杂的操作程序。可以省略收货暂存过程或立刻将物料直接移到主要拣选区，或者将物料直接入库到存储区。也就是从装卸平台向主要拣选区补充物料的办法来最大限度地削减搬运物料的步骤。在直接入库操作系统中，由于收货暂存及检验活动被省略掉了，所以执行这些操作所需的时间、空间及人力也得以节省。

同时，服务于卸货及产品入库的运载工具经过改进，可以为直接入库操作提供便利。例如，可以在平衡式叉车上装配磅秤、体积测量仪及联机式射频终端，从而简化卸货与入库操作。

直接入库的方式适用于那些供应商开发和管理工作进行得比较好的企业，通过对供应商的管理，督促供应商进行产品质量自我监督，并通过对物料质量进行实时跟踪，及时发现并及时处理可能发生的物料质量事故，以保证生产供应的正常进行。

（2）定向入库

如果对操作员放任不管，则大部分入库操作员都会自然而然地将物料放置在最易于放置的位置、最靠近门口的位置或最靠近休息室的位置。应做到将物料放在那些可以使存储密度与作业效率最大化的位置。仓储管理系统应该指示操作员将每个托盘或货箱放置在那些能最大限度利用空间的区域，那些能保证产品可靠旋转的区域，以及那些能最大限度提高拆垛效率的区域。

（3）成批及按序入库——为了更有效地入库作业，将入库的物料进行分类拣选

通过仓库分区与区域排序策略来对入库的物料进行分类，以便于入库作业。所有将被放在同一条货道的物料先分拣出来放置在某个特定的传送通道上，然后被自动地按照入库的区位顺序堆叠起来。

（4）交错存取及连续搬运

为了进一步简化入库与拆垛流程，可以将入库作业与拆垛作业结合在一起，以便减少叉车的空跑（放空车）次数（如图5-6所示）。也就是由叉车将入库口处的货物运入库内卸下，空车在库内再进行拆垛和拣选作业，将库选好的物料再送至出货口，如此循环往复作业。该技术特别适合于托盘存储与拆垛作业，能够同时执行卸货、入库、拆垛及装货功能的平衡式叉车是完成这种双重指令的有效工具（交错存取类似于运输里面的货运车回程）。应该把交错存取的实践扩展为仓库内的连续搬运作业，仓库管理系统可以借此指示操作员以最有效率的方式不停地完成任务。

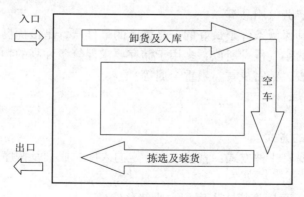

图 5-6 交错存取

应该先强调的是，从现代物流观念来讲，最好的收货方式是：物料根本不入库，直接发运到用户手中。尤其是大、重的物料更应如此。

2. 直接装运

就是物料不入库，通过指令直接将物料从供应商处发送给用户手中，完全省略了仓储这一步骤。因而，节省了在仓储环节通常的劳力消耗、设备消耗，尤其提高了物流速度，同时

大大减少了仓库作业时的错误操作。

3. 越库作业

所谓越库作业是指当一个或多个供应商的货物入库之后要运往多个目的地,将供应商送达的货物从卸货平台卸下,根据目的地的不同进行有效、及时的分配,并直接运到装货平台,装上发往不同目的地的车辆,减少货物在仓库的储存时间。在这种模式下,货物不会以库存的形式存在。在流动量很大的仓库中,越库作业的战略落实得越好,货物的处理时间就会越短,出现的瓶颈就会越少。因此要达到平稳地接货、搬运、装车和发运,就必须有良好的信息管理系统。换言之,有效的越库作业是建立在完善的信息流之上的。当不能将物料进行直接装运发送时,次优选择就是对其进行越库处理。越库作业具有以下特点:

① 供应商预先确定了将物料交付仓库的时间及装载量;
② 入库的物料立即按照出库订单进行分类;
③ 出库的订单货物被立即运往出库平台;
④ 省略了收货及检验活动;
⑤ 省略了产品储存活动。

在货物的分类处理上越仓作业可以采用了两种处理方式:一种是按产品的不同来分类处理;另一种是按目的地不同分类处理。按产品分货的方式是指同一品种的货物,在始发地采用一个条形码进行处理。配送中心会在同一天接收很多车送来的不同品种货物,对条形码进行扫描后,工作人员会按目的地的订单需求重新组合运输。这种处理方式多存在于始发地时间紧迫、操作空间有限等困难的情况下。

按目的地分类处理是指不同品种的货物在始发地按目的地进行组合,一个目的地就采用一个条形码,一车可以装运多个目的地的货物。这种处理方式使配送中心的分拨工作更为简单。

通过这种方式,某些传统的仓储活动都被去除了,其中包括收货检验、收货暂存、入库、储存、拣选区补货、拣选、订单整合等工序。

要实施大批量越库作业,必须满足特定的集装箱化要求,还必须进行足够的信息沟通。首先,每个集装箱和每件产品都必须配有条形码或射频标签,以便被自动识别出来。其次,供应商必须将装货时间预先通知配送中心,以便货物被自动分配到卸货地点。再次,将做越仓处理的入库货盘或容器应该只包含一个单独的存货单位(SKU),或者根据目的地的情况进行预先装配,从而将分类的需求降到最小。

▶ 案例窗口 5-1 ◀

固特异英国公司仓储管理模式的转变

1994年以前,固特异英国公司(GGB)一直沿用着传统的仓储管理模式。它在沃尔汉普敦有一个轮胎生产工厂,成品进入中央仓库,用来不断补充4个分布在全国的中转仓的库存,通过中转仓,产品再直接进入分销网络和终端市场。这种操作系统的缺陷是:库存分散(在各个中央仓和中转仓);资金占用;劳动力成本高;库存周转率低;管理成本和物流成本高；车辆使用率低。

所以，无论从成本还是从服务的角度来看，都不能让人满意，为了增加自身的竞争优势，GGB决定采用物流外包。经过反复审核，GGB选择了EXEL作为外包合作伙伴，并在中转仓采用了越库作业的管理运作模式，一来集中所有的库存，增加库存的可视性；二来确保100%的次日发送，提高运作的灵活程度，以减少仓储和运输成本以及提高市场的快速反应。简而言之，GGB的最终目的就是缩短生产到销售的前置期，减少单位成本，降低库存。

由于沃尔汉普敦的中央仓库空间有限，操作时间也比较紧张，所以管理层决定采用产品分类的方式。每天中央仓库将各类产品的订单集中进行整理，按产品品种进行编码，这些产品要满足各分销渠道的订单需求。在仓库将不同编码的货物根据目的地进行重新分拣、组合后，次日运往不同的分销区域。

GGB有一个中央订单处理系统，从早上7:00到下午5:00接受各分销商的订单；储运部门在下午2:00到4:30之间根据已经知道的订单做操作计划，并在5:15前完成。操作计划包括分拣工作、车辆调度和人员安排。中央仓库在下午6:00到晚10:00之间编制产品条形码，装到夜班货车上，发运到交叉站台仓库。在交叉站台仓库，产品根据不同的送货点进行分散与重新整合，次日配送。夜班货车将空箱和空托盘运回中央仓库。

在仓库，为达到加速货物流动和整车发运的目的，GGB充分利用了运输商的人力、车辆和设备。因为越库运作模式是建立在良好的信息基础之上，货物在未到达仓库之前，每种货物的去向都由订单决定好了。所以在越库作业时，仓管人员在货物到达之前，根据订单货物的流向，提前通知运输商到位；在出货口，不同发运方向的车辆排列整齐。一旦有送货车辆到达仓库，立刻卸货，根据订单进行拆分，拆分之后装上应该发运方向的车辆上。这时，运输商将协助对装上车辆的货物的品种及数量进行清点和确认。送货车辆在卸完货物之后，驶出卸货平台，这时会有新到达的车辆停靠进来。如此循环作业，发运车辆逐渐装满，运输商与仓管人员进行交接，次日发运各地。

GGB在采用了越库的运作模式之后，KPI有了明显改变：服务水平——次日发运率由过去的87%提高到96%；库存降低——库存价值降低了16%；库存周转率——提高了14%；固定资产——仓库面积减少了12 500 m²；车辆——利用率提高；人力——减少；单位成本——减少12%。

4. 托盘堆垛上架作业

（1）直接堆垛

直接堆垛指的是将单位货物叠放在其他货物的上面存放。当物料品种比较少、收货批量大时，直接堆垛的方法尤其有效。如果物料分类管理，严格按照先进先出，直接堆垛的方法就不是一个理想的存储方法。当物料被从一个储存巷道移走时，就会出现一个蜂窝式的空缺位。在整个巷道被腾空之前，空出来的位置并不能被有效利用，造成储存面积的浪费。

（2）托盘堆垛支架

托盘堆垛支架指的是承载标准木制托盘上的框架，也指由支柱与平板组成的独立钢结构。这种堆垛支架是便携式的，并且允许使用者把物料堆放到好几个装载单位的高度。当闲置时，这种支架可以被拆卸下来予以保存，保存所需的空间也是最小的。

在货物不适于堆叠或其他货架存储方式都不合适时，通常使用堆垛支架存储方式。另外，由于堆垛支架可以租借，所以当存货在短期内有大量增加时，这种支架是相当受欢迎的。

(3) 双深式托盘货架

双深式托盘货架是在深度方向上有两个托盘位置的易选式货架。具有两个托盘深度（垂直于走廊）的货架的优点在于所需的走廊空间更少了。在大多数情况下，相对于单深式的易选货架，这种方法节省了50%的走廊空间。

当人们以两个托盘为单位执行收货、拣选操作时，就经常使用这种双深式货架。操作员在上架作业中必须配备倍深臂长式叉车。

(4) 驶入式货架

驶入式货架取消了位于各排货架之间的通道，将货架合并在一起，使同一层同一列的货物互相贯通，故又称贯通式货架或通廊式货架，如图5-7所示。托盘或货箱搁置于由货架立柱伸出的托梁上，叉车或堆垛机可直接进入货架每个流道内，每个流道既能储存货物，又可作为叉车通道。双深式托盘货架的使用减少了必需的走廊空间，而驶入式货架则提供了深度有5～10个装载单位、高度有3～5个装载单位的储存巷道，通过这种方式，进一步降低了所需的走廊空间。

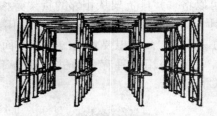

图5-7 驶入式货架

驶入式货架与托盘货架相比，驶入式货架的特点是：储存高密度，货架高度可达10 m，适于存储数量多、品种单一的物料，出入库存取物品受先后顺序的限制，不适合太长或太重货物。

这种构造提供了多层次的托盘存储方法。

驶入式货架的缺点是，为了安全地在货架结构的界线内行驶，操作员必须降低叉车的行驶速度。另外，由于只有一整个存货单位才可以被放置在存货巷道里，所以驶入式货架会存在蜂窝式空缺位。因此，当叉车只能在货架一端出入库作业时，货物的存取原则只能是后进先出，对于要求先进先出的货物，需要在货架的另一端，由叉车进行取货作业。这种货架比较适合于同类大批量货物的储存。

(5) 托盘自流式货架

从功能上说，托盘自流式货架（如图5-8所示）相当于驶出式货架，但货物是被放置在滑轮式传送带或滚筒式传送带上传送的，或在从储存巷道的一头通向另一头的轨道上输送的。一旦一件货物被从储存巷道的前端取出来，下一件货物就前进到货架的拣选面。使用托盘自流式货架的主要目的是为了提供大吞吐量的托盘存取方式，并达到良好的空间利用率。因此，这种方法适用于那些库存周转率非常高且有多个托盘在库的货物。因此，每个存货单位都有一个货物可以被立刻取出来。另外，因为所有的入库及取货操作都是在货架的前侧进行的，所以没有必要使用双深式货架存储方式中所使用的特殊叉车。而相对于驶入式货架，货架的优点是不需要将车辆驶入货架的里面,而且货架上也没有垂直的蜂窝式空缺位。因此,后推式货架适用于通常有 3~10 个托盘货物在库、周转迅速地存货。

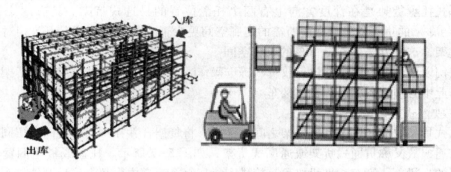

图 5-8　托盘自流式架

（6）机动式托盘货架

机动式托盘货架（如图 5-9 所示）,本质上就是底端带有滑轮或轨道的单深式托盘货架。有了这些滑轮或轨道,可以将一整排货架从相邻的货架旁移开。这种存货方式表明:走廊只有在被当走廊用的时候才是走廊,而其他时间只是被占用的宝贵空间。可以通过移动（以机械或手动方式）相邻的一排货架而在想要到达的货架前面创造出一条走廊,从而接近某个特定的存货货架。因此,如果使用这种存货方式,只有不到 10% 的地板空间被用作走廊。

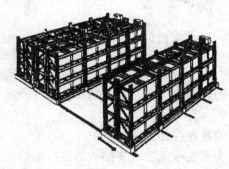

图 5-9　机动式托盘货架

这种方法所能达到的存储密度是最大的。但其缺点是:在所有的存货方法中,这种方法的存取效率是最低的。因此,当场地很小或者地价十分昂贵时,或者存货周转率比较低时,这种存货方法是合适的。

5. 托盘存货系统的选择

选择托盘存货系统配置的关键在于:为每一个存货单位分配托盘存货系统时,要使系统的存货特性与效率符合该存货单位的活动状态及存货要求。表 5-4 和图 5-10 可以用来说明这种匹配过程。表 5-4 中总结了每种托盘存货系统的关键特性。其中包括费用、存储密度、货物的可获取性、物料吞吐能力、存货及比位控制、先进先出原则的执行情况、货物尺寸的差异程度和系统安装的简易程度。

表 5-4 托盘存储模式的选择及评估标准

存货方式	直接堆垛	堆垛支架	单深式	双深式	驶入、驶出式	自流式	后推式	机动式
单位储存货位成本		50	40	50	65	200	150	250
存储密度	A	B	D	C	B	B	B	A
易堆垛程度	F	F	A	C	B	B	A	F
吞吐量	B	D	B	C	C	A	C	F
库存及货位控制	F	F	A	C	D	C	C	D
先进先出原则维护情况	F	F	A	C	D	A	C	C
存放不同尺寸货品的能力	A	D	C	C	D	F	C	C
安装简易度	A	A	C	C	C	F	C	F

注：字母 A 指的是极好，B 指的是大于平均水平，C 指的是平均水平，D 指的是低于平均水平，F 指的是差。

图 5-10 举例分析了托盘存货模式。尽管在劳动力及土地的成本与可利用性方面，各地区差异是相当大的，但该分析揭示出如何为各类存货分配最具经济性的托盘存储模式。

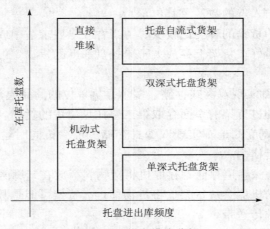

图 5-10 托盘模式分析

5.5.3 自动存货、取货系统

自动存货、取货系统通常指的是单元负载式自动存取系统。美国物料搬运协会（Material Handling In America）为其所下的定义是：利用固定路径的存取机械的系统，它们在位于存储货架的固定排列之间的一个或多个轨道上运行。

在线自动仓库堆垛机执行任务一般遵循下列调度原则。

① 出库任务优先执行，在同时存在数条出库任务时，最紧急者先执行。

② 当入库任务的执行不影响任何出库任务的按时完成时方执行入库任务。出库优先于入库并非因为入库不重要，而是由于一般企业生产，可以把入库安排在班后进行；而在生产班次上入库只插空进行。

③ 若某一出库任务的终点工位缓冲站所在小车环线有故障时，暂不执行该出库任务，或将该出库任务的终点改至出库台。

调度原则确定后，通过一定的算法，可计算出各任务的执行时刻。

首先将任务排队。对每台堆垛机设置入库任务队列。入库任务按申请时刻排队。每次下发排在队头的任务，出库任务按以下公式算出的最迟执行时刻排序。

最迟执行时刻=最迟送达缓冲站时刻−出库任务所需执行时间×
估算出库任务预计完成时刻的安全系数

然后再通过如下方法加以调整：若相邻两个出库任务的最迟执行时刻之差小于堆垛机平均作业时间，则提前前一任务的最迟执行时刻，使其差距为堆垛机平均作业时间；循环操作直至所有任务的最迟执行时刻的差距不小于堆垛机平均时间。

堆垛机运行的特点是它既做水平运动又做垂直运动。因此，它运行到货架任一位置所需花费的时间取决于它从出发点到达目的地所需的水平运动与垂直运动次数的最大值。堆垛机水平移动的速度大约是每分钟700英尺，而其垂直移动速度大约是每分钟200英尺。

一个典型的单元负载式自动存取货系统的构造包含了存储在狭长走廊里单深货架上的单元货载，每个走廊都配有一个堆垛机。出入点位于存储的最低水平面上，并处于该系统的尾端。但界定该系统的某些参数经常是非典型的，可能涉及的变量包括存储的深度、每条走廊所装配的堆垛机数量、出入点的数量及其位置。

当储存在该系统中的货物的种类比较少时，当吞吐量要求适中或比较高，并且所需存储的货物数量比较大时，最好在货架上存放大于单托盘深度的货物。可选择的布局配置包括以下几种。

① 以单载宽度的走廊实现双深式存储。多个存货单位的商品通常被存放到同一个位置。经过改良的堆垛机可以伸进货架的里面存取第二层托盘位置的货物。

② 以两个装载单位宽度的走廊实现双深式存储。堆垛机同时运载两个单位的货物，同时将货物嵌入双深式的货格内。

③ 单载宽度的走廊+深巷道存储。存取机将把物料存放在走廊两边的巷道里。在其输出端，一个专门用来取货的机器会从货架上将货物移走。货架可能是基于动力学设计的，带有重力流动式或动力推动的传送带。

④ 进入货架模式。在该模式下，存取机进入货架系统，从货架里的轨道上放置或取走货物。

第二个系统变量是出入点的数量及位置。吞吐量的要求及设备设计上的限制可能要求人们将出入点设在除了货架左下角以外的其他位置。多个出入点还可以被用来将入库货物和出库货物分割开来，并可以提供额外的吞吐量能力。出入点的位置可能设在货架的末端，也可以设在货架的中间位置。

1. 自动存货、取货车

自动存货、取货车，实际上就是无人驾驶的平衡式叉车。仓库的地板下面埋有不到一英寸深度的线缆，自动存取车接受线缆所发出的通信信号，并在线缆上运行。自动存货、取货车是相当少见的，但当工料率比较高、劳动力比较少时，当其移动速率较高且很稳定时，当其运行轨迹是可以预测时，其效果是相当理想的。

2. 仓库作业管理

自动化仓库的作业管理，是负责合理安排出入作业，完成立体仓库在生产线与平面仓库（或其他供料系统）之间运送物料的任务。单元负载式自动存取系统通常可以搬运超过1 000磅的负重，可以用来搬运原材料、在制品及制成品。目前美国已经安装了数以百计的这种系统，在主要的行业中，该系统十分常见。一个典型的自动存取作业包含以下操作程序：堆垛机拣选出位于系统前端的一件货物,将该货物运送到一块空地上,把货物存放在那里,然后空车返回出入（I/O）点。这种操作程序被称为单命令作业（Single Command Operation）。单命令作业通过连续不断地往返于出入点来完成存货或取货工作。另外一个更有效的方法叫作双重命令作业（Dual Command Operation）。双重命令作业包括以下操作：堆垛机在出入地点拣选出一件货物,将该货物运送到一块空地上（通常是离出入点最近的一块空地）,把货物存放在那里,然后空车返回所要取货的地点,把货物拣选出来,再将其运送到出入点,把货物存放在那里。在双重命令作业中,操作员通过不断往返于出入点来同时完成两项工作——存货与取货。

其具体作业是：物料出库、成品进库,物料入库、成品出库。

第一,出入库是立体仓库作业的主要内容。

物料出库任务：为了满足生产线加工的实时需要,将所需的物料送至指定的缓冲站。其出库申请来自缓冲站（加工缓冲站或工位缓冲站）。出库申请提出对物料品种、型号、数量、供料时间的要求。接到申请后,立体仓库结合当前库存情况查询到所需物料的货位（通常不止一个）,根据货位管理原则确定出库的货位号,并立即形成物料出库任务（出料货位号、供货最低时限、出库台号等）。

成品回库任务：当加工好的成品回到立体库的入库台前时,条形码阅读器将成品的信息（编号、数量等）读入,并提出入库申请。立体仓库结合当前货位情况,根据货位管理原则为该成品寻找合适的空货位,同时形成成品回库任务单。

物料入库任务：其入库任务形成过程与成品回库相同。

成品出库任务：MRP Ⅱ制定提货计划并通知立体仓库后,根据厂外提货计划确定成品出库的时间、数量、种类等,立体仓库按照计划要求,确定每一个待出库成品的货位号,并形成出库任务单。

第二,出入库作业调度负责合理调度堆垛机来完成出入库作业任务,是物流系统满足实时性要求的关键。

为了实现合理调度,一方面需要有合理的数据和信息作依据,另一方面要有合理的调度原则和算法。在调度堆垛机时,需要获得以下作为参考依据的数据和信息,并在分析这些数据的基础上根据调度原则执行调度。这些数据信息是：出库任务最迟送达生产线时刻；入库任务申请时刻；出、入库任务所需执行时间；出、入库任务堆垛机平均执行时间；估算出、入库任务完成时刻的安全系数；运输小车故障及恢复信息；运输任务（包括已下发未完成的运输任务及其未下发的运输任务）情况；出、入库作业调度主要是安排各出、入库的开始执行时刻。

由于堆垛机是执行出/入库的主要设备,因而制定调度原则时主要应考虑堆垛机执行情况,掌握堆垛机的任务执行顺序。

第三,物流系统各项作业的实时性要求是不同的,因此对物流作业管理应考虑设置优先级。

毛坯出库直接影响生产线加工,因此实时性要求高；成品回库影响装夹工作站的工作,实时性要求也较高；毛坯入库和成品出库实时性要求较低。由于作业的产生互不关联,因此同时产生多种请求的可能性很大。在自动仓库的作业中有一个排序的问题。排序原则应该是在保证实时性高的作业优先被执行的前提下,合理安排其他作业；也就是采用基于优先级的作业管理原则。

基于优先级的作业管理原则包含两个内容。

其一,作业调度时,按优先级顺序服务,以保证总是首先响应当前优先级最高的作业任务,即实时性要求最高的作业任务。例如,在所有的作业任务中,首先响应缓冲站提出的出库申请。

其二,考虑到有的作业执行时间较长或很多情况下为提高效率采取联合作业,这样仍会有优先级最高的任务受到延误的可能。所以在作业执行时,还采取可中断抢先的原则,即在作业执行时,将作业任务分为若干执行单元。如堆垛机的一次出入库,从入库台取货存入指定货位—另一架位取货—放到出库台,可以分成为取—存和取—存两个执行单元。每一作业执行单元完成后,都再次进行作业调度,从而保证优先级较高的作业任务可以中断尚未完成的、级别较低的作业任务而被执行。待抢先的任务完成后,再继续执行被中断的、尚未完成的作业任务。当然,这个级别高的任务也可能被级别更高的作业任务所抢先中断。为了提高存取效率,一般避免单项出库,而多采用出入库联合作业。

第四,在有多项出库和入库申请时,适当把出库任务与入库任务进行优化组合

使满足条件的出库任务和入库任务组合成出、入库联合作业任务,可缩短存取周期,提高存取效率。在出库台和入库台设在仓库的同一端时,最简便的做法是使入库申请与出库申请分别排序。将第一个出库作业与第一个入库作业组合为一个联合作业任务。这种组合一般情况下在效率上都不会有损失。当立体仓库的出库台与入库台分设在仓库两端,则需考虑入库货位的位置与出库货位的位置。原则上是选取入、出库同时作业时,堆垛机在巷道中运行路径不重复或重复路线最短,任务下发算法体现了运输调度的原则。

习题与思考题

1. 为什么要强化入库验收管理?入库验收管理的主要内容是什么?
2. 物料验收中核对单证的主要内容是什么?其中的"五不点收"的内容是什么?
3. 物料验收的主要内容是什么?主要验收方法有哪些?
4. 影响货位分配的因素有哪些?货位分配的类型有哪些?
5. 货位选择的原则是什么?实际作业中如何选择货位?
6. 楼库货位如何进行物料货位的选择?
7. 入库作业流程的方式是什么?
8. 什么是越仓作业?具体的作业方式是怎样的?
9. 如何进行托盘存货系统的选择?
10. 请从管理的角度,设计一个仓库入库的流程,并制定相应的管理办法。
11. 在自动存取系统中,从作业实时性出发,如何安排作业的优先级?

第6章 拣选和物料发放作业

本章主要内容
- 物料发放概述
- 物料发放作业内容
- 拣选作业
- 拣选作业系统分析
- 拣选路径问题：TSP 问题

引导案例

McMaster-Carr 是一家五金产品分销商，它在北美的 4 个配送中心处理的货物品种数超过 45 万种。经常会有顾客订购诸如建筑等工程项目所需的工具或零件。这类订货时间很重要，工地上物料供应不能中断。为保证顾客的服务水平，公司几乎达到了在收到订单的 30 分钟时间内，完成订单的拣货、包装和发货准备。在这么短的时间内响应顾客，要求配送中心包括拣货在内的一系列作业都有非常高的效率，除了先进技术手段的应用外，拣货作业设计、组织与运行控制都是必不可少的。

6.1 物料发放概述

物料发放也称发货，是一种为生产和销售提供服务并实施监督的管理活动。

物料发放从形式上可分为两种：一种是传统的操作方法，即物料需求部门依据生产需要或生产计划，到仓库来领取物料。在现代物料管理中，对间接需求物料或新产品开发所需物料仍然沿用这种方法，也称领料；另一种形式，即针对制造系统的物料需求计划所产生的直接需求或销售订单，仓管部门将物料经过拣选送交至物料需求部门，称发料。

对于仓管部门来讲，领料是一种被动物料发放的形式，相对来讲对企业的物料管理水平要求较低，对仓管人员的素质要求也比较低。我国企业由于受落后的物流管理理念的影响，仓库管理基本上处于放任的状态，因此大部分企业都是采用这种方式。而发料对企业的物料管理要求很高，需要企业有相应的管理信息系统、准确完整的生产作业计划和物料基础数据，对仓管部门人员素质要求也很高。

物料发放应遵循以下的原则。

① 根据订单或生产作业计划和物资消耗定额，由有关负责人员发领料凭证以及根据销售情况由营销部签发的发货凭证或由管理信息系统指令，仓库管理员按照发放指令，经核实无误后方可发放。

② 实行限额发放制和先进先出的原则。在管理水平和管理手段足够高的情况下，也可采用后进先出的原则；否则，应严格执行先进先出的原则。当出现拆箱零星出货的情况时，已拆箱的物料，优先发放。

③ 实行以坏换新、废旧回收制度。对以坏换新的物料，应即时回收，回修回用，以利于充分利用和节约物资。

④ 实行补发审核制度。凡是工废料，以及超额补发时，必须办理审批手续后方可补发。

⑤ 物资发放出库时，必须严格检查有关单据和审批手续；物料发放后，应及时登记入账，并整理有关凭证资料。

6.2 物料发放作业内容

一般来讲，物料发放作业流程涉及物料和成品的发放，也涉及退料和成品退货的作业内容，见图6-1。

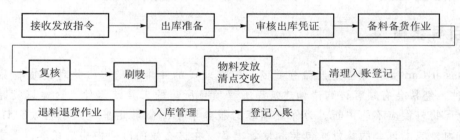

图6-1 物料发放作业流程

6.2.1 领料、备料备货作业

1. 接收发放指令

仓库接获领料单或发货单时，应检查其内容是否填写齐全以及是否有其部门主管或指定的专人签章。手续不全不予发放，如遇特殊情况，则须经有关负责人同意后方可发放，发放后需补办手续。仓库接到已核准的领料单或发货单后，应按单据所列项目和数量准备货品，并放于备料备货区，等待发放。

仓库应根据凭证的要求，做好如下准备工作：

① 选择好发货的货区、货位；

② 检查出库商品，拆除或打开影响拣货的各种包装和覆盖物；

③ 安排好出库物料的堆放场地；

④ 安排好人力和机械设备；

⑤ 准备好包装材料或标准周转箱。

2. 审核出库凭证

出库凭证，如提货单、领料单（见表6-1）到达仓库后，仓库管理人员要对出库凭证的以下内容进行审核：

① 审核提货单的合法性和真实性；
② 核对商品的品名、型号、规格、单价和数量；
③ 核对收货单位、到站、开户银行和账号是否齐全正确。

表6-1 领料单

原（物）料领料单

日期：							编号：
领用部门：		物料编号：		领用数量：		领用单号：	
领用人员：		单位：		物料单价：			
会计科目：		规格：		领用总金额：			
会计：		领用部门总管：		领用人：		仓管员：	

注：本单一式四联：白，领用部门；红，采购；黄，会计；绿，物料部门。

审核完毕后，依据不同的单据处理办法录入系统，制作送货单及依据货品或客户要求制作拣货单，并通知运输部门安排车辆。

3. 备货

备货时应注意以下事项。

① 要按出库凭证、备货单所列的项目和数量进行拣货，不得随意变更。如发现备货单上或货物数量有任何差异，必须及时通知库存控制人员、主管、经理，并在备货单上清楚注明问题情况，以便及时解决。

② 备货计量一般根据商品入库验收单上的数量，整件发料不用再重新过磅，对被拆散、零星商品的备货应重新过磅。

③ 备好的货物应放于相应的区域，等待出库。货物按总备货单备完后，根据要求按发货顺序进行二次分拣，根据装车顺序按单排列。

④ 每单备货必须注明送货地点、单号，以便发货。各单的备货之间需留出足够的操作空间。

⑤ 备货分拣完毕后，将拣货单交还订单拣货员确认，并通知运输部。

⑥ 出库商品应附有质量说明书或抄件、磅码单、装箱单等附件。

6.2.2 复核与包装作业

1. 复核

为避免出库商品出错，备料后应进行复核，复核的主要内容包括：

① 物料名称、规格、型号、批次、数量等项目是否同出库指令所列的内容一致；
② 如是成品发货，产品配件是否齐全，所需附随的证件是否齐全；
③ 外观质量、包装是否完好。

复核的主要方式有三种：由多个保管员交叉复核、由专职复核员复核、由运输员或包装员复核，不同企业可根据自己的管理模式选择相应的复核方式。

2. 包装与集装

生产企业向生产工位发料，按每一个工位所需物料，使用企业内统一的物流周转箱或托盘进行集装，以便于发料交接。

为保证商品在装卸搬运途中不受损坏，商品的包装一定要符合以下要求。

① 根据商品的外形特点，选择适宜的包装材料，便于包装的拆装、装卸和搬运。
② 商品包装要符合运输的要求。
- 包装应牢固，怕潮的商品应做防潮处理，易碎的商品应进行必要的防震包装。
- 包装外要有明显的标志，在目前信息技术应用广泛的情况下，包装还应有自动识别标志。标明对装卸搬运的要求及其他标志，危险品必须严格按国家规定进行包装，并在包装外部标明危险品的有关标志。利用旧包装时，应彻底清除原有标志，以免造成标志混乱，导致差错。出口产品应符合目的国的进口标准，以规避贸易风险。
- 不同运价的商品应尽量不包装在一起，以免增加运输成本。
③ 严禁性能抵触、互相影响的商品混合包装。
④ 包装的容器应与被包装商品体积相适应，满足模数化的要求。
⑤ 要节约使用包装材料，修旧利废。

3. 刷唛（打标记）

包装完毕后，在包装上写明收货单位、到站、发货号、本批物料的总包装件数、发货单位等，并按与客户的预定，涂刷唛头。传统的刷唛采用粘、挂、捆、刷等方式在货物包装或捆装上加上纸质、塑料质、金属质甚至油漆质的"唛头"。

最常见的唛头是各种不黏胶形式的条形码；很快，一种我们看不到但计算机系统能快速准确识读、信息量丰富的无线电射频标签（RFID）"唛头"将会出现。

6.2.3 发放作业

出库物料经复核、包装后，要向提货员或收货员（在生产企业的原料发放，一般是当班的工班长）点交，具体点交的内容主要如下。

① 发货人员依据发货单核对备货数量，依据派车单核对提货车辆，并检查承运车辆的状况后方可将货物装车。
② 发货人员按照派车单顺序将每单货品依次出库，并与司机共同核对出库产品型号、数量、状态等，将出库商品及随行证件向司机或提货人员、送货人员当面点交。
③ 对重要商品的技术要求、使用方法、注意事项交代清楚。
④ 商品移交清楚后，提货人员应在出库凭证上签名并注明车号；同时发货人员签字并做好出库记录。

1. 物料发放时的要求

① 物资的发放须按质按量准确及时地发放，应做到"三早"、"四注意"。

- "三早"：发料准备早，缺货反映早，申请检验早。
- "四注意"：注意先进先出，注意限额发放，注意料品质量，注意规格型号。

② 仓库人员在根据发放凭证发放时，应填写实发数量，并及时登记账卡。

③ 凡超过限额或计划外的发放，应履行审批手续。

④ 出库凭证（见表6-2）不准涂改，若有变更时需有使用单位主管签章证明，更不允许仓管人员代开出库凭证。

⑤ 领发货品时，双方必须同时在场当面点清。

⑥ 对于已经检查的库存已久的物料发放时，需要进行质量的重新检验。

⑦ 为了防止错发、重发和漏发，要求做到："三核对"、"五不发"。

- "三核对"：出库单与实物相核对，出库单与账卡相核对，账卡与实物相核对。
- "五不发"：无计划（订单）不发，手续不齐不发，涂改不清不发，规格型号不对不发，未验收入库不发。

表6-2 送货单示例

送货单

编号：
送货日期：

工单编号：								
送货资料	客户名称					客户签收：		
	产品名称							
	合同编号							
交货明细	数量：		单价：		金额：	数量		
	其中： 1. 总件数： 2. 每件数量： 3. 尾 数：							
备注	总共送货	次	本次送货为	第 次	签收人			
	截至本次累计交货数量							
	本次送货中含损耗数量							

注：本单一式四联：第一联：留底；第二联：仓库；第三联：会计；第四联：客户。

2. 清理

物料出库后，要对仓库进行清理，具体工作如下。

① 清理现场，根据储存规划要求，对货物进行并垛、挪位，腾出新货位，以备新来货物使用。

② 清扫发货现场，保持清洁整齐。

③ 清查发货设备和工具有无丢失、损坏。

④ 物料发货完毕，要整理物料出入库情况、保管保养情况及盈亏数据等情况，然后记入档案，妥善保管，以备查用。

6.2.4 退料、退货及再入库管理

在仓储作业中，退料、退货及再入库作业也是经常发生的，而且导致这些作业发生的原

因多种多样，如物料质量的问题、运输搬运过程中的损伤问题、混货或串货问题、顾客越来越高的要求等。这就需要有严密的管理。在现代物流中进一步发展为逆向物流。

1. 退料作业

① 使用单位对于领用的物料，在使用时遇质量异常、用料变更或用料剩余时，使用部门应开"退料单"（见表6-3），连同物料退回仓库。

表 6-3 退料单示例

退料单

单号：　　　　　　　　　　　　　　　　　　　　　　　　　　　　　　　　日期：

序号	料号	品名	单位	退仓数量	实收数量	备注

退料员：　　　　收料员：　　　　生产主管：　　　　仓库主管：

注：本单一式三联：第一联：退料员；第二联：收料员；第三联：仓库主管。

② 车间退料时，应将退品包装好，并注明规格、型号数量和名称及生产厂商。

③ 退料时，应在"退料单"上注明退料原因。若属质量异常，应注明异常原因；若属合格品时，应注明"良品"字样。

④ 退料时，应将"合格品"与"不合格品"分不同单据开列，不能混在一起填开；同时也应注明其生产厂商。

⑤ 对于使用部门退回的物料，仓库应依其退料原因分别储存和处理，如属供应商的原因应与采购部门联系，要求供应商退回。

2. 成品退货作业

① 客户退货时，应填写"退货申请表"，经销售部负责同意后方可退货。

② 客户在收到同意退货的"退货申请表"后，必须按约定的运输方式办理运输。

③ 仓库在收到客户的退货时，应尽快清点完毕，如有异议必须以书面的形式提出。

④ 退回的货物与"退货申请表"是否相符，以仓库清点数量为准。

3. 入库管理

① 仓库应将退入仓库的物料，依其退货原因，分别存放并标志。

② 对于属供应商所造成的不合格品，要催促供应商及时提回。

③ 对于属己方造成的不合格品，且又不能修复的，应及时报告，进行及时处理。

4. 登记入账

对于已发放的物料和退回的物料，要及时入账，并向其他相关部门报送有关资料。

6.2.5 仓储管理信息系统发货管理

完成物料的拣取及流通加工作业之后，即可执行物料的出货作业。出货作业主要包含依据客户订单资料印制出货单据，确定出货排程，打印出货批次报表、出货商品的地址标签及出货检核表。计划人员决定出货方式、选用集货工具、调派集货作业人员，并决定所运送车辆的大小与数量。仓库管理人员或出货管理人员决定出货区域的规划布置及出货商品的摆放方式。随着信息技术的发展，上述手工发料逐渐会被仓储管理信息系统（WMS）发料所代替。WMS 的发料流程如图 6-2 所示。

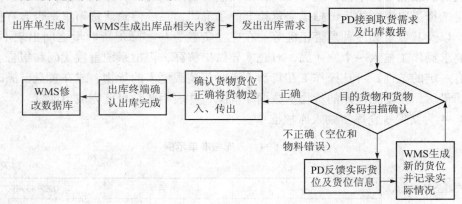

图 6-2　WMS 出库流程图

对于 WMS 系统，发货管理作为仓库作业管理中的一个有机组成部分，是与其他功能一起综合管理的。在 WMS 系统中可按规定的发货管理方法进行各种操作和管理，如自动出库、拣选出库、货物查询、货位查询和库存检查等功能。而且有详细的发货单据管理功能，如图 6-3 所示为某 WMS 发货管理的界面。

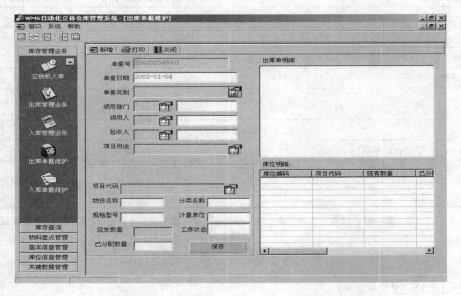

图 6-3　WMS 中的出库单据管理

对于成品的销售出库，严格按照提货单出库，库存台账自动记录出库原因及客户提货单号等。出库时，需要根据客户号选择对应的成品出库；销售退货时，可以支持有订单和无订单号的退货处理流程。

用于处理销售出库以外的出库，不发生应收账款。用于处理正常出库操作，记录出库物料的代码、存放仓库、货位、出库数量、单价、客户代码、发票号等信息，并打印出库单；同时改变库存物料的数量、阶段信息和历史信息。出库信息录入后如发现错误可以修改。

出库作业要与同一顾客的各项货品订单结合。先将订单分解为按货箱为单位，或者按批、货盘的满载能力为单位，还可按特殊情况或容器来确定装货作业。操作工从其条形码数据终端上选择了出库模式后，扫描提货箱上的条形码，系统便确认货箱里是否含有提货单上的物料，以及其数量和品种是否正确等。在应发货数量与实际提货数量之间出现不一致时，系统均要求操作工输入一个原代码，对此差异做出解释，再由系统重置代码和报告。这样系统就具有一定的柔性，可让操作工在货盘不满时能装载更多的货物，或在货盘已满时撤走一些货物。最后，系统把出库的货物从数据库清除，并表明此订单已完成出库货。

表 6-4 为某保税仓库货物入库核准单。

表 6-4 入库核准单示例

海关编号：

××物流有限公司联系人	×××		电话	022-83989071
用货单位名称				
入库核准单号	IN-DTLC-2005-0001		一次海关单编号	BAX02346567
出库形式			⊙先报后提　　先提后报	
贸易方式	保税工厂		保存期限	2005 年 3 月 1 日入库
商品名称	单位	数量	币种	总价
研磨剂	千克	10	美元	100
合计：		10		100
备注：				
以上情况属实报请海关审批				
保税仓库签章栏			海关审批栏	
签字　　　盖章 年　月　日			签字　　　盖章 年　月　日	

注：本单一式五联：第一联：保税仓留存；第二联：海关专用联；第三联：客户提货联；第四联：审批联；第五联：核销联。

6.3 拣选作业

所谓的拣选（分拣、拣货）作业，即在仓库或配送中心发货的过程中，针对客户的订单，将每个订单上所需的不同种类的商品，由仓库或配送中心取出集中在一起，包括拆包或再包装等作业。

随着市场竞争日趋激烈，零售点对于商品配送的需求，转为多样少量、高频率的配送方式。为了满足诸如便利商店、百货公司、超级市场、量贩店的配送方式，使得整个拣选作业更趋于复杂化。

对于如何满足客户,以达到"在正确的时间内,将正确的商品及数量,以最好的产品状态与服务品质,在最低的运送成本下,送到正确的场地,给正确的客户",依赖于整个仓库或配送中心各项作业的相互配合。但不可否认的是,拣选作业的快慢及正确与否,将直接影响对客户的服务品质。

6.3.1 拣选作业的功能、流程与要求

1. 拣选的功能

拣选作业是按订单将一种或多种存储货物取出,按顾客要求整理组合,包括拆包或再包装,并放置在指定地点的整套作业。

这里所说的订单是指拣选单、顾客订单、DC(配送中心)发货单、车间发料单等,它是拣选所依赖的信息。订单对手工作业来说是不可或缺的,订单中每种要拣取的货品单独一行列出,并列有数量,称为一个订单行或一笔,每次拣货员只能拣取一种货品,即一个订单行。现代仓库或配送中心面向商店、工厂等客户,一般来说,每张订单只一种货物的可能性很少,因此拣选主要是多行订单,拣取作业包括查找存储在不同地方的货物、向货物存储处的多次来回行走、提取货物和拣货确认等订单文件处理和其他工作。

从图6-4可以看出拣选作业是仓库物料搬运和信息处理两种活动的综合,拣选作业的目的在于正确且迅速地集合顾客所订购的商品。这也说明拣选作业的难度,既要有搬运的费力过程,又要有信息的准确;同时拣选还与保管和发货作业紧密相连,作业之间相互影响。

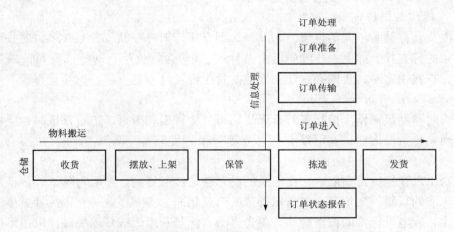

图6-4 拣选作业是物料搬运和信息处理的综合作业

从仓库或配送中心的运作成本分析角度来看,在整个仓库或配送中心的作业中,拣选作业可以说是人力、时间及成本投入最多的作业。根据统计资料显示,拣选作业的人力投入占整个仓库或配送中心的40%~50%,时间投入则占30%~40%,人工成本则占整个仓库或配送中心作业成本的15%~20%。在收发货、存储和拣选的总成本对比中,拣选成本比例最高,见图6-5。而对拣选作业进一步分析表明,各动作占拣选全部作业时间的统计比例如图6-6所示。

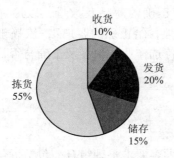
图6-5 拣选作业的成本比例

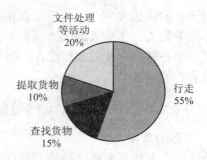
图6-6 拣选作业各项动作的时间构成

2. 拣选的流程

从图6-4及图6-6拣选作业动作可以归纳分析出完整的拣选流程，即：生成拣货信息→查找→行走→提取→分类与集中→文件处理。

（1）拣选信息的形成

拣选作业开始前，必须根据订单完成指示拣选作业的单据和信息。虽然有些配送中心直接根据订单或公司的交货单作为人工拣选的工作单，但由于此类订单容易在拣选作业过程中受到污损而导致错误发生，更重要的是无法标示出产品的货位，指导拣货员缩短拣选路径，所以必须将原始的订单转换成拣选单或电子信号，以便拣货员或自动拣取系统进行更有效的拣选作业。

根据拣货出货单位的不同、拣选信息表现手段的不同，以及对订单的处理的不同方式（即拣货策略），可以组合得到多种拣选方法。

（2）查找（Searching）

仓库内货物存储有不同的位置，尤其是大型仓库货架等存储位置非常多，要找到所需的货物，必须进行查找。如上一步骤中已由WMS生成包含货位信息的拣选资料，或者有电子标签显示，查找很容易；否则必须建立规范的货位设置与管理方法，以简化查找。

（3）行走（travel or move）

在拣选时移动最频繁，按行走时有无货物可分为行走和搬运。进行拣选时，要拣取的货物必须出现在拣货员面前，这可以由"人至货"和"货至人"两类不同的方式来实现。

（4）拣取（pick）

当货物出现在拣货员面前时，接下来的动作就是接近货物、抓取与确认。确认的目的是为了确定抓取的货物、数量是否与指示拣选的信息相同。实际作业时利用拣货员读取品名与拣选单对比，或电子标签的按钮确认，更先进的方法是利用无线传输终端读取条形码由计算机进行对比，或采用货品重量检测的方式。准确的确认动作可以大幅度降低拣选的错误率，同时也比出库验货作业发现更及时有效。

（5）分类与集中（sort and accumulate）

由于拣选策略的不同，拣取出的货品可能还需要按订单类别进行分类与集中，拣选作业到此告一段落。分类完成的每一批订单的类别和货品经过检验、包装等作业然后发货出库。

（6）文件处理

手工完成拣选作业，并核对无误后，需要作业者在相关单据上的签字确认。当然，在提取时如已采用电子确认方式，则由计算机进行处理。

3. 拣选的要求

从上述功能及成本分析可以看出，所谓仓库或配送中心作业的自动化、省力化，通常都是以拣选作业及相应的存储和搬运方式为实施重点；此外，拣选的时程及拣选策略的应用，也往往是接单出货的时间长短的最主要的因素。同样的，拣选的精确度更是影响出货品质的重要环节之一。

现代物流对拣选作业的要求，从顾客服务的方向来看，主要有：
① 无差错地拣出正确的货物；
② 时间快，至少不影响后面的送货；
③ 拣选后必要的包装和贴标签；
④ 品种多，数量少；
⑤ 订单跟踪；
⑥ 完整的供应链服务和管理。

当然，前两项是最基本的要求，后几项是顾客提出的更高要求。现代物流服务要满足顾客的要求，但又要有利润，作为成本占仓库总成本一半的拣选作业，应认真对待。

从拣选作业系统设计来说，可以提供以满足上述要求的资源主要是人力、信息、空间、设备和技术。要满足现代仓储物流作业对拣选提出的越来越高的要求，就必须要考虑设备技术的选择和设施的详细布置，具体有以下工作：
① 仓库内部布置存储-拣选策略组合逻辑的研究，以提高拣选速度；
② 人工-拣选单位的各种组合的对比与选择；
③ 空间质量或者说货物价值与空间成本的匹配。

其次，从拣选作业本身来说，拣选作业除了少数自动化设备逐渐被开发应用外，大多是靠人工的劳力密集作业，以下"七不一无"是仓库或配送中心努力的方向。

- 不要等待——零闲置时间，以动作时间分析，人机时间分析方式改善。
- 不要拿取——尽量减少人工搬运（多利用输送带、无人搬运车）。
- 不要走动——作业人员或机械行走距离尽量缩短，分区拣货，物至人拣取或导入自动仓库等自动化设备。
- 不要思考——拣选作业时尽量不要有对拣选物的判断，即不依赖熟练工，且降低差错率。
- 不要寻找——加强储位管理，减少作业人员寻找的时间。如拣选的 WMS 自动查找储位和电子标签显示的功能。
- 不要书写——尽量不要拣选单，实现无纸化作业。这要求要有自动化的 WMS 和 PDA 手持条形码扫描设备和机载拣选显示计算机等先进设备。
- 不要检查——尽量利用条形码由计算机检查，同样也要有 PDA 手持条形码扫描等设备。
- 无缺货——做好商品管理、储位管理、库存管理、拣货管理。安全库存量、订购时机，补货频率等状况利用计算机随时掌握。

因为目前拣选作业的自动化程度低，大量是人工作业。从图 6-6 拣选作业的动作分析来看，行走占据了拣选作业的最大比例，而它是不增值的活动，应当是拣选作业中重点关注的动作和改进提高的主方向。

4. 分拣作业合理化的原则

① 存放时应考虑易于出库和拣选。这是在仓库设计时就要考虑的存储策略。

② 提高保管效率，充分利用存储空间。可采用立体化储存，减少通道所占用的空间和采用一些专门的保管和搬运设备。

③ 减少搬运错误。人工拣选时错误在所难免，除可用自动化方法外，还要求拣货员能减少目视取物操作上的错误。可采用工业工程的方法，在作业批示和货物的放置方面仔细研究。

④ 作业应力求平衡，避免忙闲不均的现象。这要求计划安排、事务处理和上下游作业环节的协调与配合。

6.3.2 拣选单位与方式

1. 拣选单位

拣选单位与存货单位基本对应，但可能会因用户需要的细分而趋更小。一般来说，拣选单位可分成托盘（pallet）、箱（case）及单品（bulk）三种，即通常说的 PCB。以托盘为拣选单位的体积及重量最大，其次为箱，最小单位为单品。这三种是标准的集装形式，除此之外，还要考虑非标准的货物。总之，共有以下 4 种拣选单位。

① 单品：拣选的最小单位，单品可由箱中取出，可以用人工单手拣取，尺寸一般在 10 cm^3 以下，单边长不超过 20 cm，重量在 1 kg 以下。

② 箱：由单品所组成，可由托盘上取出，人工必须用双手拣取，尺寸一般在 10 cm^3 ~ 1 m^3 之间，单边长不超过 1 m，重量在 1~30 kg。

③ 托盘：由箱叠码而成，人无法用手直接搬运而必须利用叉车或托盘搬运车等机械设备。

④ 特殊品：体积大、形状特殊，无法按托盘、箱归类，或必须在特殊条件下作业者，如大型家具、桶装油料、长杆形货物、冷冻货品等，都属于特殊商品特性，存储和拣选时都必须特殊考虑。

按拣货单位划分的拣货方法有整盘拣货（P→P）、整箱拣货（P→C）、拆箱拣货（C→B）和（B→B）等。

这里的箱是货物常见的包装形式，可以由工人手工方便搬运，而且可以规则地堆码在托盘上，或者由传送带输运。箱子大量地堆在托盘上，拣选时一次只能搬一个箱子，拣取数量多时就需要多次重复来回动作，而且需要较大的空间容纳拣出的货物。这种作业可以描述为作业者（可以是人或机械手）的输入是一个订单行，输出动作 1 是提取一箱货物，动作 2 是将该箱转移到另一个地方（拣选小车、人上型叉车、传送带等）。此外，还有就是单品拣选，单品有一种情况是包装在箱子内的，拣选时必须拆箱，因此又称为拆箱拣选（Splitting-case picking），不像整箱货物是立方体可以由机械自动处理，拆箱拣选只能依靠人工。根据这种人—机—物三者的组合特点划分出不同的拣选方法。

拣选单位是根据订单分析出来的结果而做决定的，如果订货的最小单位是箱，则不要以单品为拣选单位。对库存的每一品项，都要作以上的 PCB 分析，以判断出拣选的单位，但有些同类货物可能因为有两种以上的拣选单位，则在设计上要针对每一种情况作分区的考虑。

拣选单位越小，拣选工作量越大。一般来说，在总库 CDC（中央配送中心）拣选单位较大；而在 RDC（区域配送中心）中拣选往往是多品种小批量，拣选单位小，且要求时间短，拣选作业最繁重。图 6-7 是以箱为拣选单位的例子，左边是利用传送带实现大量数量的拣选，右边是拣选量小时利用人上型叉车拣选。

图 6-7　以箱为拣选单位的作业

图 6-8 是以单品为拣选单位的例子，左图有两排传送带，靠工人的一排物流拣选箱未装满，随工人移到下一个拣选位，里面一排是装满的物流箱，自动传送到包装区，注意传送带下面的料盒是存放不常用的货物，即 C 类货物；而右图是按电子标签（Pick-to-light）显示的数量拣选。

图 6-8　以单品为拣选单位的作业

在仓库或配送中心中，因为客户的订单大小不一，实际的拣选单位可能是 PCB 等的混合。例如在图 6-9 中，左上部的托盘货架用于存储大量货物，可以整托盘进出（拣选）；左中部是重力式货架，可用于以箱或单件作为单位拣选；左下部重力式货架的托盘货物用于大量拣取，直接放到最右边的传送带上。拣货员无纸化拣选，接受语音指令或电子标签显示。中间传送带上有一个物流周转箱，用于装拣取的数量不多的货物，然后手工推走。

应当注意，拣选单位与基本库存单位（SKU，或称为货品、品项）的联系与区别。对仓库里的 SKU，不但要按货物名称，还要按型号和规格来区分。例如可乐，单件商品包装有 2 l、1.25 l、600 ml、550 ml、330 ml 和 225 ml 等多种型号规格，则此 6 种包装规格，每一种在仓库里都是一个独立的 SKU。再如同一款式的服装，有规格、型号之分，还有颜色、搭配之分，往往一款服装的 SKU 就有几十种。对拣选来说，SKU 是订单上的一行，即一种

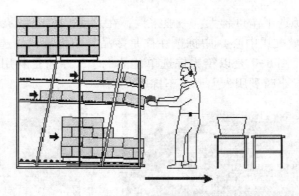

图 6-9 综合拣选单位作业

货品。而拣选单位可能是上述 SKU 的最小单位。例如，上面提到的可乐，以 600 ml 是单瓶的，最小的拣选单位可能是单瓶的，也可能是整箱的，如 12 瓶一箱，还可能是整托盘的。

2. 拣选行走方式

从图 6-4 可以看到，拣选与存储和发货直接相连，互相影响，无论是采用何种作业单位，这中间都伴随着一系列的物料搬运作业。就拣货来说，必须考虑行走方式。行走方式主要有人至货、货至人两大类。

（1）人至货方式

人至货方式是最常见的，拣货员通过步行或搭乘拣选车辆到达货品储存位置。人至货拣选时，拣选货架是静止的，而拣货员带着活动的拣货车或容器到拣选区拣选，然后将货物送到静止的集货点，或者将拣选的货物放置到输送机械上，前面图 6-7～图 6-9 都是人至货方式。

人至货的系统构成简单，柔性高，可以不用机械设备和计算机支持。但所需的作业面积较大、补货不方便、劳动强度高。人至货系统的存储设备有：托盘货架、轻型货架、橱柜、流动货架或高层货架等静态存储设备；拣选搬运设备有：无动力拣选台车、动力牵引车、叉车、拣选车、有动力或无动力的输送机、拣选式堆垛机和计算机辅助拣选台车。

图 6-9 右边的方式也称为"货到传送带"法。拣选工作在输送机两边进行，拣出的货物由作业者直接送到输送机（集货点），或用容器集中后送到输送机（集货点），由输送机送到集货中心。因有输送机的帮助，拣货员的行走距离短，劳动强度低，拣选的效率高，每小时每人可拣选 1 000 件货物。

由于输送机将拣选作业区分成两个部分，在拣选任务不是均匀分布在两边的货架时，不能协调两旁拣货员的工作节奏，同时也造成系统的柔性差、补货不方便、所需的作业面积大。它的拣选搬运设备是"传送带"。因为有它们的存在，存储区同时也是拣选区的通道较宽，以布置输送机械。

（2）货至人方式

货至人方式则相反，主要行走的一方为被拣货物，拣取者在固定位置内作业，无须去寻找货位。托盘（或拣选选架）带着货物来到拣选人员面前，供不同的拣选人员拣取，拣出的货物集中在集货点的托盘上，然后由搬运车辆送走。

货至人方式可分为普通、闭环和活动的三种，对普通的货至人方式，拣货员不用行走，拣选效率高，工作面积紧凑，补货容易，空箱和空托盘的清理也容易进行，可以优化拣选人员的工作条件与环境。不足之处在于投资大，拣选周期长。这种拣选方法的应用系统称为小件自动化仓储系统（Mini-Load ASRS 或 Automatic Small Container Warehouse，ASW）。

在闭环"货至人"的拣选方法，载货托盘（即集货点）有序地放在地上或搁架上，处在固定位置。输送机将拣选货架（或托盘）送到集货区，拣选人员根据拣选单拣取货架中的货物，放到载货托盘上，然后移动拣选选架，再由其他拣选人员拣选，最后通过另一条输送机，将拣空后的拣选选架（拣选货架）送回。这种方法的优点在于：拣选路线短，拣选效率高，系统柔性好，空箱和无货托盘的清理容易，所需作业面积小，劳动组织简单。其缺点是：为了解决拣选选架的出货和返回问题，仓库、输送机和控制系统的投资大；因顺序作业，造成作业时间长等。提高这种系统的效率的关键，可通过拣选任务的批处理，减少移动的拣选选架的数量，缩短拣选作业的时间。

活动的"人至货"拣选方法是拣货员（或拣选机器人、高架堆垛机）带着集货容器（集货点）在搬运机械的帮助下，按照订单的要求，到货位拣选，当集货容器装满后，到集货点卸下所拣选物。由于此系统一般由机器人拣选，但机器人取物装置的柔性较差，不能同时满足箱状货物、球状货物、柱状货物的拣取，限制了它的应用。这种系统一般用在出库频率很高且货种单一的场合，是托盘自动仓库的主要方式。

拣货行走方式其实也和仓库的存储方式有关，表 6-5 是不同存储方式和拣选单位时拣选的搬运方式选择次序。这也是确定拣选作业空间的一个重要决定条件。

表 6-5 常见存储方式和拣选单位情形下拣选的搬运方式选择次序

存储设备方法	空间高度	拣选单位	拣选物料搬运方式		
			选择 1	选择 2	选择 3
托盘散存	低架	托盘	平衡重式叉车	手动托盘搬运车	
选取式托盘货架	低架	托盘	各式叉车	电动托盘搬运车	AGV
地面散存	低架	箱	手动托盘搬运车	大多数叉车	拣选传送带
选取式托盘货架各层均直接拣选①	高架	箱	订单拣选车	各式叉车	阁楼式拣至传送带系统
双深式货架	高架	托盘	前移式叉车	后推式货架和各式叉车	
驰入式、贯通式货架	高架		托盘叉车		
托盘流动式货架②	高架	箱	拣选传送带	仅地面层可至托盘拣选	大多数平衡重式叉车
箱式流动货架③	低架	箱	拣选传送带	机械手	自动拣选系统
旋转式货架	低架	箱	传送带	流动式货架	手推车
自动化立体仓库	高架	托盘	巷道堆垛机		

注：① 参见图 6-7 右　② 参见图 6-9 左下　③ 参见图 6-9 左中

6.3.3 拣选策略

订单拣选是仓库的一项基本服务，一般占仓库的近一半作业成本，是影响拣选效率的重要因素。订单拣选通常有 4 种策略，即：摘果式（Discreet Picking）；播种式（Batch

Picking）；分区式（Zone Picking）；波浪式（Wave Picking）。

1. 摘果式

摘果式作业也称单订单拣取（Single-Order-Pick），这种作业方式要求拣选人员巡回于仓库内，一次将一个订单的所有货物从头到尾拣取并集中的方式，是较传统的拣选方式。

例如，如图6-10所示的4种货物拣选顺序G—C—A—E，每种货数量和储位见表6-6。可能看到，对1号订单，拣货员1要按G、C、A、E四种要拣的货物，选择一种合适的路线，分别从规定的位置拣取合适的数量，完成该订单要求的所有取货后从货架中出来。再考虑第2个订单的拣选。就像爬到树上后，要将所有的果子摘完后才下来，故得"摘果式"之名。

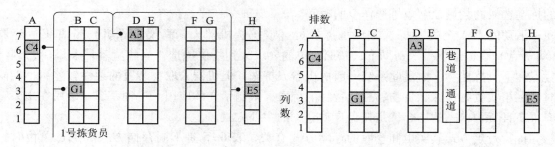

图6-10 摘果式拣选示意图

表6-6 拣选订单、货品、数量和位置表

拣货员号	订单号	SKU	数量	位置
1	1	G	1	B3
		C	4	A6
		A	3	D7
		E	5	H3
	2	G	1	B3
		C	3	A6
		D	5	C5
		F	2	G6
		E	3	H3
		B	4	E1

在图6-10中货架拣选的排数、列数和巷道数，以及平面图中未表示出来的层数，这都是货架存储中就应清楚的问题。

摘果式的优点是：一个订单在拣选后一次完成，不必再分选、合并；作业方法简单；提前期短；导入容易且弹性大，适用于大量订单的处理。但它也有明显的缺点：

- 商品品种多时，拣选行走路径加长，拣取效率降低；
- 多个工人同时拣取不同的大数量订单时，会在通道处发生拥挤；
- 拣选区域大时，搬运系统设计困难。

2. 播种式

播种式拣选将多张订单集合成一批，将所有订单所要的同一种货物拣出，在暂存区再按各用户的需求二次分配，一般是多人作业。采用播种式时一个拣货员拣取多个订单的某种或几种货品的所有订单的数量。如图6-11所示，1号拣货员采用播种式，要将1和2号两个订单先合并（见表 6-7），再拣取全部数量。图 6-11 中 G1 和 A3 为 1 号订单的，D5、B4 和 F2 为 2 号订单的，C7 和 E8 是两个订单都有的，拣货员一次将两个订单的所有货物全部拣出，最后退出拣选区，再分选。一般不会在拣货同时分拣的，因为拣货车没有空间容纳分开放的货物，而且这样"边拣边分"极易出错。

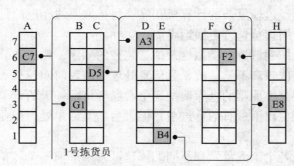

图 6-11　播种式拣选示意图

表 6-7　拣选订单、货品、数量和位置表

拣货员号	订单号	SKU	数量	位置
1	1	G	1	B3
	1, 2	C	7	A6
	1	A	3	D7
	2	D	5	C5
	2	F	2	G6
	1, 2	E	8	H3
	2	B	4	E1

播种作业方式的优点是：适合订单数量庞大的系统，可以缩短拣取时行走搬运的距离，增加单位时间的拣选量。缺点是：对订单的到来无法做立刻的反应，必须等订单累积到一定数量时才做一次处理，因此会有停滞的时间产生（只有根据订单到达的状况做等候分析，决定出适当的批量大小，才能将停滞时间减到最低）。拣取后还要分选，若数量多则很费时。

播种式拣选是先分订单，按分订单的原则不同可进一步分为 4 种。

（1）合计量分批原则

将进行拣选作业前所有累积订单中的货品依品种别合计总量，再根据此总量进行拣取的方式。适合固定点间的周期性配送。

优点：一次拣出商品总量，可使平均拣选距离最短。

缺点：必须经过功能较强的分类系统完成分类作业，订单数不可过多。

（2）时窗分批原则

当订单到达至出货所需要的时间非常紧迫时，可利用此策略开启短暂时窗，例如 5 或 10 分钟，再将此时窗中所到达的订单做成一批，进行拣取。此分批方式较适合密集频繁的订单，且较能应付紧急插单的需求。

（3）定量分批原则

订单分批按先进先出的基本原则，当累计订单数到达设定的固定量后，再开始进行拣选作业的方式。

优点：维持稳定的拣选效率，使自动化的拣选、分类设备得以发挥最大功效。

缺点：订单的商品总量变化不宜太大，否则会造成分类作业的不经济。

（4）智慧型的分批原则

订单汇集后，必须经过较复杂的计算机程序，将拣取路线相近的订单集中处理，求得最佳的订单分批，可大量缩短拣选行走搬运距离。

优点：分批时已考虑到订单的类似性及拣选路径的顺序，使拣选效率进一步提高。

缺点：软件技术层次较高不易达成，且信息处理的前置时间较长。

因此，采用智慧型分批原则的仓库或配送中心通常将前一天的订单汇集后，经过计算机处理，在当日下班前产生出下一日的拣选单，但发生紧急插单处理作业较为困难。

3. 分区式

分区式拣选可以是各个工人分别在不同的拣选区共同拣取一个订单的货物或多个订单的货物。每个工人只负责拣取他所在分区的货物。拣取的货物最后再分选、合并。每个拣货员负责一片存储区内货物的拣选，在一个拣选通道内，先将订单上所要货物中该通道内有的全部拣出，汇集一起后再分配。

如图 6-12 所示，分区式拣选先分区，按表 6-8 对合并后的订单分割后，1、2 号拣货员分别负责 1、2 区的拣选。所有订单合并后，1 号负责拣取 1 区的货物 G1、C7 和 D5，而 2 号拣货员负责完成 2 区货物 B4、E8 和 F2 的拣取。

从例子中可以看到，分区式主要是分区播种式，要多个拣货员才能完成拣选任务。

优点：每区可采用不同的技术和设备。如果快出货物在最易拣区，能减少拣选时间。

缺点：分区拣选难以平衡各区工人的工作量和拣选速度。

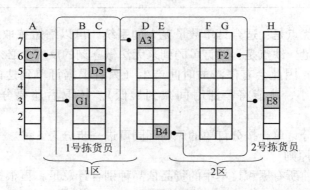

图 6-12 分区式拣选示意图

表 6-8 拣选订单、货品、数量和位置表

拣货员号	订单号	SKU	数量	位置
1	1	G	1	B3
	1, 2	C	7	A6
	1	A	3	D7
	2	D	5	C5
2	2	F	2	G6
	1, 2	E	8	H3
	2	B	4	E1

4. 波浪式

波浪式是按照某种特征将要发货的订单分组,如同一承运商的所有订单为一组,一次完成这一组订单,下一波再拣选另一组的。它只适用于自动拣选机械的拣选,例如 UPS 自动仓库拣选系统就是采用这种方式。

4 种拣选方式的总结对比如表 6-9 所示。

表 6-9　4 种拣选方式比较

方　法	每订单拣选人数	每拣货员处理订单数
摘果式	单人	单订单
播种式	单人	多订单
分区式	多人	单订单、多订单
波浪式	多机器	多订单

总之,摘果式拣选和播种式拣选代表了串行和并行两种不同的方式,是两种最基本的拣选策略。比较而言,摘果式拣选弹性较大,临时性的产能调整较为容易,适合于客户订货品种少数量多的情况,订货大小差异较大,订单数量变化频繁,有季节性趋势,且货品外型体积变化较大,货品特性差异较大,分类作业较难进行的仓库或配送中心。播种式拣选的作业方式通常在系统化、自动化后产能调整能力较小,适用于订单大小变化小,订单数量稳定,且货品外型体积较规则固定,以及流通加工之类的仓库或配送中心。

6.3.4　拣选信息

拣选信息是按照原始订单或相应生成的信息来指示拣货的进行,它是拣货操作开始前最重要的准备工作,也是完成订单必不可少的环节。拣货信息的表现手段主要有以下几种。

1. 传票拣选

这是最原始的拣选方式,直接利用客户的订单或公司的交货单作为拣选指示。一般采用摘果式策略,即依据订单,拣货员对照货物品名寻找货物,再拣出所需数量,对多品种订单拣货员需来回多起立才能拣足一张订单。在拣选路径上可能会花费较多时间,有关拣选路径的问题见 6.4 节。

2. 拣选单拣选

这是目前最常用的方式,将原始的客户订单信息输入 WMS 后进行拣选信息处理,打印拣货单。如 WMS 具备货位管理功能,拣货单的品名就按照货位编号重新编号,以便拣货员行走路径最省,同时拣选单上有货位编号,拣货员按编号寻找货品,不熟悉货的新手也容易操作。拣货单一般按作业分区和拣货单位分别打印,分别拣货后,在出货暂存区分选集货等待出货,这是一种最经济的拣货方式,但必须与货位管理配合才能发挥其效益。拣选单的示例如图 6-13 所示。

3. 拣选标签

拣选标签与拣选单的不同之处在于,拣选标签的数量与分拣数量相等。拣选标签按要出货的箱(件)数打印,与订购数量一致,每次拣货时标签贴完表示拣货完成,是一种防错的拣货方式。标签上还印有条形码可能用来自动分类。这种方法一般用于高单价的货物,可用于按店拣货和按货物类别拣货。依拣货单位的不同,有整箱拣货标签、单品拣货标签和送

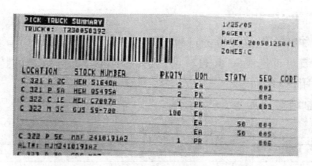

图 6-13 拣选单示例（按货位排序）

货标签等。它的缺点是环节较复杂，成本较高。

4. 电子标签辅助拣选

电子标签辅助拣选（参见图 6-8 右）是一种计算机辅助的无纸化的拣货系统，它在每一个货位安排数字显示器，利用计算机控制将订单信息传输到数显装置上，作为拣货信息指示，拣货完成后按确认键。以电子标签取代拣选单，在货架上显示拣选信息，减少了寻找时间，是较好的人机界面。每个电子标签有一个灯，灯亮表示有待拣货物，因而得名 Pick-to-light。

电子标签系统包括电子标签货架、信息传递装置、计算机辅助拣选台车、条形码、无线通信设备等，在现代配送中心经常应用。它适用于播种式或分区式拣选，但货品种类多时不适合，应用于 ABC 分类的 AB 类货物上。

5. 无线射频辅助拣选

这是比电子标签更先进的技术，它利用无线射频技术，通过无线射频无线终端机显示拣选信息，显示的信息量更多，且可结合条形码技术使用，实现拣选和 WMS 系统信息的及时更新。

它的原理是利用集成无线射频和条形码扫描的掌上计算机终端（见图 6-14）将订单信息由 WMS 主机传输到掌上终端，拣货员依此信息拣货，并扫描货位上的条形码，如信息不一致，终端会报警；如一致就会显示拣货数量，拣货完成后，按确认即完成拣货工作，同时信息利用无线射频传回 WMS 主机将库存数据扣除，是一种即时的无纸化系统。

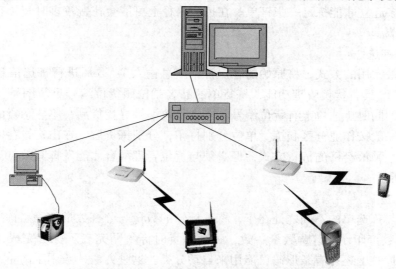

图 6-14 RF 计算机系统和 RF 掌上终端（右上）

无线射频辅助拣货方式可用于摘果式和播种式,因为作业弹性大,适用于 SKU(存储单元)多的场合,常用于多品种小量的订单拣选,它的拣货生产率约为每小时 300 件,拣货差错率只有 0.01% 左右。缺点是总体投资大,整个仓库信息化水平要求高。与无线射频类似的还有以 IC 卡作为信息传输的辅助拣货方式。

6. 自动拣选

自动拣选主要是 AS/RS 即自动仓库的拣货方式。自动仓库按货物大小可分为托盘自动仓库和小件自动仓库,它们的存取货都是自动进行的,对拣选来说属于"货至人"的方式。AS/RS 由计算机系统控制,在仓库通常采用波浪式拣货策略,一波拣取多个订单的全部货物,并分类集中整理好(配套自动分拣系统),可以直接进行发货。

托盘自动仓库是最常见的自动拣选方式,它是采用自动巷道堆垛机及配套的输送机械来完成拣货作业的,如图 6-15 所示。自动仓库都采用高架形式来利用空间。当计算机将拣选信息传入时,巷道堆垛机移至指定货位,取出整托盘货物,送到地面输送机械系统,再传输到相应位置,甚至可以与 AGV 结合起来,送到真正需要的位置。它是以托盘作为拣选单位的。

若拣选单位比托盘小,可采用小件自动仓库(Mini-Load AS/RS),它采用计算机控制的自动旋转货架来实现"货至人"的自动拣选。例如图 6-16 所示的水平式旋转式货架,它有多层多列的货位,每个货位放置一种货品。当联机计算机将拣选信息传入时,待拣货品的货位自动旋转至前端的窗口,方便拣货员拣取。这种方式省却了货物的寻找与搬运,但仍需人工拣取动作。但因旋转整个货架,动力消耗大,只适用于轻巧货物,如电子行业的零部件仓库。

图 6-15 托盘自动仓库的自动拣货

图 6-16 小件自动存取系统"货至人"拣货示例

总之,自动拣货方式基本或全部由机械取代人工,设备成本非常高,因而常用于高价值、出货量大且频繁的 A 类货物上。自动拣货效率非常高,拣货差错率非常低。

6.4 拣选作业系统分析

6.4.1 拣选效率分析与评价

1. 作业效率分析

从拣选作业的成本和时间比例(见图 6-5 和图 6-6)可以看出拣选效率的重要性,前面已经讲述了各种单位、策略和方法,这里先介绍几个和效率有关的概念。

拣选面（pick face）是货物存储地前的一个二维面，是货物提取的地方，也是存储的货物向拣货者展示的地方。通常货物存储方式有散放、小型货架和托盘货架等，相应的拣选面分别是货物、小型货架的整个前面和托盘货架的货格的某一层（参看图 6-6～图6-8）。如果拣选面提供的货物种类数越多，它所需要的拣选行走就越少，从行走所占的时间比就知道拣选效率就越高，例如图 6-8 所示的单品拣选面。

拣取密度（pick density）是一个拣货员沿拣选通道行走单位距离时的拣取数量。此拣取密度可以应用到订单上，拣取密度高的订单每次拣取所花的时间少，因此拣取更经济。但因为订单并不能提前得到，它的拣取密度也没法先确定，对实际拣选工作没有帮助。但是，定义 SKU 密度解决了这一问题。

SKU 密度是指单位行走距离中拣取的 SKU 数（品种数）。如果 SKU 密度高，拣取密度也高。因此将最常用的 SKU 存储在一起，可以增加拣取密度，至少是在局部 SKU 集中的地方是如此。于是拣货员可以在更小区域内拣取更多，这意味着更少的行走。

另外一种提高拣取密度的方法是采用播种式拣货。显然，如果都是单行订单，批量播种式拣选更经济；是多行订单时，播种式也更经济，因为拣货员一次行走可以将多个订单需要的同一种货物都拣出来，只要后来分拣的时间比多行走几次花的时间短就可以。采用播种式拣选时要确定订单数批量，即将多少订单累计在一起才开始分拣。如果是拣货数量大的订单，就没有必要采用播种式了，因为它一次行走的拣取密度已经很高了。

拣货时还有一类情况是回放货物，例如不是采用人上型叉车的 P→C 拣货等，拣出货物后，要将托盘放回原处，即使托盘拣空了，也要处理。这时要安排回库工（Restocker）。一般的经验是每五个拣选工配一个回库工，但要根据实际货物流动状况进行调整。

回库工可做的工作还有去掉托盘上的热缩包装和打开箱盖封装等，以便于拣选时更方便。

2. 拣选作业绩效考核指标

拣选作业是仓库或配送中心最具弹性且复杂的一项作业，因而对其运作绩效必须全面及时考核，才能确保作业质量。衡量拣选系统的优劣除观察整体产出外，也要深入考察各方面的要素，如人员、设备、策略、时间、成本及质量 6 个方面。

1）人员类指标

（1）每人时平均拣取能力

每人时平均拣取能力是希望能衡量出拣货员的作业效率，而由于各仓库作业性质不同，可按以下三项来选择考虑。

$$每人时拣取品项数 = \frac{拣货单总笔数}{拣货员数 \times 每日拣货时数 \times 工作天数}$$

采用摘果式拣取时，拣货单总笔数（一行为一笔）即为订单总笔数；若为播种式拣取，合计后的拣货单总笔数必小于订单总笔数。

$$每人时拣取次数 = \frac{拣货单位累计总件数}{拣货员数 \times 每日拣货时数 \times 工作天数}$$

$$每人时拣取材积数 = \frac{出货品材积数}{拣货员数 \times 每日拣货时数 \times 工作天数}$$

这里，材积数可以用体积、托盘数、箱数或重量等单位来衡量，与拣选单位对应。

在仓库或配送中心中，一般拣货都是以品项为单位，一个品项拣完再寻找下一品项，因此，对较人工、机械化仓库或配送中心，或是出货多属于少量多样的仓库而言，其走行寻找时间可能较动手拿取货品的时间长，所以"每人时拣取品项数"的指标较能代表拣货效率，其数值高即表示在单位时间内每人员的拣货效率不错。

反之，对已采用计算机辅助和自动存取系统的仓库或配送中心，或出货主要是少品种大数量的仓库或配送中心而言，在行走寻找品项上（有自动显示系统帮助，拣货员将能快速找到要拣取的货品）并不需花费太多时间，反倒是动手拿取的时间相对较长，其中有可能是要动手拿取的次数较多，则以"每人时拣取次数"来衡量较为妥当。

另外，也有可能是物件材积大，不容易快速拿取或设备配合不良，如此以"每人时拣取材积数"将较能反映出公司的拣货效率，其数值高表示单位时间内每位人员的拣货效率佳。

当然，若走行时间或动手拿取的时间对效率影响都大，则可以"每人时拣取品项数"、"每人时拣取次数"及"每人时拣取材积数"三个指标的乘积作为判断拣货效率的指标。

（2）拣选能力利用率

$$拣选能力利用率 = \frac{订单数量}{日目标拣取订单数 \times 工作天数}$$

其中，"日目标拣取订单数"为在现有的人员、设备下，公司预期一天的标准拣货量。公司的计划和目标可对比该指标，即要观察实际拣货量与目标拣取订单数的比率，也就是计划与实际的比较，可反映出公司业绩能否再扩张及目前现有拣货人力、设备能量的运用程度。当此指标大于等于1，表示公司预期的拣货能力已充分利用，且业务量已达设计水准；但若此指标小于1，表示公司拣选能力仍未充分使用，现在的业务未达到预期效果。

（3）拣货责任品项数

拣货人员安排是否妥当也很容易影响拣货效率，因而一旦发觉拣货效率不佳，即可考察拣货人员的负荷及分派指标。而"拣货责任品项数"是要掌握现在每位拣货员的负责品项数，作为要改善效率的参考。

$$拣货责任品项数 = \frac{总品项数}{分区拣取区域数}$$

若此指标数值大，表示每位拣货员负责品项多，必然会花费较多时间在货品的位置寻找及走行上，因而一旦发觉拣货作业效率差，就要考虑增加拣取划分区域，将每人负责品项数减少。

（4）拣取品项行走距离

$$拣取品项行走距离 = \frac{拣货行走距离}{订单总笔数}$$

此指标是用来衡量拣货的行走规划是否符合动线效率，且作为目前拣货区布置是否得当的参考。若此指标太高，表示人员在拣货中耗费太多行走距离及时间，容易影响整体的效率。

由以上4个指标来看，虽然都是从人员角度来做效率衡量，但当效率不高、要改善时就不仅仅要考虑人员问题，事实上从这些指标反映的数值是代表整个拣选系统规划的结果。虽然人员是最直接的影响因素，一旦人员作业不熟练、不积极，或人员指派过多，产能未充分发挥，就可能造成系统无效率。但除人员外，系统的其余要素配置不当也是原因。总之，可将其归纳出主要的 4 点,如下所述。

① 拣货路径未切实规划:拣货单未按照最短路径打印,造成拣货员重复路径拣货而产生时间浪费。

② 储位规划不良:相同或同类产品散居两地,又无良好的计算机信息系统配合,造成拣货员寻找货品的麻烦。

③ 拣货策略未达最佳:当前采用的摘果式、播种式、分区式拣货策略不尽合理,以及如今拣货员负责的拣货范围不适当。

④ 未运用最适当的机器设备,以致效率欠佳。

总之,如果要详细地分析导致拣货效率不佳的各项原因,应当系统考虑人员及上述 4 点。

2)拣货设备类指标

各种用于储存、拣货方式的设备都有其适用的条件,拣货的单位和数量是两个重要的因素。例如属于少品种多量的啤酒业,其保管方式常采用堆叠方式或加托盘的堆垛。拣货作业设备类绩效指标有

$$拣货人员装备率 = \frac{拣货设备成本}{拣货人员数}$$

$$拣货设备成本产出率 = \frac{出货品材积数}{拣取设备成本}$$

$$每人时拣取材积数 = \frac{出货品材积数}{拣取人员数 \times 每日拣货时数 \times 工作天数}$$

拣货人员装备率是衡量企业对拣货作业设备的投资程度,拣货设备成本产出则是观察在这种投资下设备的产能运用。若前者高后者低,表示如今的拣货设备并未达到相对的投资的产出,企业对于设备的选用没有达到投资合理化,对此除非积极拓展业务,增加设备的利用,否则可能要考虑将部分设备移转或外租至其他作业单位使用,以平衡损益。

从效率方面考虑,"每人时拣取材积数"值低,表示拣货效率不佳,此时若业绩足够"拣货设备成本产出率不低",则可考虑再进一步提高自动化或机械化程度,以设备效率的提升来满足迅速出货的要求。

3)拣货策略方面的指标

拣货的两个基本策略是摘果式(按订单)和播种式(批量)拣取,所以在做拣货规划时,必须先考虑货品订单特性来决定应采用哪种策略,再考虑如何进一步去分割订单或分批进行。因而在运营时,要评估这些已选择的策略是否适合,有以下 5 个指标。

$$每批量包含订单数 = \frac{订单数量}{拣货分批次数}$$

$$每批量包含品项数 = \frac{订单总笔数}{拣货分批次数}$$

$$每批量拣取次数 = \frac{出货箱数}{拣货分批次数}$$

$$每批量拣取材积数 = \frac{出货品材积数}{拣货分批次数}$$

$$批量拣货时间 = \frac{拣取人员数 \times 每日拣货时数 \times 工作天数}{拣货分批次数}$$

"每批量包含订单数"的值<2即为摘果式,"每批量包含订单数"≥2即为播种式。

"每批量包含品项数"、"每批量拣取次数"及"每批量拣取材积数"这三个指标是来衡量播种式时的分批负荷是否妥当以及是否会造成分类上的麻烦。若此三个指标太大,可能加重拣货员一次拣货的负担,更容易产生拣货误差,且事后分类理货过于麻烦,花费时间更多。但若此三个指标太小,可能由于经常出入拣货区的次数增多而寻找、移动行走的时间相对整体拣货而言反而过多,也会造成整体效率不佳,因而要选择最适合的批量水准才能确保效率。另外,在选择合适分批或分割策略时,也要考虑与设备的配合度。

"批量拣货时间"是希望能掌握对紧急订单的及时处理能力,进而考察是否要改变分批策略。例如,目前"批量拣货时间"为2小时,而今欲1小时处理一次紧急插单,则可能要考虑增加拣货分批次数,以减少每一批量包含订单数来降低批量拣货时间。

4)拣货时间类指标

时间是最能反映拣货作业的处理能力,一旦发觉拣货时间花费过多,马上就知道拣货作业安排出了问题,从而查找问题的出处。这类有4个指标。

① 单位时间处理订单数:考察拣货系统单位时间处理订单的能力。

$$单位时间处理订单数 = \frac{订单数量}{每日拣货时数 \times 工作天数}$$

② 单位时间拣取品项数:考察拣货系统单位时间处理的品项数。

$$单位时间拣取品项数 = \frac{订单数量 \times 每订单平均品项数}{每日拣货时数 \times 工作天数}$$

③ 单位时间拣取次数:观察拣货所付出劳动力多寡的程度。

$$单位时间拣取次数 = \frac{拣货单位累计总件数}{每日拣货时数 \times 工作天数}$$

④ 单位时间拣取材积数:观察单位时间公司的物流材积拣取量。

$$单位时间拣取材积数 = \frac{出货品材积数}{每日拣货时数 \times 工作天数}$$

当然,如果能由标准时间配合比较这些指标数值,更能确定对拣货时间掌握的好坏。也就是将每一单元(托盘、纸箱、件)的拣取标准时间配合拣货策略计算每一材积、品项乃至于订单、批量的标准作业时间,来与上述4个指标的实际作业值比较。

5)拣货成本

拣货是物流中心一项非常重要的作业,其所耗费的成本也不少,因此要特别重视。一般拣货投入成本包括人工成本、拣货设备折旧费和信息处理成本。人工成本指直接和间接的拣货人工成本。拣货设备折旧费指储存、搬运、信息处理设备的折旧费用。信息处理成本指进行计算机信息处理所使用的网络费、纸张费用等。

而要知道究竟是哪项费用成本出问题,可由以下4项指标来考察。

$$每订单投入拣货成本 = \frac{拣货投入成本}{订单数量}$$

$$每订单笔数投入拣货成本 = \frac{拣货投入成本}{订单总笔数}$$

$$每拣取次数投入拣货成本 = \frac{拣货投入成本}{拣货单位累计总件数}$$

$$单位材积数投入拣货成本 = \frac{拣货投入成本}{出货品材积数}$$

一旦发觉目前拣货成本花费太高,可以相互比较这 4 个指标来分析问题所在。如果 4 项指标都很高,则要对导致每一项拣货费用的方向逐一分析。

6) 拣货质量指标

仓库拣货质量表现在"质"和"量"两个方面,都以"拣误率"衡量。拣货质量差对后续作业及客户服务品质都将造成不良影响。

$$拣误率 = \frac{拣取错误笔数}{订单总笔数}$$

造成拣货错误的原因非常多,因而不论事前规划或后续评估要注意的地方很多,表 6-5 为拣取准确度降低原因关联表及其相对的改善对策,可供作检讨发现病因的参考。

总之,拣误率项指标可用于全面考察拣货系统总体效率,对拣货系统,造成拣货效率不佳的原因主要有:

① 货物储位未进行合理规划和管理;
② 找不到货品或缺货率太高;
③ 无效走动及无效动作太多;
④ 拣取路径过长;
⑤ 拣选单据未合理分类、归纳和排序;
⑥ 未采用合适的拣取容器与设备;
⑦ 拣误率太高,花在更正的时间也很多。

在上述绩效指标的基础之上,还要结合整个仓库系统综合考察分析,最后根据具体情况确定关键绩效指标 KPI。

6.4.2 拣选方法及相关作业

1. 拣选方法的选择

根据拣选单位、策略和方式的不同,可以总结出如图 6-17 所示的拣选策略运用组合图,从左至右是拣选系统规划时所考虑的一般次序,任何一条可能的组合线路就是一种可能的拣选方法。

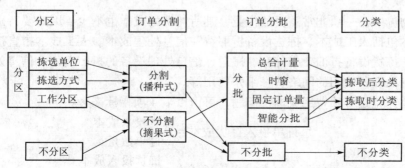

图 6-17 拣选策略运用组合图

一张拣选订单可以由一个拣货员全部完成（摘果式），或者多个工人同时来完成（分区播种式）。前面介绍的拣选策略具体选择要考虑多种情况，但总的原则是使拣选工作更快且高质量完成。如果在拣选开始前，所有订单的情况是已知的，就可以事先确定有效的拣选策略，若是实时到达且必须及时分拣以满足发货要求，就没有时间来考虑效率了。摘果式简单但直接效率不太高；播种式效率较高，但管理协调工作量大且拣后还要分选。

可以用"流动时间"这个统计指标来衡量一个订单从到达系统直到装车发运前的总时间。一般来说，减少流动时间是提高的方向，因为这意味着订单能流动更快，提高服务质量和响应度。

衡量拣货员工作效率的指标有每人时拣取次数，一般可用拣选发货装车的数量来估算。如果某一车不够装，可让该拣货员继续为该车拣货，还不够就增加拣货员。对于大订单且货物散布在仓库各处，就宜采用分区策略，但最后需要集中分选。

对于为零售店服务的配送中心来说，订单数多、品种多、量不定，拣选如同流水线，每个拣选面如同工作站，此时宜为一人看管多个工作站，但这样就有一个如同流水线平衡的工作平衡问题，需要用工业工程的专门方法测定研究。也可以采用自组织型的工作方法，如水桶传递队列（bucket brigade）的方法。

现代制造已经有了以近似大规模生产的成本生产客户定制的大规模定制（mass-customerization），要求零部件按照装配顺序，有时间性、方向性、顺序性地正确配送到工位。这给为制造业服务的配送中心拣货和配送服务提出了更高的要求。例如汽车装配每1~2小时配送一次，因为前后装配车的颜色不同，就要求诸如反光镜等零部件按照装配顺序摆置配送。这种配送的拣货信息由计算机网络传递可提前得到，拣货作业计划组织有一定提前期。

2. 快拣区的设置

在仓库实践中，对于出货量大且特别迅速的一些A类货物，通常会指定一个靠近出货口的位置专门存放，甚至专门设置一个存储和拣货区，当然有时候可能就是进来的货物不上货架就直接堆放在此区，这就是快拣区（fast-pick area）。设置快拣区对提高出货速度十分有利，是仓库设计和作业中一个值得考虑的问题。

快拣区的示意图如图6-18所示，快拣区的设置增加了拣选密度，因为它集中将多种货品放置在一个小的区域中，便于拣货。它的优点是明显的：因为行走、查找和拣取的便捷，拣货速度更快，成本更低，可以用来对付出货量迅速增加、季节性和其他波动的情况。但是另一方面，因为快拣区存货有限，不时需要往快拣区再补货（restock），这增加了工作量，当然若这样总体速度更快就可以补偿增加的再补货作业。而且快拣区与主要存储区不同，快拣区内的货物通常不是整托盘出，而是以箱或单品作为拣货单位，故需要快速灵活而便宜的拣货方式，人工是一个不错的选择。

既然设置快拣区在有些情况下优势是明显的，现在的问题是：哪些货物品种应放在快拣区？它们分别放多少？快拣区应设置多大？

要回答这些问题，理论上可用"流体模型"来解决，就是把仓库看成是一个水桶，每种货品都是连续不间断供应的流体，因为某些流量特别大，就单独为它设一根管子。该模型可以用电子表格软件实现，但数学推导很复杂，这里作一简单介绍，以期对实际应用有所参考。

设置快拣区前必须明确每种货品的尺寸、历史订单组成和数量情况，KPI数据有一段时间内的每种货品累计拣取笔数和材积数。对于某种拣货数量小于整托盘的货物的人工效益是

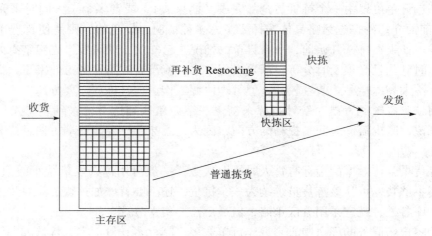

图 6-18 快拣区示例

（图中三种图案表示三种货品在快拣区，它们在主存区仍然有大量库存）

指拣出给材积数所需的工人工作量，相当于前面绩效指标"每人时拣取材积数"，此指标最高的几项货品就是进入快拣区的货品，因为这样净收益（快拣带来的节省减去再补货成本）最大。快拣区设置成一排流动式货架的单面作业形式，且人工效益最高的品种放在手腕左右高度处的黄金位置，效果最好（参考图 6-9）。快拣区一般不宜采用托盘货架，因为需要上下的机械作业，效率难以提高（图 6-9 中托盘货物是从拣货员的背面放入的，是实面，而不是拣选面）。

至于入选的货品放多小的问题和快选区总体大小的问题需要进一步的计算推导，有兴趣的读者可以参阅相关本章文献，实际操作中要考虑仓库的综合情况先定一个经验值。

如果快拣区设置过大，就失去意义。倘若仓库同时有很多快速货物，可以考虑采用图 6-19 所示的分枝式（Branch-and-Pick）货架及拣货输送机组合形式。

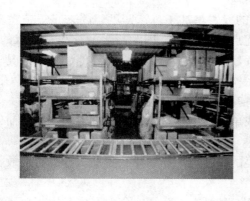 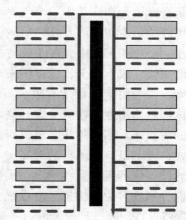

图 6-19 便于拣货的分枝式货架及输送机组合

3. 拣选相关作业

从前面分析可以看到，拣货作业的效率是受整个仓库物流系统规划与运作的综合影响的，尤其与货物储位的合理规划和管理、设施规划和信息系统等关系密切，这就要求对拣选相关作业也给予重视，从整体观来考虑物流系统的人、机、料、法、环诸方面，来设计和改进包括拣选在内的物流作业。

拣货后作业主要是检查与包装。包装作业由人力来完成，难以自动化，但作业在相对固定位置上，且包装时也是对拣货作业是否完成和作业质量的检查。比如订单精确率就是一个重要指标，若包装检查阶段没有发现拣货的错误，最终只能是在客户那里才发现，显然给客户一个工作质量不高的坏印象，并且收回或补正是一件麻烦的工作，甚至带来索赔等一系列问题。

包装碰到的一个问题是顾客一般希望以最小可能的包装容器数量收到全部订货，这样可以减少运输和搬运成本。但是这需要对同一顾客的多个订单有一个累计和暂存的过程。现代物流，如快运等行业最终发货包装贴有条形码，以这些作为进入配送、运输环节跟踪和查询的依据。

6.4.3 拣选批量问题

从图 6-17 所示的拣选方法综合考虑中可以看到，采用播种式拣选时，订单要合并成一定的批量。但形成批量的方法有多种，下面介绍一种对无分区确定拣选批量的方法，它采用如下两步过程：

第一步，按平衡分拣工作来估算最佳批量 d^*；

第二步，按先到先服务的原则，订单累计达到 d^* 后就作为一批，依次往下直到分完。

1. 批量大小的确定

批量大小按总的工作量最小来确定，这里总工作量是全部拣选和分类整理的时间总和。下面以图 6-20 所示的为例介绍这种方法，图中货物由一个或多个拣货员提取放到传送带上，再送至发货区。

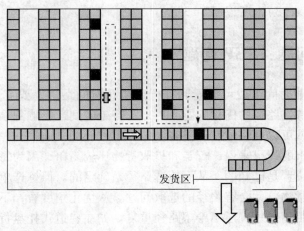

图 6-20 带传送带的仓库内的播种式拣选

设 o 为单位时间内的平均订单数量；u 为订单的平均品种数；t_1 为在能到达所有储位的拣货路径上所花的行走时间；因为在发货区要按订单分类整理货物，t_2 为步行跨越发货区的时间。问题的决策变量为一个批量中的平均订单数 d。

假设货物品种是均匀分布的，且每一批量由多个品种组成，则拣取一个批量所花的时间

大约为 t_1。因为 o/d 是单位时间内的平均拣取次量，则单位时间内拣选作业所花的时间是 ot_1/d。另外在发货区分类整理所花的时间是 $\alpha uot_2 d$，其中 $\alpha \in (0,1)$，是要由实验或仿真确定的参数。建立以下整数规划模型来求 d 的最优解。

$$\min\{c(d)\} = \frac{ot_1}{d} + \alpha uot_2 d \tag{6-1}$$

$$\text{S.T.} \quad d \geq 0, \text{且 } d \in \mathbf{N} \tag{6-2}$$

其中，目标函数（6-1）为单位时间内的总工作量，该问题的最优解可由以下方法求出。

第一步，令函数 $c(d)$ 的一阶导数为 0，求出该函数的最小点 d'，即

$$d' = \sqrt{\frac{t_1}{\alpha u t_2}} \tag{6-3}$$

第二步，如果 $c(\text{int}(d')) < c(\text{int}(d')+1)$，则 $d^* = \text{int}(d')$，否则 $d^* = \text{int}(d')+1$，$\text{int}(d')$ 为对 d' 取整。

因此 d^* 随着存储区的大小增加而增加，随订单中平均品种数增加而减少。

例 6-1 某公司的仓库布局类似于图 6-20，其中共有 15 个巷道，每条长 25 m，宽 3.5 m，每托盘所占区域为 $1.05 \times 1.05 \text{ m}^2$。拣货车辆速度是 3.8 km/h，步行跨越发货区的时间约为 1.5 min。每天处理的订单数平均为 300 个，每订单的平均品种数为 10 个。经实验确定的参数 α 为 0.1。

则

$$t_1 = \frac{1.05 + 25 \times 30 + 3.5 \times 15 + 1.05 \times 28}{3\,800} \times 60 = 13.15(\min)$$

$$d' = \sqrt{\frac{t_1}{\alpha u t_2}} = \sqrt{\frac{13.15}{0.1 \times 10 \times 1.5}} = 2.96$$

最后，因为 $c(2) > c(3)$，所以 $d^* = 3$。

6.5 拣选路径问题：TSP 问题[①]

从图 6-6 拣选作业时间组成可以看到，行走所花时间最多，要克服这种不增值活动所消耗的成本就要考虑拣选路径的优化问题。另外，行走时间还影响到顾客服务水平，行走所花的时间越短，货物就可以更快地发给顾客。

对于托盘整进整出的情况来说，行走和提取货物比较简单，因为每次作业都是以托盘为单位，而托盘的存储位置是已知的，从而拣选路径是确定的。但拣选单位更小时，因为每次行走一趟要拣选多种货物，就会有路径的选取问题。从优化角度看，不但要考虑下一步到哪里，还要考虑总行走距离最短，还不希望路径重复。如在巷道式托盘货架仓库中，拣货员随拣选式堆垛机运行和升降到指定的货格拣取货品。要求在一次运行中根据货单途经若干点完成全部拣货作业返回巷道口。要求选择总运行时间最少、总距离最短的路径，以提高效率，缩短整个拣货作业的时间；再如配送过程中单一车辆的路线优化问题和 AS/RS 中巷道堆垛机拣货时的顺序提取问题。

---

① 此部分适合研究生和高年级学生学习，要求掌握运筹学及图论知识。

6.5.1 拣货路径优化问题

上述问题的实质是 TSP（Traveling Salesman Problem）问题，中文称货郎担或旅行销售商问题。它可以叙述如下：从一个起始点出发到达所有要求服务的 n 个点，而且只到达一次，再回到起始点。已知任意两点之间 i、j 间的距离 d_{ij}，要求在所有可供考虑的路线中选择路径最短的旅行路线。

TSP 问题的示例图形描述如图 6-21 所示。

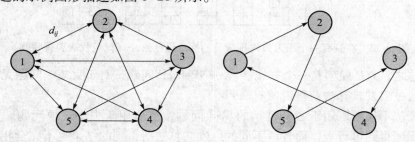

图 6-21　TSP 问题要找到图中的唯一经过所有点并回到原点 1 的最短路

TSP 的数学模型为

$$\min \{z\} = \sum_{i=1}^{n} \sum_{j=1}^{n} d_{ij} x_{ij} \quad (6-4)$$

$$\text{S.T.} \begin{cases} \sum_{i=1}^{n} x_{ij} = 1 & (j=1, 2, \cdots, n) \\ \sum_{j=1}^{n} x_{ij} = 1 & (i=1, 2, \cdots, n) \\ u_i - u_j + n x_{ij} \leq n-1 \\ x_{ij} = 1, 0 \\ i, j = 1, 2, \cdots, n, i \neq j \end{cases}$$

这里 $x_{ij}=1$ 表示从 i 直接去 j；否则 x_{ij} 为 0。第 3 个约束条件为保证路径无子回路（subtour），其中 u_i 为连续变量（$i=1, 2, \cdots, n$），也可以取整数值。

求解 TSP 问题时，对于小型问题还可以求得最优解，最简单的方法是枚举法。但是对于大型问题，由于枚举法的枚举次数为 $(n-1)!$，它的数量是非常庞大的。仓库中的拣选路径问题是 TSP 问题的一种特殊情况，因为行走受巷道限制，通常只能走直角距离，这种特殊的结构称为 Tchebychev 最短路，使得它有可能由计算机迅速找到最优解。例如某仓库中每一巷道都只有一个入口，最佳路径就是顺序走遍所有要拣货的位置，如图 6-22 所示。如果巷道中断了，即出现十字交叉型通道，可以用动态规划算法求出最优解，这时最复杂的情况还是通道数量的线性函数。但是随着十字交叉的增多，可行的走法状态就迅速增加，动态规划问题没法求解了。

整数规划的分枝定界法也可以解决部分 TSP 问题，但也只能是小规模的求解。如果模型中去掉"无子回路"的约束，它就是线性的指派问题（LAP）了，可以用匈牙利算法求出最优解。因此先求出 TSP 对应的 LAP 问题，可以为 TSP 问题提供一个下界，再用分枝定

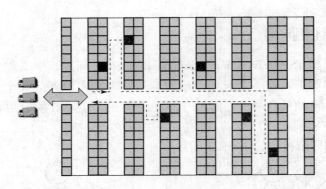

图 6-22　在只有一个出入口内拣货员的拣货最佳路径（黑色代表要拣货物）

界法求解。总之，TSP 模型是一个非线性规划 NP-Hard 问题，对于大规模问题无法获得最优解的，只有通过启发式算法获得近似解。

启发式算法不仅可以用于各种复杂的 TSP 问题，也适用于中小规模问题。它的不足在于，它只能保证得到可行解，而各种不同的启发式算法所得到的结果也不完全相同。尽管有启发式算法，TSP 问题还是难于求解的，因为它的计算机求解所花时间长，好的结果还难以描述。

下面先介绍 TSP 的启发式算法，再就影响仓库拣选路径形成的有关问题作一介绍。

6.5.2　TSP 的解法

1. S 形算法（S-shape Heuristic）

如果仓库里每一个通道内至少要一种货品要拣取，就可采取 S 形算法，如图 6-23 所示。

当然，S 形可以改进，对没有货品要拣取的通道可忽略不走，但考虑回路问题，对奇数条无拣通道要多走一点。像图 6-23 中的偶数条通道不走刚好可以从原定位置走出。因为 S 形算法在同一通道内可往两边拣货，因此通道可以在其他条件允许下窄一些。但一个拣货员同时行走这么多通道可能效率不高，仓库里常会采用分区拣选，此时通道可能需要多人通过，不能太窄。

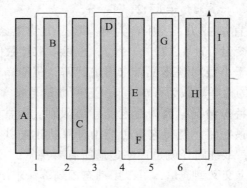

图 6-23　S 形算法

注：此处 3 和 6 号通道属于多走的路径

2. 最大径距法（The Largest Gap Heuristic）

对于拣选路径的具体 TSP 问题，用径距（Gap）代表上下两个要拣取货品的距离，显然这要用直角距离，这一距离可能是在同一通道内，也可能以两个相近通道直角距离计算。拣货员先到离 I/O 口最近的边通道，拣取所需的货物，然后退出该通道再按通道的最大径距确定下一个要进入的通道。以下通过一个例子来展示该算法。

例 6-2 某果汁公司的仓库如图 6-24 所示，假设行走时间与距离成正比。按 S 形算法和最大径距法的图形分别如图 6-24 和图 6-25 所示，而最优的路径如图 6-26 所示。

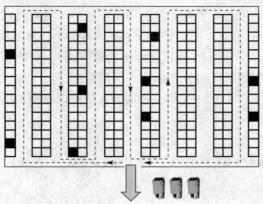

图 6-24 果汁公司仓库及按 S 形算法的路径

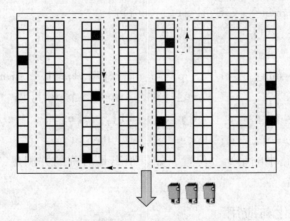

图 6-25 按最大径距法算出的拣选路径

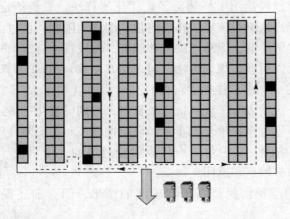

图 6-26 果汁公司的最佳拣选路径

3. 最近插入法（The Closest Insertion Algorithm）

最近插入法是由 Rosenkrantz 和 Stearnes 等人在 1977 年提出的一种 TSP 算法，它的主要步骤如下：

① 找到 d_{1k} 最小的节点 v_k，形成一个子回路 $T=\{v_1, v_k, v_1\}$；
② 在剩下的节点中，寻找一个离上面子回路中某一节点最近的节点 v_k；
③ 在子回路中找到一条弧 (i, j)，使得 $d_{ik}+d_{kj}-d_{ij}$ 最小，然后将节点 v_k 插入到节点 v_i 与 v_j 之间，用两条新的弧 (i, k)，(k, j) 代替原来的弧 (i, j)，并将节点 v_k 加入到子回路中；
④ 重复②③步骤，直到所有的节点都加入子回路中。

此时子回路就演变成了 TSP 的一个解。最近插入法可以方便地用计算机求解，例如以下的程序：

Initialization：
    S_p=<1>; S_a={2,…,N}; c(j)=1, j∈{2,…,N}; n=1;
While n<N do
    n=n+1;
Selection step：
    $j^* = \text{argmin}\_\{j \in S\_a\} \{c\_\{j, c(j)\}\}$;
    S_a=S_a\{j^*};
Insertion step：
    $i^* = \text{argmin}\_\{i=1\}^{|S\_p|} \{c\_\{[i], j^*\} + c\_\{j^*, [i \bmod |S\_p|+1]\}$
        $-c\_\{[i], [i \bmod |S\_p|+1]\}\}$;
    S_p=<[1],…,[i^*], j^*, [i^*+1],…,[n]>;
    j∈S_a, if $c\_\{j, j^*\} < c\_\{j, c(j)\}$ then c(j) = j^*;

i 表示已构造子回路中的第 i 个位置，如果距离是对称的并满足三角不等性，此解成本不会超过最优解的 2 倍。

6.5.3 拣选路径优化与应用

Ratliff 和 Rosenthal 已经给出了拣选路径最优化的算法，只要给定仓库的全部货位就可以迅速找到最短的路径。这里对该算法作点简化，即加上限制：已过的通道不再回走，这样虽然得到非常接近最优解的解，但易于编程和解释。假设任一拣货员只有在拣完一个通道后才去下一个通道，就可以用动态规划方法，将 Ratliff 和 Rosenthal 的算法编程求解。图 6-27 是 Bartholdi 等人编制的一个求最佳拣货路径的 Java 程序（需要 J2SE 1.4 及以上环境）。

使用该程序可以一次输入一个或一批订单资料，得到可视化的最近优拣选路径，并用于分析瓶颈和障碍，还可反过来评价仓库布置和订单批量策略。实际应用前只要将仓库布置简化为图 6-28 所示的网络图，其中每个点代表沿着通道的一个货位，行走时只能沿通道进行，图中三角为定义的起始点和返回点。

计算机优化求解的应用前提是易于实现解的结果，但目前还没有商业化应用，作为

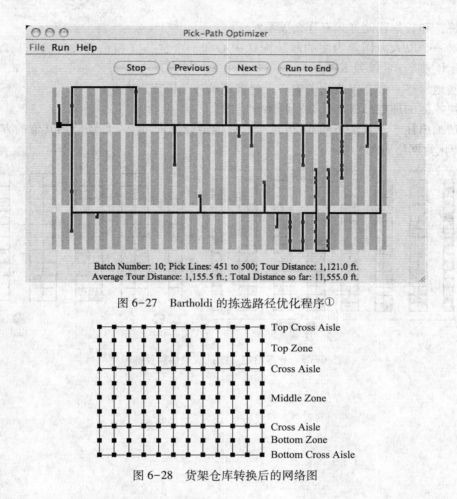

图 6-27 Bartholdi 的拣选路径优化程序①

图 6-28 货架仓库转换后的网络图

WMS 目前还没有能处理仓库货位的几何布置图，就更不用谈优化了。而且知道了最优路径还有一个如何实施的问题，拿着纸质拣选单的可能比 RF 终端更好，因为 RF 终端目前信息很少，不足以显示全部路径；但在大型配送中心中采用拣选路径优化还是有前景的。以下几点方法值得在仓库作业中应用：

① 将主要拣选路径设置为直接的、较短的且拣货员记得住的路线；
② 对分区作业的拣货员确定路径规则，便于提高效率；
③ 按主要拣选路径作业方便的要求安排货物的储位。

习题与思考题

1. 物料发放包括哪些作业？
2. 确定拣选方法要考虑哪些因素？

---

① ① 资料来源：http：//www.isye.gatech.edu/~jjb/wh/apps/pickpath/demo.

3. 拣选和货物存储方式有什么关系？

4. 对一个以人力作业为主的服装配送中心和一个食品（包括有冷冻食品）配送中心，请分别给出拣货作业绩效 KPI。

5. 实地考察一个仓库或配送中心，观察记录并分析拣货作业。

6. 快拣区的理想形式是什么？画出示意图。

7. 请画出在 S 形算法下图 6-29 两个仓库的最佳拣货路径，你还能用其他的方法吗？能将它们转化为网络图吗？

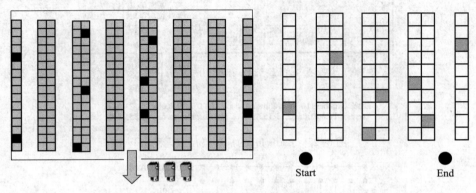

图 6-29　仓库给定货物拣货最佳路径的确定

第 7 章

物料存储监控与盘点

本章主要内容
- 盘点与物料数量监控
- 物料盘点的程序
- 物料存储质量监控与呆废物料管理

7.1 盘点与物料数量监控

储存物料在仓储过程中,因不断地进出库,或者成品、物料因存放不恰当、存放过久,导致库存成品、物料数量、质量与实际状况不符。在实际工作中物料账实不符的原因主要有以下几个方面。

① 在物料收发过程中,由于手续不齐或计算、登记上发生错误或漏记,或收发凭证遗失造成的账实不符。

② 由于计量、检验方面的问题造成的数量或质量上的差错。例如整进零发所发生的磅差。

③ 由于供方装箱装桶时,每箱每桶数量有多有少,而在验收时无法进行每箱每桶核对造成的短缺或盈余。

④ 由于用做新产品开发或样品而又未正常履行物料出入库手续,造成数量短缺。

⑤ 由于贪污、盗窃、徇私舞弊等造成的物料损失。

⑥ 因气候影响发生腐蚀、硬化、结块、变色、锈烂、生霉、变形及受虫鼠的啃食等,致使物料发生数量减少或无法再使用。

⑦ 由于自然灾害造成的非常损失和非常事故发生的毁损。

⑧ 由于保管不善或工作人员失职造成物料的损坏、霉烂、变质或短缺等。

⑨ 物料在储运过程中发生自然变化或损耗。

由于上述问题的普遍存在,致使储存的物料账实不符,品质、机能受到影响,难以满足生产、流通和客户的要求。

更严重的是,20 世纪末至 21 世纪初以来我国大量企业开始采用 MRP 或 ERP 系统,它们的一个基本要求是库存准确率要在 95%以上,否则系统的实施就是一场灾难。而且现代企业 JIT 生产方式、供应链管理、电子商务等的应用,由于所供应物料的品质、数量与生产需求或客户订单不符，造成物料供应中断或销售机会的丧失，对企业的影响就太大了。库存准确性的确定离不开盘点，从现代管理和控制论的角度来看，就是一个控制问题。

在控制系统中，全部控制活动由测量机构、决策机构和执行机构等最基本的机构实施。盘点作为库存控制的基础工作，需要有一个良好的测量机制，以为决策提供反馈信息。现代物流对库存准确性数据的时效性要求高，决策机构要及时掌握这些数据，必须采用先进的信息搜集和测量措施，即要采用近似"实时控制"的监控手段，在很短的时间内完成测量、决策和执行的全部控制工作，提高库存系统的反应性，才能解决问题。现阶段对我国许多企业还离不开手工盘点的方式，但库存物料"实时盘点与监控"至少代表将来的一个发展方向。

7.1.1 物料盘点概述

所谓盘点，是指为确定仓库内或在企业内其他场所现存物料或产品的实际数量、品质状况和储存状态的清点，是物料管理工作的控制反馈过程。

1. 盘点作业的目的

盘点目的主要有两个：一是控制存货数量与库存时间的长短，以指导日常经营业务；二是掌握损益，以便真实地把握经营绩效，并尽早采取防漏措施。

盘点是一个综合性的管理工作，具体有以下几个方面。

① 为了确定现存量，并修正料账不符产生的误差。通常物料在一段时间不断接收与发放后，容易产生误差。这些差异必须在盘点后立即察觉错误的起因，并予以更正。

② 为了计算企业的损益。企业的损益与总库存金额有相当密切的关系，而库存金额又与库存量及其单价成正比。因此为了能准确地计算出企业实际的损益，就必须针对现有数量加以盘点。

③ 为了稽核物料管理的绩效，使出入库的管理方法和保管状态变得清晰。如呆废品的处理状况、存货周转率、物料的保养维修，都可以通过盘点发现问题，从而提出改善的方法。

2. 盘点的作用

（1）确保物料的真实性

通过盘点，可使各项物料的实存数量、种类、规格得到真实反映，以便核查账实差异及其发生原因，明确责任，保证库存物料的准确性。此外，还可以计算出真实的存货、费用率、毛利率、货损率等经营指标。

（2）确保各项物料的保管安全，减少物料毁损的发生，提高物料使用效率。

通过盘点可以掌握各种物料的保管现状，查明堆码是否稳固整齐，物料摆放是否合理，有无损失浪费、霉烂变质、贪污盗窃等情况；查明各项物料的储备和利用情况，明确哪些物料积压，哪些物料不足。

针对问题，要建立健全各项责任制，切实保证物料的安全与完整性；针对物料储存时间的长短及时采取措施，减少物料呆废的损失，提高物料使用率。

（3）了解有关物料的各项制度的执行情况

通过盘点可以了解验收、保管、发放、调拨、报废等各项工作是否按规定办理，这样有利于督促各项制度的贯彻执行，提高管理质量。

盘点的结果也可以认为是一份仓储经营管理绩效的成绩单。

7.1.2 物料盘点的主要内容

物料盘点的主要内容有以下 4 个方面。

① 检查物料的账面数量与实存数量是否相符。

核对数量是下一步对金额进行核对，同时也是库存管理的需要。

② 检查物料的收发情况，以及有无按先进先出的原则发放情况。

③ 检查物料的保管现状。找出物料保管中存在的问题，以便改进工作。主要包括：

- 检查物料的堆放及维护情况；
- 检查有无超储积压、损坏变质；
- 检查对不合格及呆废物料的处理情况；
- 检查安全设施及安全情况。

④ 检查常备物料库存状况。这应从时间和数量两个方面来考察。

7.1.3 物料盘点的范围

盘点应包括物料和企业资产的盘点。对企业物流管理者而言，资产管理并不是职责范围内的事。下面只介绍物料的盘点。

物料盘点的范围，应涵盖企业内全部物料，包括原材料、辅助材料、燃料、低值易耗品、在制品、半成品、产成品的清点核查，甚至还包括包装物、边角余料等。

尽管这些物料，并不全是企业生产所需，但所有的物料都是企业的资产，是货币的物化表现。物料盘点对物料全面管理，降低生产成本，减少企业资金占用，加速资金周转都很有意义。

7.1.4 物料盘点的种类

1. 按盘点的范围分

（1）全面盘点

全面盘点指的是对企业的所有有形的金融资产和物质资产进行全面清查，包括已经付款但仍在途的物料，以及已发至生产现场待用的物料。

由于全面盘点内容庞杂，范围广泛全面，因此工作量十分巨大，参与的人员也很多。所以一般只是在年终、工厂生产停工、设备检修期间进行。但当企业物料的种类较少时也可以在其他期末时间进行。

（2）局部盘点

局部盘点是指对部分财产物料的清点核算。

一般是对使用比较频繁的材料、产成品等根据实际情况在年内进行轮流盘点或重点盘点。

2. 按盘点的对象分

（1）账面盘点

账面盘点又称为永续盘点，就是把每天入库及出库物料的数量及单价，记录在计算机或账簿上，而后不断地累计加总算出账面上的库存量及库存金额。

（2）现货盘点

现货盘点也称实地盘点（实盘），也就是实地去点数、调查仓库内物料的库存数，再依物料单价计算出库存金额的方法。如果要得到最正确的库存情况并确保盘点无误,最直接的方法就是确定账面盘点与现货盘点的结果是否完全一致。如有账实不符的现象,就应分析寻找错误原因,划清责任归属。

3. 按进行盘点的时间来分

(1) 定期盘点

定期盘点,是指对各项物料在固定的时间内进行盘点,一般在期末。如每月月末一次、每季度季末一次、每半年一次、每年年终一次等。

由于期末盘点是将所有物料一次点完,因此工作量大、要求严格。通常采取分区、分组的方式进行,其目的是为了明确责任,防止重复盘点、漏盘。分区就是将整个储存区域划分成一个个的责任区,不同的区由专门的小组负责盘点。

一个小组通常需要三个人:一人负责清点数量并填写盘存单;另一人复查数量并登记复查结果;第三人负责核对前两次盘点数量是否一致,对不一致的结果进行检查。待所有盘点结束后,再与电子计算机或账面上反映的数量核对。

(2) 不定期盘点

不定期盘点是指没有固定时间,而是根据实际需要对所实存的物料进行局部区域的盘点。

(3) 动态盘点法

动态盘点法是对有动态的物料即发生过收、发的物料,及时核对该批物料余额是否与账、卡相符的一种方法。

(4) 循环盘点法

循环盘点法是将物料逐区逐类连续盘点,或在某类物料达到最低存量,即机动加以盘点。

循环盘点通常是对价值高或重要的物料进行盘点的一种方法。因为这些物料属于重要物品,对库存条件的要求比较高,一旦出现差错,不但会影响企业的经济效益,而且有损企业的形象。在仓储管理过程中广泛使用的是 ABC 分类管理法,对物品按其重要程度科学地分类,对重要的物品进行重点管理,加强盘点,防止出现差错。由于循环盘点只对少量商品盘点,所以通常只需保管人员自行对库存资料进行盘点即可,发现问题及时处理;可不必关闭工厂或仓库,因而减少停工的损失。具体可分以下三种方法。

① 分区轮盘法。将仓库分为若干区,依序清点物料存量,过一定日期后周而复始。

② 分批分堆轮盘法。收料时,将记录签放置在收料的包装件上。每发一次料,即在记录签上记录,并将领料单副本一并保存,未动的则认为其存量无变化。

③ 最低存量盘点法。是指库存物料达到最低存量或定购点时,即通知盘点专业人员清点仓库。盘点后开出对账单,以便查核误差的存在。这种盘点方法对于经常收发的物料非常有用,但对于呆料则不合适。

目前,国内多数配送中心都使用电子计算机来处理库存账务,当账面库存数与实际库存数发生差异时,很难断定是记账有误还是实际盘点中出现错误,所以可以采取"账面盘存"与"实地盘存"相结合的方法进行盘点。

7.2 物料盘点的程序

一般情况下，盘点作业可按如图 7-1 所示的程序进行。

图 7-1 盘点作业程序

7.2.1 盘点前的准备

盘点前的准备工作是否充分，关系到盘点作业能否顺利进行。事先对可能出现的问题，对盘点工作中易出现的差错，进行周密的研究和准备是相当重要的。准备工作主要包括以下内容。

① 确定盘点的程序。

② 确定盘点时间。视物品性质来确定周期，最好利用连续假期。

- A 类重要物品，每天或每周盘点一次；
- B 类物品每 2~3 周盘点一次；
- C 类一般物品每月盘点一次。

③ 确定盘点方法。因盘点场合、要求的不同，盘点的方法也有差异。为符合不同状况的产生，盘点方法的决定必须明确，以利盘点时不致混淆。

动态盘点法有利于及时发现差错和及时处理。

采用循环盘点法时，日常业务照常进行，按照顺序每天盘点一部分。所需时间和人员都比较少，发现差错也可及时分析和修正。其优点是对盘点结果出现的差错，很容易及时查明原因，不用加班，节约费用。

④ 确定并培训盘点人员。由于盘点作业必须动用大批人力，通常盘点当日应停止任何休假，并于一周前安排好出勤计划。经过训练的人员必须熟悉盘点用的表单。盘点前一日最好对盘点人员进行必要的指导，如盘点要求、盘点常犯错误及异常情况的处理办法等。盘点、复盘、监盘人员必须经过训练。盘点人员按职责分为填表人、盘点人、核对人和抽查人。

⑤ 准备好盘点所用表格及库存资料，且盘点人员熟悉盘点表格。如采用人员填写方式，则需准备盘点表和红、蓝色圆珠笔。盘点用的表格必须事先印制完成。

⑥ 配合会计进行物料财务决算，以便物料账和财务账进行对比盘点。

⑦ 对盘点时物料进出进行控制：

- 需盘点的物料应分类堆放整齐，并设置盘点单；
- 盘点时应办理完盘点之前的收发业务；
- 盘点期间所来物料应单独存放，并于盘点后入库；
- 盘点前车间应领取所有盘点期间所需物料。

7.2.2 初盘、复盘

1. 初盘

在正式盘点之前，仓管人员应先进行盘点并填写盘点表，以便于正式盘点的工作顺利进行。

2. 复盘

对物料的盘点一般采用实地盘点法。盘点时应注意：

① 仓库保管人员必须在场，协助盘点人员盘点；

② 按盘点计划有步骤地进行，防止重复盘点或漏盘；

③ 盘点过程一般采用点数、过秤、量尺、技术推算等方法来确定盘点数量。

1）工作步骤

① 将全体工作人员分组。

② 由小组中一人先清点所负责区域的物料，将清点结果填入各物料的盘存单（盘存单如表7-1所示）。

③ 由第二人复点，填入盘存单的下半部。

④ 由第三人核对，检查前两人的记录是否相同且正确。

⑤ 将盘存单交给会计部门，合计物料库存总量。

⑥ 等所有盘点结束后，再与计算机或账册物料进行对照。

表7-1　盘存单

日期
盘存单号码
品种号码
存放位置
数量
盘点人
日期
盘存单号码
品种号码
存放位置
数量
查核人

2）相关人员职责

（1）填表者职责

① 填表者拿到盘存单后，应注意是否有重叠。

② 填表者和盘点者分别在盘存单上签名。

③ 填表者盘点时，必须先核对货架编号。

④ 填表者应复诵盘点者所念的各项名称及数量。

⑤ 对于某些内容已预先填写的盘存单，填表者应在货号、品名、单位、金额等核对无误后，再将盘点者所获得的数量填入盘存表。

⑥ 盘存表只可填写到指定的行数，空余行数以留作更正用。

⑦ 填表者对于写错需更正的行次，必须用直尺划去，并在审核栏写"更正第　行"。

⑧ 填表者填写的数字必须正确清楚，绝对不可涂改。

（2）盘点者工作职责

① 盘点者盘点前和填表者分别在盘存单上签名。

② 盘点者对一个货架开始盘点前，先读出货架编号、盘存表号码、张数，让填表者核对。
③ 盘点者盘点时原则上由左而右，由上而下，不得跳跃盘点。
④ 盘点者盘点的顺序（针对同一商品）为：
- 商品货号；
- 商品名称；
- 价格；
- 数量。

⑤ 盘点者在盘点中应特别注意各角落，避免遗漏商品。
⑥ 盘点者在盘点商品时，数量必须正确，不可马虎。
⑦ 盘点者在盘点中，遇到标价不同或没标价时应：
- 找其他同种类商品的价标；
- 询问负责该部门的售货员。

(3) 核对者工作职责
① 应注意盘点者的盘点数量、金额是否正确。
② 应核对填表者的填写是否正确。
③ 核对者应监督错误的更正是否符合规定。
④ 核对者应于每一货架盘点完后，在货架编号卡右上打"√"。
⑤ 核对者在盘点仓库商品时，应对每一种商品进行盘点，核对无误后即在存货计算卡上打"√"。
⑥ 核对者应于商品盘存表全部填写完毕，并核对无误后，在审核栏内核对处打"√"，右边留做更正、签名及抽查员打"√"用。
⑦ 核对者审核打"√"，应在合计与单位的空白栏间，从右上至左下画斜线并在核对者栏签名。
⑧ 核对者在盘点期间应确实核对，以发挥核对的作用。

(4) 抽查员工作职责
① 抽查员应先了解盘存货架的位置、物料摆放的情形及其他知识。
② 抽查员应接受总督导的指挥调派，在建立配合抽查组织后，开始进行对各组盘存的抽查工作。
③ 抽查员检查已盘点完成的货架商品，核对其货号、品名、单位、金额及数量是否按规定填写。

7.2.3 盘点报告、结果处理

1. 盘点报告
① 根据盘点数量和账存数量编制盘点报告。
② 确定盘盈盘亏量。
③ 追查盘盈、盘亏的原因。

2. 盘点结果处理
面对盘点发现的问题，应该本着不回避矛盾、积极解决问题的态度来处理：

① 查明差异，分析原因。
② 认真总结，加强管理。
③ 上报批准，调整差异。
问题的处理方式主要有三个方面。
（1）对账实不一致的处理
应该确认是否确实出现实物的丢失。
① 是否账务记录失误，或进料、发料单据丢失，而少记账；
② 是否盘点时出现差错，多盘或少盘；
③ 对盘点的整个程序进行检查，是否由于盘点制度或流程的缺陷造成盘盈或盘亏；
④ 盘盈、盘亏是否在允许的误差范围之内。
（2）盘点后的修补完善措施
① 依据管理绩效考核，对分管人员进行奖惩。
② 料账、料卡的账面纠正。
③ 损失太大，造成物料不能满足供应时，及时补充订购。
④ 呆、废料迅速处理，以减少仓储费用，释放储存空间，加速资金周转。
（3）完善制度，堵塞漏洞
物料盘点工作完成以后，所发生的差额、错误、变质、呆滞、盈亏和损耗分别予以处理，并防止再发生。
① 呆料比重高，宜提高认识，设法研究，加强制度管理，尽可能降低。
② 库存周转率低或供应不及时率高，设法强化物料需求计划和库存管理与采购的配合。
③ 料架、堆垛和储位管理足以影响物料管理绩效的，宜通过物流工程的优化方法，研究改进。
④ 库存物料成本过大，应探讨原因，降低采购价格或找寻廉价代用品。

7.3 物料存储质量监控与呆废物料管理

物料存储质量反映了库存保管工作质量的好坏。对存储质量的监控主要从时间性（如库龄）和呆废料等方面来考虑。

像物料的库龄等时间性要求在现代市场竞争条件下，尤显重要。物料价格随市场供需状况变化快，一些产品的价格还与全球同步变化，这就要求我们要十分注意存储货物的时间性要求。先进先出作为库存管理的一项基本要求，只有在建立了仓库管理信息系统，对入库货物设置库龄等监控、及时报警功能和及时的管理措施，才能很好地解决先进先出和物料的存储时间性问题；否则靠人工管理易形成呆废物料。

呆废物料的管理，从物流管理角度看，就是一个废弃物流和回收物流的管理。长时间以来，在企业存在很多错误认识。例如，认为呆废物料的管理可有可无，加强管理还需人力物力的投入得不偿失，因此很多企业对此项管理基本放任自流。更有甚者，有些企业将那些对环境有污染的废料大肆排放到人类赖以生存的江河湖泊中，污染环境，给人类带来巨大危害。

7.3.1 呆废残料概述

1. 呆废残料的概念

（1）呆料

呆料是指库存时间过长而使用极少或有可能根本不使用之物料。

（2）废料

废料是指因某些原因而失去其使用价值，同时也无法改作它用的物料。

（3）残料

残料是指在使用加工过程中所产生的已无法再利用的边角料或零头。

2. 呆废物料形成的原因

① 因滞销而引起生产变更，致使物料积压；
② 因设计变更或失误，造成呆废物料的发生；
③ 因验收疏忽或经检验合格物料中仍含有少量的不合格物料；
④ 因保管不当或保存过久而变质；
⑤ 加工后所剩的边角料或碎屑等；
⑥ 因请购和采购不当，而造成呆废物料；
⑦ 用料预算大于实际使用；
⑧ 代客加工余料；
⑨ 促销材料。

7.3.2 呆废物料的防止和处理

1. 呆废物料处理目的

（1）物尽其用

呆废物料闲置在仓库内而不加以利用，只能长时间存放，长时间存放的物料不可避免地会生锈、受潮、变质等，使其丧失其使用功能，因此应即时利用。

（2）减少资金占用

呆废物料闲置在仓库而不即时处理和利用，会占用一部分资金。

（3）节省储存费用

呆废物料若能及时处理，可以省去因管理这些呆废物料而发生的各项管理费用。

（4）节省储存空间

呆废物料即时处理，可以减少仓储空间之占用。

2. 呆废物料的合理处理

① 转用：转用于其他产品的生产。
② 修正再用：在规格等方面稍加修正加以利用。
③ 拆零利用：有用的零件回收利用。
④ 调换：与加工商或供应商协商进行等价调换其他物料。
⑤ 转赠：转送其他单位利用。
⑥ 出售：将呆废物料降价出售，回收部分资金。
⑦ 报废：呆废物料无法进行上述之处理时，只能进行销毁，以免占用仓库空间。

3. 防止产生呆废物料的措施

① 加强市场调查,做出恰当之销售计划,避免因滞销而使物料积压。
② 加强物料的请购、采购作业,避免误请误采物料的发生,减少呆废物料。
③ 加强验收功能,避免混入不合格物料。
④ 变更产品设计时,应尽量将原有物料用完,除非不得已不要中途改用新物料。
⑤ 实施物料品种、规格简单化,功能多用化,以减少呆废物料的发生。
⑥ 依物料的分类,采用不同存量控制法,防止物料库存过多及变质。
⑦ 加强各子、母公司以及各部门之间的沟通,减少呆废物料的发生。
⑧ 加强设计部门之成本观念,应力求设计完整,先经试验后再试量,减少呆废物料的发生。
⑨ 加强生产现场和物料搬运管理,减少呆废物料的发生。
⑩ 加强物料储运的管理,防止物质损坏变质。

习题与思考题

1. 在日常仓储管理中,出现账实不符的原因是什么?
2. 盘点的目的和作用各是什么?
3. 盘点的主要内容和项目各是什么?
4. 物料盘点的种类有哪些?
5. 盘点的程序有哪些?
6. 呆废物料产生的原因有哪些?
7. 为什么要加强呆废物料的管理?
8. 如果你是仓管主任,请设计一个仓库盘点的管理制度。

第 8 章 库存控制与物料定额管理

本章主要内容
- 库存控制
- 物料消耗定额管理
- 物料储备定额管理
- 物料分类与编码管理
- 系统物料编码的处理特点

引导案例

当今许多 CEO 制定战术目标时都希望把企业的库存降低作为一个非常重要的 KPI,而库存居高不下也经常困扰上市公司的 CEO 们。先锋电子公司是一家总部位于日本东京的年销售收入 642 万亿日元的全球化电子消费品公司。公司在全世界设立了 150 多个分支机构。在激烈的市场竞争中,管理层逐渐地意识到控制公司的库存水平在电子消费品行业中的重要性,因此决定对其整个供应链进行整合,并且确定了明确的战术目标,即:

① 削减库存;
② 库存风险的明细化;
③ 降低生产销售计划的周期。

公司通过对需求变动原因的收集和分析,制定高精度的销售计划,同时通过缩短计划和周期,尤其是销售计划和生产周期来达到削减库存的目的,通过基于客观指标的需求预测模型,依靠统计手法所得的需求预测和反映销售意图的销售计划分离的机制来使库存风险的明细化;同时通过现代管理方法引入,预测、销售计划业务的效率化,各业务单位的生产销售计划标准化、共享化,来制定未来销售拓展计划,并进而达到生产销售计划周期的降低。

销售计划的预测模型在先锋电子的推行方面取得了积极的成效:在管理咨询公司的帮助下,先锋电子可以依靠现代管理方法制定出综合多方因素的销售计划,并且通过生产、销售计划的编制精度的提高,使原材料等物料的采购提前期从 4 天减少到 2 天。

8.1 库存控制

库存现象由来已久，但是把库存问题作为一门学科来研究，还是20世纪后的事情。以往人们为了保证生产和消费的顺利进行，总认为物料存储得越多越好，但伴随着物料供应的日益丰富及市场竞争的日趋激烈，库存的控制越来越引起人们的关注。

早在1915年哈里斯就提出了"经济批量"问题，研究如何从经济的角度确定最佳的库存数量。"经济批量"的提出，从根本上改变了人们对库存问题的传统认识，是对库存理论研究的一个重大突破，可以说，是现代库存理论的奠基石。

第二次世界大战之后，由于运筹学、数理统计等理论与方法的广泛应用，特别是20世纪50年代以来，人们开始应用系统工程理论来研究和解决库存问题，从而逐步形成了系统的库存理论（也称"存储论"），主要方法包括经济批量模型（EOQ）。

计算机的广泛应用，使得库存问题的控制效率得到大规模的提高。20世纪60年代的物料需求计划（MRP），以及20世纪80年代的制造资源计划（MRPⅡ），借助于计算机系统解决制造企业生产物料的相关需求与库存管理和控制问题，并取得了令人满意的绩效。

几乎与此同时，零库存成为企业努力追求的目标，JIT（准时生产方式）成为企业实现零库存的重要手段。

近年来，各种不同的理论方法与技术（如模糊集理论、最优控制理论和Internet技术等）被引入到库存管理研究中，使得库存物品的分类更科学、建模更方便、管理更有效，从而提高了库存管理的效益。

随着全球化市场的形成及网络经济的发展，企业之间的竞争规则已被改写，不再只是企业靠自身力量与本行业的对手竞争，而是靠增强与所有在供应链上的批发商、制造商及供应商的联盟来进行竞争，通过这一链条上的企业共同努力最终实现为客户提供满意服务的目标。供应链理论的产生与发展，对库存管理理论也产生了很大的影响，人们开始从供应链的角度来研究在整个供应链上的库存问题，研究如何利用供应商管理库存（VMI）、供应链成员联合管理库存来达到降低库存的目的，研究利用信息技术与网络技术建立基于企业资源计划（ERP）的库存管理与控制技术，使库存理论得到了进一步的完善和发展，并使库存理论成为一门比较成熟的学科。

8.1.1 库存控制概述

库存控制是以控制库存为目的的方法、手段、技术及操作过程的总称。它是对企业的库存量（包括原材料、零部件、半成品及产品等）进行计划、协调和控制的工作。

1. 库存的利弊

现代物流理论认为"库存是一个必要的恶魔。"也就是说，库存的存在有利有弊。

1）库存的作用

（1）使企业能够实现规模经济，降低成本

企业通过设立库存，可以实现企业采购、运输和制造方面的规模经济。

如在采购方面，大批量的采购可以获得价格折扣；在运输方面，如果采购的量较大，那么所采购的物料就可以采用更经济的运输方式运输,从而使物流运输成本降低。

(2) 平衡供给与需求

(3) 预防因不确定的、随机的需求变动及订货周期的不确定造成的供应中断

制造商通过增加原材料库存,使原材料库存超出为满足生产所必需的库存量,以防止由于未来原材料价格上涨或者可能发生市场短缺等原因可能造成的缺货。

(4) 消除供需双方在地理位置上的差异

在途库存是根据产成品从生产者到中间商及最终消费者手中所需要的时间及数量而确定的库存。由于生产者、中间商及最终消费者常常不在同一地理位置,因此需要有在途库存来消除生产者、中间商及最终消费者的位置上的差异。

2) 库存的弊端

库存也会给企业带来不利的影响,这些影响主要包括以下几个方面。

(1) 占用大量流动资金

库存中的每一种物品根据其价值的高低都会或多或少地占用资金。由于库存的存在,使得资金的占用大量增加。库存中存放的物品越多,占用的资金也就越多。

(2) 产生库存成本

库存成本是指企业为持有库存所需花费的成本。库存成本包括:占用资金的利息,保管费(仓库费用、搬运费用、管理人员工资等),保险费,库存物品价值损失费用(丢失或被盗、库存物品变旧或发生物理、化学变化导致价值的降低)等。

(3) 掩盖了管理上存在的问题

由于库存的存在,使得许多问题得不到及时暴露,从而使得问题无法得到及时解决,这样会带来一些管理上的问题。例如,掩盖经常性发生的产品或零部件的制造质量问题。当废品率和返修率很高时,一种很自然的做法就是加大生产批量和在制品、产成品库存,掩盖供应商的供应质量问题、交货不及时问题、生产过程中及销售过程中存在的问题等。

总之,持有库存会发生一定费用,还会带来其他一些管理上的问题,因此,库存的作用及其弊端之间有一个折中、平衡的问题,这也就是库存管理所要研究和解决的问题。

2. 库存控制的目标

如果对库存不进行控制,可能既满足不了经营的需要,同时又造成大量的库存积压,占用大量的库存资金。最好的库存控制就是平衡库存成本与库存收益的关系,决定一个合适的库存水平,使库存占用的资金带来的收益比投入其他领域的收益更高。

库存控制的目标就是防止超储和缺货,在企业现有条件约束下,以合理的成本为用户提供相适应的服务,即在达到顾客期望的服务水平的前提下,尽量减少库存成本。

3. 库存分类

1) 按库存的作用分类

(1) 周转库存

由周期性批量购入所形成的库存就称为周转库存。涉及两个概念:一个是订货周期,即两次订货之间的间隔时间;另一个是订货批量,即每次订货的数量。

(2) 安全库存

由于需求和提前期等方面存在着不确定性,需要持有超过周转库存的安全库存。安全库存是为了应付需求、生产周期或供应周期等可能发生的不测变化而设置的一定数量的库存。

设置安全库存方法有两种，一种方法是比正常的订货时间提前一段时间订货。例如，假定从发出订单到货物到达生产企业需3周，企业可提前4周发出订单，这样安全库存量是1周的需要量。另一种方法是，使每次的订货量大于一个订货周期的需要量，多余部分就是安全库存。安全库存的数量除了受需求和供应的不确定性影响外，还与企业希望达到的顾客服务水平有关，这些是制定安全库存决策时的主要考虑因素。

（3）调节库存

调节库存是用于调节需求或供应的不均衡、生产速度与供应速度的不均衡、各个生产阶段产出的不均衡而设置的。

（4）在途库存

在途库存是指从一个地方到另一个地方处于运输过程中的物品。虽然在途库存在没有到达目的地之前，还不能用于销售或发货，但可以将在途库存视为周转库存的一部分。

2）根据用户对物料需求的重复次数分类

（1）单周期库存

单周期需求也叫一次性订货，这种需求的特征是偶发性和物品生命周期短，因而很少重复订货（如报纸，没有人会订过期的报纸来看），这就是单周期需求。

（2）多周期需求

多周期需求是在长时间内需求反复发生，库存需要不断补充。在实际生活中，这种需求现象较为多见。

多周期需求又分为独立需求库存与相关需求库存两种。独立需求是指用户对某种物料的需求与其他种类的库存无关，表现对这种物料需求的独立性。这种需求变化独立于人们的主观控制能力之外，因而其数量与出现的概率是随机的、不确定的、模糊的。如最终产品、维修件、可选件和工厂自用件等。需求量和需求时间通常由预测和客户订单、厂际订单等外在因素来决定。相关需求是指与其他需求有内在相关性的需求，根据产品的结构关系和一定的生产比例关系，企业可以依次精确地计算出物料的需求量和需求时间，它是一种确定型需求。如原材料、零件、组件等。需求量和时间则由MRP系统来决定。

3）按库存的参数确定性与否分类

（1）确定型库存

确定型库存模型的参数是确定的。所谓确定是指物品的需求量是已知和确定的，补充供应的前置时间是固定的，并与订货批量无关。当这两个条件得不到满足时，确定型就不再适用。

（2）随机型库存

随机型是库存指物品的需求量和补充供应的前置时间至少有一个是随机变量。如果可以根据统计资料得出在任一给定时期需求量的概率分布，则称为概率型库存模型。

4. 库存控制

一个完整的储存作业过程可以分为以下几个部分，如图8-1所示。

① 订货过程：从向外订货或发出订单开始，一直到订货成交为止的整个阶段。订货过程即商流过程，目的是补充库存。

② 进货过程：是把货物由供方运进需方指定地点的过程，它使库存量增加，属于物流过程。

③ 保管过程：从货物入库到货物出库所进行的一系列保管保养活动，库存不变，属于物流过程。

④ 出库过程：是将货物送到消费者手中或指定的生产工序的阶段。其中，库存减少是属于物流过程，有时兼有商流的过程。

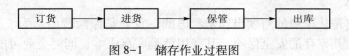

图 8-1　储存作业过程图

为了控制库存，可控制订货进货过程，也可控制销售出库过程。但是，控制销售出库过程，意味着限制了用户的需求，影响了社会需求。所以最好采用通过控制订货进货过程的办法来控制库存量，这样不但可主动控制库存量，而且不影响社会效益。

具体来说，库存控制要回答以下问题：如何使库存成本最优？怎样避免产生不必要的库存？如何使生产和销售计划相平衡，以满足交货要求？怎样避免销售损失，提高客户满意度？归根结底，就是要确定什么时候订货、每次订货订多少及确定库存检查周期等问题。

8.1.2　库存成本的构成

库存成本的构成一般可分为以下三个主要部分。

1. 库存持有成本

即为保有和管理库存而需承担的费用开支。具体可分为运行成本、机会成本和风险成本三个方面，如图 8-2 所示。

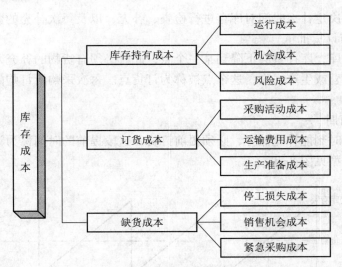

图 8-2　库存成本模型图

（1）运行成本

主要包括仓储成本，库存越高，仓储面积越大，仓储成本也越高。此外，运行成本还包括仓库中的设备投资成本和日常运作费用（水、电、人工等）。

（2）机会成本

主要是库存所占用的资金所能带来的机会成本。库存作为企业的资产是通过占用企业的流动资金而获得的,任何企业都需要有一定的资金投资回报率,即库存占用的资金如果不用于库存而去经营其他投资所能获得的平均收益,这一比例因行业和企业的不同而有所不同,一般为10%~16%。企业因为要持有一定的库存而丧失了流动资金所能带来的投资收益,即为库存的机会成本。

(3) 风险成本

顾名思义,这是从风险的角度出发来考虑的。首先是保险费用,为了减少库存的损失,大多数的企业会为其库存的安全保险,其费用就是库存成本;同时企业可能会因为库存的不合理存放而造成损耗或报废,例如食品过期、存放过程中破损、产品滞销、失窃等,这些损失同样是库存的风险成本。

2. 订购成本

指企业为了得到库存而需承担的费用。表现为订货成本,包括与供应商之间的通信联系费用、差旅费、货物的运输费用等,订购或运输次数越多,订货成本就越高。如果库存是企业自己生产的,则获得成本体现为生产准备成本,即企业为生产一批货物而进行的生产线改线的费用。

3. 库存缺货成本

由于库存供应中断而造成的损失。包括原材料供应中断造成的停工损失、产成品库存缺货造成的延迟发货损失和销售机会丧失带来的损失、企业采用紧急采购来解决库存的中断而承担的紧急额外采购成本等。

8.1.3 库存策略

库存策略是指决定什么时间对库存进行检查、补充,以及每次补充的数量等。

(1) 订货点与订货批量

随着物料的出库,库存量会下降到某一个点,此时必须有货物的补充入库;否则,不能满足需求,造成经营或生产损失,这个点被称为订货点。每次采购所订购的物料数量称为订货批量。

(2) 订货提前期

指为了在某一时刻能补充储存,必须提前订货,这段提前的时间称为订货提前期。

库存订货点模型见图8-3。

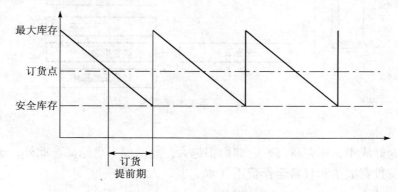

图8-3 库存订货点模型图

根据仓库存货的检查周期、订货点、订货批量、最大库存等决策变量的组合有以下几种常用的库存订货策略。

1. 连续性检查的固定订货量、固定订货点策略

即（R，Q）策略，如图 8-4 所示（图中 LT 为采购提前期）。该策略的基本思想是：对库存进行连续性检查，当库存降低到订货点水平 R 时，即发出一个订货指令，每次的订货量保持不变，为固定值 Q。此策略适用于需求量大、缺货费用较高、需求波动性很大的情形。

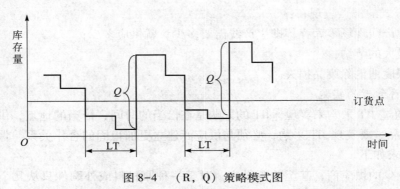

图 8-4 （R，Q）策略模式图

2. 连续性检查的固定订货点、最大库存策略

即（R，S）策略。该策略属于连续性检查类型的策略。它需要随时检查库存状态，当发现库存降低到订货点水平 R 时，开始订货。订货后使最大库存保持不变，即为常量 S，若发出订单时库存量为 I，则其订货量为 $S-I$。该策略和（R，Q）策略的不同之处在于其订货量是按实际库存而定，因而订货量是可变的。

3. 周期性检查策略

即（t，S）策略，如图 8-5 所示。该策略是每隔一定时期 t 检查一次库存，并发出一次订货，把现有库存补充到最大库存水平 S，如果检查时库存量为 I，则订货量为 $S-I$。

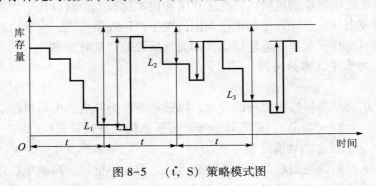

图 8-5 （t，S）策略模式图

8.1.4 库存控制新策略

1. JIT 库存管理方法

JIT（准时制）产生于 1973 年，是由丰田英二和大野耐一在日本丰田汽车公司首先采用的。所谓准时制就是指按照顾客要求的时间、地点，按照其需要的数量，生产或提供其需要的产品或服务。运用到库存控制上，就是"按需储存"，这种按需储存的方式是以需求为动力，拉动储存计划，需方需要什么品种，需要多少，什么时候需要，什么地点需要，完全由需方向供方发出指令，供方根据需方的指令，将需方的品种按需求的数量，在所需的时间运送到指定的地点。不多送，也不少送；不早送，也不晚送，运送的品种要保证质量，不能有废品。

1) JIT 库存管理目的及优点

JIT 库存管理的目的是可以概括为：零库存，零交易，零缺陷，杜绝浪费。

JIT 供应方式的优点表现在：

① 实现生产线现场零库存，即生产线需要多少，就供应多少；

② 实现最大的节约；

③ 最大限度地消除废品损失。

2) JIT 库存管理的实施

JIT 库存通过 JIT 采购来实现，JIT 的采购是在恰当的时间、恰当的地点，供应恰当的数量、恰当的物品。要实现 JIT 采购，必须与供应商建立更加稳固的合作关系，保证交货及时准确，因此要求如下：

① 采用较少的供应商，甚至单源供应。对某一种原材料或外购件只从几个甚至一个供应商采购，JIT 的采购认为对每一种原材料或者外购件最理想的数目是一个。但是，这种方法有可能带来由于意外发生供货中断事故及对供应商依赖过大的缺点。

② 对供应商的选择需要综合进行评价。由于 JIT 采取较少的甚至单源供应渠道，因此对供应商的要求比较严格，需要综合进行评价。

③ 对交货的准时性要求严格。JIT 库存管理思想为"按需储存，按需采购"，一切服务于生产。要求交货严格按生产计划执行，以免生产中断。

④ 信息交流更加重要。由于 JIT 采购的特殊性，使信息沟通变得更加重要。

⑤ 小批量采购。JIT 生产要求零库存，采购需要实行小批量采购，强调"准时性"。小批量采购要求增加配送运输的批次，因此工作量和成本比较大，所以比较大的生产企业例如汽车制造厂等供应商一般就在汽车制造厂周围设置生产厂或供应点；也有由第三方物流公司负责供应商的物料库存、配送、运输管理，即通常所说的"VMI 管理"。

3) 应用 JIT 时需要注意的问题

(1) 严格拉动

准时管理方法要求严格按照拉动的理念，以最终需求为起点，由后道作业向前道作业按看板所示信息提取材料（物品），前道作业按看板所示信息进行补充生产。

(2) 高效率、低成本的物流运输方式

准时管理方法要求供应商小批量、高频率运送。但是小批量、高频率运送将增加运输成本，为了降低运输成本，准时管理方法要求积极寻找集装机会。另外，需要采用使小批量物品的快速装卸变得容易的设备。

(3) 与供应商长期、可靠的伙伴关系

准时管理方法要求与供应商建立长期、可靠的合作伙伴关系，要求供应商在需要的时间提供需要的数量和质量的产品。具体说，就是要求供应商以小批量、要求的频率进行物料运送，严格遵守交货时间。

(4) 决策层的支持

准时管理方法要求企业最高决策管理层的大力支持。与视库存为企业资产，认为库存是经营的必要条件的传统管理方法不同；准时管理方法视库存为企业负债，认为库存是浪费。采用准时管理方法要求对企业整个体系进行改革，甚至重建，这需要大量投资和花费很多时间，也存在着较大的风险。如果没有最高决策管理层的支持，企业不可能采用准时管理方法，即使采用了，也可能由于部门间不协调或投入资源不足，不能发挥准时管理方法的优势。

(5) 重视人力资源的开发和利用

准时管理方法要求重视人力资源的开发和利用，这包括对员工进行培训，使其掌握多种技能，成为多技能工人；同时要求作业现场员工负起处理问题的责任，做到不将不良品移送给下道作业，确保产品的质量，做到零缺陷。准时管理方法还要求企业的所有员工（包括管理者）具有团队精神，共同协作解决问题。

2. 渠道中库存的管理

1) 渠道及渠道库存概念

分销渠道按渠道的级数划分通常有4种形式。

零级渠道：制造商→消费者；

一级渠道：制造商→零售商→消费者；

二级渠道：制造商→批发商→零售商→消费者；

三级渠道：制造商→代理商→批发商→零售商→消费者。

在物流供应链中，企业整体库存包括企业自身的库存及渠道库存。渠道库存是指各级渠道例如地区分公司、自营店、特许加盟店、联营专柜、批发代理商等环节的库存。必要的渠道库存是正常销售的保证；而过量的渠道库存则会造成商品积压，资金难以回收。

如图8-6所示，在传统物流供应链模式下，库存以原材料、在制品、半成品、成品的形式存在于销售渠道或供应链的各个环节。对商品的需求是从供应链的下游启动并逐级地反馈到供应链的上游。经过多个环节后信息反馈会发生失真，需求信息会逐级放大。当信息到达源头制造商时，所获得的需求信息与实际市场需求信息差异很大。同时由于库存费用占库存物品的价值的20%~40%，因此渠道中的库存控制是十分重要的。

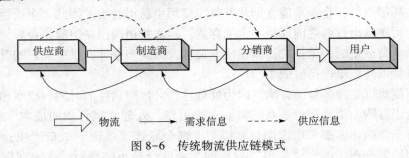

图8-6 传统物流供应链模式

2) 渠道库存管理要求

(1) 减少重复库存

供应链上的零售商，为了防止分销商货物脱销情况，通常会保持安全库存；同样，分销商也会需要安全库存以防止供货不足。由于以上供货和需求信息不足再加上供应链渠道成员沟通协作不够，就会出现重复库存。

（2）减少安全库存量

供应链中的全部库存管理可通过集中库存、集成管理，将所有渠道成员通过信息沟通、责任分配和相互合作理顺，进行资源整合，最大限度地减少供应链上每个成员的不确定性，减少每个成员的安全库存量。

（3）降低物流成本

通过削减库存，降低物流成本。

（4）减少牛鞭效应影响

供应链的下游库存点和上游库存点共享供货需求信息，利用现代信息技术，加强合作，减少或者消除牛鞭效应。

3）渠道库存的管理

（1）供应链中的需求变异放大原理与库存波动（牛鞭效应，Bullwhip Effect）

其基本思想是：当供应链的各节点企业只根据来自其相邻的下级企业的需求信息进行生产或供应决策时，需求信息的不真实性会沿着供应链逆流而上，产生逐级放大的现象，达到最源头的供应商时，其获得的需求信息和实际消费市场中的顾客需求信息发生了很大的偏差，需求变异系数比分销商和零售商的需求变异系数大得多。由于这种需求放大效应的影响，上游供应商往往维持比下游供应商更高的库存水平。这种现象反映出供应链上需求的不同步现象，它说明供应链库存管理中的一个普遍现象："看到的是非实际的"。

（2）"牛鞭"效应产生的原因

第一，虚增需求预测。

为了安排生产进度，计划产量，控制库存和计划物料需求，供应链中的企业通常都会预测产品需求。而预测通常是基于企业直接接触的顾客的购买历史进行的。当下游企业订购时，上游企业的经理就会把这条信息作为将来产品需求的信号来处理。基于这个信号，上游经理会调整需求预测，同时上游企业也会向其供应商增加订购，使其做出相应的调整。因此，这种需求信号的处理是"牛鞭"效应产生的主要原因。

第二，批量订购。

在供应链中，每个企业都会向上游企业订货，并且会对库存进行一定程度的监控。由于入库的物料在耗尽以后，企业不能立即从其供应商那里获得补给，因此，企业经常都会进行批量订购，在再次发出订购之前保持一定的存货。运输费用高也是阻碍企业频繁订货的障碍之一。卡车满负荷载重时，单位产品运输成本最低，因此当企业向供应商订购时，他们都会倾向大批量订货以降低单位运输成本。

通常供应商难以处理频繁的订购，因为处理这些订货所消耗的时间与成本相当大。宝洁公司估计，由于订购、结算和运送系统需要人手运作，处理每笔订货的成本大约在35~75美元之间。若企业的顾客都采用定期订购模型，则会导致"牛鞭"效应产生；如果所有顾客的订购周期均匀分布，那么"牛鞭"效应的影响就会最小。然而，这种理想状态极少存在。订单通常都是随机分布，甚至是相互重叠的。当顾客的订货周期重叠时，很多顾客会在同一时间订货，需求高度集中，从而导致"牛鞭"效应高峰的出现。

第三，价格波动。

价格波动会促使提前购买。制造商通常会进行周期性促销，如价格折扣、数量折扣、优惠券等，这些优惠实质上是一种间接的价格优惠。制造商的价格优惠会促使其分销商提前购买日后所需的产品，而提前购买的结果是顾客所购买的数量并不反映他们的即时需求，这些数量足以供他们将来一段时间使用。

这种促销对供应链来说可能成本很高。当制造商的价格处于低水平时（通过折扣或其他促销手法），顾客常会购买比自己实际需要大得多的数量；当制造商的价格恢复正常水平时，顾客由于有足够库存，因此在其库存消耗完之前，他们不会再购买。结果，顾客的购买模式并不能反映他们的消耗（消费）模式，并且使其购买数量的波动较其消耗量波动大，从而产生"牛鞭"效应。

第四，限量供应和短缺博弈。

当产品供不应求时，制造商常根据顾客订购的数量按照一定的比例进行限量供应，客户会在订购时夸大实际的需求量；当供不应求的情况得到缓和时，订购量便会突然下降，同时大批客户会取消他们的订单。对潜在的限量供应进行的博弈，会使顾客产生过度反应。这种博弈的结果是供应商无法区分这些增长中有多少是由于市场真实需求而增加的，有多少是零售商害怕限量供应而虚增的，因而不能从顾客的订单中得到有关产品需求情况的真实信息。

3. VMI 管理

VMI（Vendor Managed Inventory）意为供应商管理用户库存，VMI 是一种在用户和供应商之间的合作性策略，以对双方都是最低的成本优化产品的可获性，在一个相互同意的目标框架下由供应商管理库存，这样的目标框架被经常性监督和修正，以产生一种连续改进的环境。

该策略的关键措施主要体现在如下几个原则中。

① 合作精神（合作性原则）。在实施该策略时，供应商和用户（零售商）都要把合作精神放在首位，供需双方的相互信任与信息透明才能够使相互之间保持较好的协调运作。

② 使双方成本最小（互惠原则）。VMI 不是关于成本如何分配或谁来支付的问题，而是致力于减少总成本的问题。

③ 框架协议（目标一致性原则）。通过框架协议，使双方都明白各自的责任和目标。如库存放在哪里，什么时候支付，是否要管理费用，花费多少等，这些问题都要回答，并且体现在框架协议中。

④ 连续改进原则。通过连续的改进，不断找出合作运作中存在的问题并加以解决，使合作的成效不断提高。

供应商管理库存的策略可以分如下几个步骤实施。

① 建立顾客情报信息系统。要有效地管理销售库存，供应商必须能够获得顾客的有关信息。通过建立顾客的信息库，供应商能够掌握需求变化的有关情况，把由批发商（分销商）进行的需求预测与分析功能集成到供应商的系统中来。

② 建立销售网络管理系统。供应商要很好地管理库存，必须建立起完善的销售网络管理系统，保证自己的产品需求信息和物流畅通。为此，必须：

- 保证自己产品条形码的可读性和唯一性；
- 解决产品分类、编码的标准化问题；
- 解决商品存储运输过程中的识别问题。

目前已有许多企业开始采用 MRP II 或 ERP 企业资源计划系统，这些软件系统都集成了销售管理的功能。通过对这些功能的扩展，可以建立完善的销售网络管理系统。

③ 建立供应商与分销商（批发商）的合作框架协议。供应商和销售商（批发商）一起通过协商，确定处理订单的业务流程及控制库存的有关参数（如再订货点、最低库存水平等）、库存信息的传递方式（如 EDI 或 Internet）等。

④ 组织机构的变革。这一点也很重要，因为 VMI 策略改变了供应商的组织模式，过去一般由会计经理处理与用户有关的事情，引入 VMI 策略后，在订货部门产生了一个新的职能负责用户库存控制、库存补给和服务水平。

案例窗口 8-1

达可海德服装公司的 VMI 系统

为了增加销售，提高服务水平，减少成本，保持竞争力和加强与客户联系，美国达可海德（DH）服装公司实施了供应商管理库存（VMI）的战略性措施。

在起步阶段，DH 选择了分销链上的几家主要客户作为试点单位。分销商的参数、配置、交货周期、运输计划、销售历史数据及其他方面的数据，被统一输进了计算机系统。

VMI 系统建立起来后，客户每周将销售和库存数据传送到 DH 公司，然后由主机系统和 VMI 接口系统进行处理。DH 公司用 VMI 系统，根据销售的历史数据、季节款式、颜色等不同因素，为每一个客户预测一年的销售和库存需要量。

为把工作做好，DH 公司应用了多种不同的预测工具进行比较，选择出其中最好的方法用于实际管理工作。在库存需求管理中，他们主要做的工作是：计算可供销售的产品数量、计算安全库存、安排货物运输计划、确定交货周期、计算补库订货量等。所有计划好的补充库存的数据都要复核一遍，然后根据下一周（或下一天）的业务，输入主机进行配送优化，最后确定出各配送中心装载、运输的数量。DH 公司将送货单提前通知各个客户。

DH 公司将 VMI 系统进行了扩展，并且根据新增客户的特点又采取了多种措施，在原有 VMI 管理软件上增加了许多新的功能如下所述。

① 某些客户可能只能提供总存储量的 EDI 数据，而不是当前现有库存数。为此，DH 公司增加了一个简单的 EDI/VMI 接口程序，计算出客户需要的现有库存数。

② 有些客户没有足够的销售历史数据用来进行销售预测。为了解决这个问题，DH 公司用 VMI 软件中的一种预设的库存模块让这些客户先运行起来，直到积累起足够的销售数据后再切换到正式的系统中去。

③ 有些分销商要求提供一个最低的用于展示商品的数量。DH 公司与这些客户一起工作，一起确定他们所需要的商品和数量（因为数量太多影响库存成本），然后用 VMI 中的工具设置好，以备今后使用。

经过一段时间的运行，根据 DH 公司信息系统部的副总裁的统计，分销商的库存减少了 50%，销售额增加了 23%，取得了较大的成效。

4. 联合库存管理

联合库存管理是解决供应链系统中由于各节点企业的相互独立库存运作模式导致的需求变异放大现象，提高供应链的同步化程度的一种有效方法。联合库存管理和供应商管理库存不同，它强调双方同时参与，共同制定库存计划，使供应链中的每个库存管理者（供应商、制造商、分销商）都从相互之间的协调性考虑，保持供应链相邻的两个节点之间的库存管理者对需求的预测保持一致，这样就消除了需求变异放大现象。联合库存管理比较典型的模式有以下几种。

① 地区分销中心联合库存管理模式：在这个模式中，各个销售商只需要少量的库存，大量的库存由地区分销中心（配送中心储备）提供，减轻了各个销售商的安全库存及服务水平的压力，地区分销中心起到了联合库存管理的功能，既是一个商品的联合库存管理中心，也是需求信息的交流中心和传递枢纽。

② 供需联合库存管理模式：将渠道中各方包括供应商、制造商、销售商原有各自的独立库存转变为双方或多方联合库存的供应链库存管理模式。

③ 第三方物流联合库存管理模式：由第三方物流公司提供仓储配送管理，是一种既为渠道各方提供了联合库存管理，同时又承担送货的业务模式。

案例窗口 8-2

美国北加利福尼亚的计算机制造商电路板组装作业采用每笔订货费作为其压倒一切的绩效评价指标，该企业集中精力放在减少订货成本上。这种做法本身并没有不妥，但是它没有考虑这样做，结果该企业维持过高的库存以保证大批量订货生产。而印第安纳的一家汽车制造配件厂却在大量压缩库存，因为它的绩效评价是由库存决定的。结果，它与组装厂和零配件分销中心的响应时间变得更长和波动不定。组装厂与分销中心为了满足顾客的服务要求不得不维持较高的库存。这两个例子说明，供应链库存的决定是各自为政的，没有考虑整体的效能。

8.2 物料消耗定额管理

物料消耗定额，是指在一定的生产技术和组织条件下，制造单位产品或完成单位工作量所必需消耗的物料数量标准，主要包括原材料消耗定额、辅助材料消耗定额、燃料消耗定额、动力消耗定额等，是综合反映企业生产技术和管理水平的重要标志。

物料消耗定额的作用有：

① 是企业计算物料需要量和物料需求计划的重要依据；
② 是进行物料发放管理的重要依据，是成本核算的基础；
③ 是促进企业合理使用和节约物料的重要手段；
④ 是推动企业提高生产技术水平、经营管理水平和工人操作技术水平的重要手段。

8.2.1 物料消耗的构成

企业的生产过程，同时也是物料的消耗过程。物料消耗，是指生产企业在生产过程中为了制成产成品而耗费各种物料。

物料消耗的构成一般包括三个部分。

(1) 产品有效消耗

产品有效消耗,也就是构成产品净重的消耗,是指构成产品(零件)净重的原料消耗。它是物料消耗中最重要的部分,这部分消耗反映了产品设计的技术水平,产品一旦设计定型,这部分物料消耗定额就无法改变。因此设计人员应开展价值工程分析,在保证产品质量的前提下,努力设计出质量高、重量轻、消耗低、结构合理的产品,尽量减少产品净重的物料消耗。

(2) 工艺性损耗

工艺性损耗指在生产工艺过程中使物料原有形状和性能改变而产生的一些不可避免的损耗,如烧蚀、切削、锯口、边角料等。如果在工艺加工过程中产生的废料、废气、废液越多,其工艺性消耗就越大。因此,企业应不断提高工艺技术水平,尽量把工艺性物料消耗降低到最低限度。

(3) 非工艺性损耗

非工艺性损耗指产品净重和工艺性损耗以外的物料损耗,也称无效损耗。它是生产过程中不可避免产生的废品,以及运输、保管过程中的合理损耗和其他非工艺技术等原因而引起的损耗。它包括生产过程中产生的非工艺性损耗和流通过程中的非工艺性损耗。这部分损耗主要是材料供应不合理或管理不善造成的,每个企业都应最大限度地避免或减少这部分消耗。

8.2.2 物料消耗定额的构成

由于物料消耗构成不同,工业企业物料消耗定额一般为工艺性损耗定额和物料供应定额两种。

工艺性损耗定额是指在一定条件下,生产单位产品或完成单位工作量所用物料的耗用量,即产品净重损耗和合理的工艺性损耗两部分构成。它是发放物料和考核物料消耗情况的主要依据。

$$\text{单位产品(零件)工艺性损耗定额} = \text{单位产品(零件)净重} + \text{各种工艺性损耗的重量总和}$$

$$= \text{单位产品(零件)净重} \times \left(1 + \frac{\text{各种工艺性损耗占产品(零件)净重的百分比}}{}\right)$$

生产计划消耗定额,是由工艺性损耗定额加上在生产过程中产生的不可避免的非工艺性损耗构成的。

$$\text{生产计划消耗定额} = \text{工艺性损耗定额} \times (1 + \text{非工艺性损耗的百分比})$$

物料供应定额是由工艺性损耗定额和合理的非工艺性损耗构成的,一般是在工艺性损耗定额的基础上加上一定比例的非工艺性损耗。它是核算物料需求量和制定物料供应计划的依据。

$$\text{物料供应定额} = \text{生产计划损耗定额} \times (1 + \text{物料供应系数})$$

$$\text{物料供应系数} = \frac{\text{非工艺性损耗}}{\text{工艺性损耗}}$$

其中,非工艺性损耗的百分比物料供应系数,可由有关的统计资料分析研究确定。

物流消耗与物料消耗定额的关系如图8-7所示。

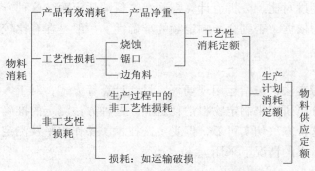

图 8-7　物料消耗与物料消耗定额的关系图

影响物料消耗定额的主要因素有：生产技术装备、产品设计结构、企业经营管理水平、自然条件、物料质量条件、工人的技术水平和操作。

降低物料消耗定额的途径有：改进产品设计、采用新的加工工艺、新技术、材料代用、回收利用废旧物料、加强设备维修和不断改造老旧设备、综合利用、深化企业改革，认真开展节约、降耗运动。

8.2.3　物料消耗定额的制定原则和方法

物料消耗定额的制定，包括"定质"和"定量"两个方面。"定质"，即确定所需物料的品种、规格和质量要求；"定量"，即确定物料消耗的数量标准。

1. 制定物料消耗定额的原则

（1）先进、合理性原则

采用标准化、通用化、系列化确定先进合理的物料消耗定额。先进合理的物料消耗定额应在保证产品质量、工程质量及工作质量的前提下，建立最经济合理的物料消耗量标准。

（2）全面、完整性原则

在物料消耗定额的制定中需要考虑的因素较多，其中主要涉及的因素有 4 个：单件净重、毛坯重量、工艺定额和材料利用率。

（3）经济、效益性原则

在保证和提高产品质量的前提下，充分利用物料、节约物料和降低产品成本，尽量采用以廉代贵，综合利用，提高材料利用率，尽量考虑就地、就近组织物料供应，以降低运输费用和便于管理，以求降低物料消耗。

2. 制定物料消耗定额的方法

制定物料消耗定额的方法主要有经验估算法、统计分析法、实际测定法和技术分析法 4 种。

（1）经验估算法

这种方法是根据技术人员和生产工人的实际经验，结合参考有关技术文件和产品实物，通过估算制定物料消耗定额。这种方法简单易行，但由于受主观因素的影响，准确性较差。一般是在缺乏必要的技术资料和统计资料时采用。

（2）统计分析法

这种方法是根据对实际消耗的历史统计资料进行加工整理和分析研究，并考虑计划期内生产技术等因素，经过对比、分析、计算来确定物料消耗定额。这种方法简单易行，但必须有齐全的统计资料为依据，否则会影响定额的准确性。一般是在有比较齐全的统计资料的情况下采用此方法。

（3）实际测定法

这种方法又称写实法，是指运用现场秤、量和计算等方式，对工人操作时的物料实耗数量进行测定，通过分析研究来制定物料消耗定额。这种方法测定的准确程度取决于测定的次数和测定的条件。这种方法切实可靠，但受生产技术、操作水平及测定人员的影响，一般在工艺简单、生产批量大的情况下采用。

（4）技术分析法

这种方法也称技术计算法，是根据产品设计和工艺的需求，按照构成定额的组成部分和影响定额的各种因素，在充分考虑先进技术和先进经验的基础上，通过科学分析和技术计算，制定出经济合理的物料消耗定额。这种方法制定的物料消耗定额较准确，但工作量较大。一般是在产品定型、技术资料较全的情况下采用。

8.3 物料储备定额管理

8.3.1 物料储备与物料储备定额概述

物料储备，是指由厂外供应单位进入厂内但尚未投入到生产或流通领域而在一定时间内需要在仓库暂时停留的物料。主要包括周转库存（经常储备）、安全库存（保险储备）、季节储备、竞争储备。

物料储备定额，是指在一定的生产技术组织条件下，企业为完成一定的生产任务，保证生产进行所必需的经济合理的物料储备数量标准。

相应地，物料储备定额有周转库存（经常储备）定额、安全库存（保险储备）定额、季节储备定额、竞争储备定额。

库存过多，会占用大量资金，增大企业风险；库存过少，又不能保证生产和销售的正常进行。因此物料储备的主要任务是使物料储备经常处于合理水平，防止发生超储积压或不足的现象，使物料储备既能保证生产、销售与供应的需要，又能加速周转，减少资金占用，降低生产和供应成本，使企业利润最大化。

8.3.2 物料储备定额的确定

1. 周转库存储备定额的确定

周转库存储备定额，是指为了保证在前后两次进货间隔期内正常进行所必需的物料储备数量标准。确定周转库存储备定额的方法主要有两种：以期定量法和经济订购批量法。

（1）以期定量法

计算公式为

经常储备定额=（平均供应间隔天数+验收入库天数+使用前准备天数）×平均每日需要量

用数字表示式表示为

$$Q = CT$$

式中：Q 表示周转库存储备定额；C 表示平均每日需要量；T 表示周转储备天数，主要包括供应间隔天数、验收入库天数、使用前准备天数。

供应间隔天数，是指上一批进货到下一批进货之间的天数，即前后两次进货的间隔天数。

影响供应间隔天数的因素很多，如供应条件、供应距离、运输方式、订购数量等。一般根据上期实际供应间隔天数计算出加权平均天数后，再按计划期供、产、销等情况的变化加以适当调整后确定。

库存量与订货提前期关系如图 8-8 所示。

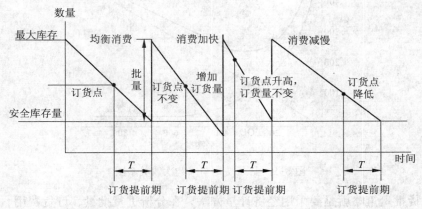

图 8-8　库存量与订货提前期

某种物料供应间隔天数的计算公式为

$$某种物料供应间隔天数 = \frac{该种物料的最低订货限额}{平均每日需要量}$$

用数字表示式表示为

$$T = \frac{W}{C}$$

物料到货后，还不能直接进入仓库储存，需要验收后才能入库储存。验收入库天数主要取决于物料验收的工具、人员及采购条件等情况，一般可根据技术分析、实际经验或验收能力确定。

使用前准备天数，是指某些物料在入库以后、投产使用之前，还要经过一定的准备时间，如干燥、清洗等。

平均每日需要量，等于在一定时期内完成一定数量产品所需物料总量，除以完成这些产品所需时间。一般计划期预计每日需要量按计划期全部需要量除以日历天数（每月按 30 天计算）求得。

总之，用以期定量法确定经常储备定额的优点是方法简单，计算工作量小；缺点是没有从经济合理的要求出发，做出必要的定量分析。为了充分考虑企业本身物料储备的最优经济效益，可以用第二种方法，即经济订购批量法来确定周转库存储备定额。

（2）经济订购批量法

经济订购批量法，是指以某种物料的经济订购批量为依据来确定储备定额的方法。

由于采购一次商品,就要花费一次订货费用,包括采购差旅费、手续费等。当一定时间内的采购总量一定时,每次采购的批量大,采购的次数就少,订货费用也少;反之,采购批量小,采购的次数就多,订货费用也大,如图8-9所示。所以,采购批量与订货费用呈反比例关系。由于每次的采购批量大,平均库存量也大,因而付出的储存费用就大,如保管费、包装费、存货占用资金的利息、商品损耗等费用;反之,采购批量小,平均库存量小,储存费用就少,所以采购批量与储存成本呈正比例关系。

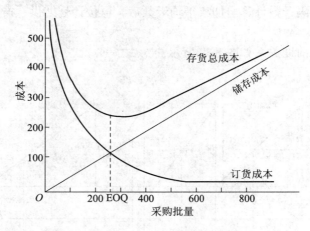

图8-9 订货费用与采购次数关系图

经济订货批量策略就是要采用经济计量方法,在分析进货批量、订货费用、储存费用三者之间内在联系中,找出最合理、费用最节约的进货批量和进货次数。所谓的经济进货批量,是指最经济的一次订购商品的数量,即进货费用和储存费用之和最低的一次订货量。当未考虑数量折扣时,有

总成本=变动储存成本+变动订货成本+商品自身价值
　　　=储存成本+订货成本+商品价值

用数字表达式表示为

$$TC = \frac{Q}{2} \cdot K + \frac{S}{Q} \cdot F + SP$$

式中:TC表示总成本;Q表示一次订货量(一次进货批量);K表示一定时期(年)单位存货的(变动性)储存成本;S表示一定时期存货需求总量;F表示平均每次进货费用(即单位订货成本);P表示购买商品的单价;$Q/2$表示一定时期存货平均持有量;$\frac{Q}{2} \cdot K$表示变动储存成本(即储存成本);S/Q表示订货次数;$\frac{S}{Q} \cdot F$表示变动订货成本(即订货成本);SP表示购买物料的总价值。

最佳经济订货批量为

$$Q^* = \sqrt{\frac{2SF}{K}}$$

经济进货批量下的总成本为

$$TC = \sqrt{SFK} + SP$$

经济进货批量的平均占用资金

$$W = Q^* \cdot \frac{P}{2} = P\sqrt{\frac{SF}{2K}}$$

年度最佳进货批次

$$\frac{S}{Q^*} = \sqrt{\frac{SK}{2F}}$$

例 8-1 GH 公司预计年耗用 A 材料 6 000 千克,单位采购成本为 15 元,年单位储存成本为 9 元,平均每次进货费用为 30 元。假设该材料不会缺货,试计算:① A 材料的经济进货批量;② 经济进货批量下的总成本;③ 经济进货批量的平均占用资金;④ 年度最佳进货成本。

解 根据题意可知:$S = 6\ 000$ 千克,$P = 15$ 元,$K = 9$ 元,$F = 30$ 元

① A 材料的经济进货批量

由 $Q^* = \sqrt{\dfrac{2SF}{K}}$ 得

$$Q^* = \sqrt{\frac{2 \times 30 \times 6\ 000}{9}} = 200(\text{千克})$$

② 经济进货批量下的总成本

$$TC = \sqrt{2 \times 6\ 000 \times 30 \times 9} + 6\ 000 \times 15 = 91\ 800(\text{元})$$

③ 经济进货批量的平均占用资金

$$W = Q^* \times \frac{P}{2} = 200 \times 15/2 = 1\ 500(\text{元})$$

④ 年度最佳进货成本

$$\frac{S}{Q^*} = \frac{6\ 000}{200} = 30(\text{次})$$

上述计算表明,当进货批量为 200 千克时,进货费用与储存成本总额最低。

(3) ABC 控制法

ABC 控制法是意大利经济学家巴雷特于 19 世纪首创的,已广泛用于存货管理、成本管理与生产管理中。所谓 ABC 控制法,也叫 ABC 分类管理法,是按照一定的标准将企业的存货划分为 A、B、C 三类,分别实行分品种重点管理、分类别一般控制和按总额灵活掌握的存货管理、控制的方法。ABC 分类管理的目的在于使管理工作分清主次,抓住问题的重点,集中主要精力解决主要问题,以提高存货资金管理的整体效果。

存货 ABC 分类的标准主要有两个:金额标准和品种数量标准。第一个标准是最基本的,而第二个标准仅作参考。

属于 A 类存货,金额巨大,但品种数量较少,一般来说,其品种数占全部存货总品种数的 10% 左右,而价值最高可达 70% 左右;属于 C 类的存货是品种繁多但金额却很小的项目,通常这类存货的品种数占 70%,而价值却只占 10% 左右;而 B 类存货则介于二者之间,品种数与价值都在 20% 左右。三类存货在品种数与价值量上的特点,可以从图 8-11 看出。

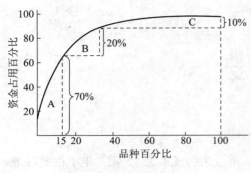

图 8-11 ABC 分类

A 类存货占用企业绝大多数的资金,只要能够控制好该存货,一般不会出现什么大问题。但由于 A 类存物料种数量少,企业完全有能力按品种进行管理。因此,A 类存货应按品种重点管理和控制,实行最为严格的内部控制制度(比如说定期盘点的间隔期最短),逐项计算各种存货的经济订货量与再订货点,并经常检查有关计划和管理措施的执行情况,以便及时纠正各种偏差;对 B 类存货,由于金额相对较小而品种数量远多于 A 类存货,因此不必像 A 类存货那样严格管理,可通过分类别的方式进行管理和控制;至于 C 类存货管理可采用较为简化的方法,只要把握一个总金额就完全可以了,所以对 C 类存货只要进行一般控制和管理就可以了。

在实际的运用中,很多中小型企业,把 A、B 类物料同等看待,进行严格管理。

2. 安全储备定额的确定

安全储备定额是为了防止物料供应过程中可能发生到货误期或来料品质不符等不正常现象,保证生产正常进行所必须储备的物料数量标准。它是一个常数储备量,动用后必须及时补足。但安全储备量并不是所有的企业、所有的物料都要建立。对于货源充足、容易购买、供应条件较好的物料或可用其他物料代用的物料,可以不建立或少建立安全储备定额。

安全储备定额,主要是由安全储备天数和平均每日需要量决定的。其计算公式为

$$安全储备定额 = 安全储备天数 \times 平均每日需要量$$

安全储备天数,也称平均误期天数,一般是根据供应条件确定的,也可根据上年统计资料中实际到货平均误期天数来确定。

平均误期天数,就是以历次到货的误期天数进行加权平均得出的天数。

当主要考虑企业临时需要时

$$安全储备天数 = \frac{临时需要量 \times 供应天数}{周转储备定额}$$

当主要考虑延期到货时

$$安全储备天数 = \frac{\sum(每次误期入库量 \times 每次误期天数)}{\sum 每次误期入库量}$$

$$每次误期天数 = 供应间隔天数 - 平均供应间隔天数$$

例 8-2 某种物料经常储备天数为 30 天,上半年到货统计资料,如表 8-1 所示,求平均延期天数。

表 8-1 例 8-2 资料表

月份	1	2	3	4	5	6	7	8	9	10	11	12
延期天数	0	4	0	0	8	0	0	5	8	0	0	3
延期交货	0	60	0	0	21	0	0	15	30	0	0	20

解 平均延期天数 $= \dfrac{4\times60+8\times21+5\times15+8\times30+3\times20}{60+21+15+30+20} = \dfrac{783}{146} = 5.4$（天）

3. 季节性储备定额

季节性储备定额，是指企业为克服某些物料供应的季节性（如棉花）或生产消耗的季节性（如空调）因素影响，为保证生产正常进行而建立的物料储备数量标准。如水果类产品的生产容易受到季节性的影响，这类物料就应根据季节性的要求确定库存水平。凡是已建立季节性储备的物料，一般不再建立经常储备和保险储备。

$$季节性储备定额 = 季节储备天数 \times 平均每日需要量$$

季节性储备，是为了适应进料、用料的季节性特点而建立的储备。季节性储备天数，一般是根据生产需要和供应中断天数来决定的。

由于运输中断等原因造成的进料季节性，其计算公式为

$$季节性储备天数 = 正常进料中断天数$$

由于季节性储备供整个计划期使用的季节性供料，其计算公式为

$$季节性储备天数 = 计划期天数 - 进料期天数$$

4. 竞争储备定额

竞争储备定额，根据市场竞争的需要而建立的储备数量标准，旨在增加企业的竞争能力。

案例窗口 8-3

一些日本企业可以做到周转库存只相当于几个小时的需求量，而对于大多数企业来说，至少是几周，甚至几个月。但是，单纯地减小批量 Q 而不在其他方面做相应的变化将是很冒险的，有可能带来严重的后果。例如，订货成本或作业交换成本有可能急剧上升，因此，必须再采取一些具体措施，寻找使订货成本或作业交换成本降低的办法。在这方面，日本企业有很多成功的经验，利用一人多机、成组技术或柔性制造技术等如表 8-2 所示。

表 8-2 降低库存的策略

库存类型	基本策略	具体措施
周转库存	减小批量	降低订货费用 缩短作业交换时间 利用"相似性"增大生产批量
安全库存	订货时间尽量接近需求时间 订货量尽量接近需求量	改善需求预测工作 缩短生产周期和订货周期 减少供应的不稳定性 增加设备和人员的柔性
调节库存	使生产速度与需求变化吻合	尽量"拉平"需求波动
在途库存	缩短生产、配送周期	标准品库存且慎重选择供应商与运输商，减小批量 Q

8.4 物料分类与编码管理

8.4.1 物料分类

1. 物料分类的概念

物料分类是指为满足物料生产、流动的管理需要，根据一定的目的，选择适当的分类标准或特征，将物料集合总体科学地、系统地逐级划分为大类、中类、小类、品类、品目、细目直至最小单元的过程。

2. 物料分类的基本原则

① 要明确分类物料集合体所包含的范围。

② 必须提出物料分类的明确目的。由于物料分类的目的不同，要求不同，因此物料分类体系也是多种多样的，每一个分类体系都是围绕着一个特定的分类目的而形成的。

③ 必须选择适当的分类标志。物料的自然属性和社会属性的特征均可以作为物料分类的标志。物料具有本质和非本质的属性和特征，为了保证分类的同一性、稳定性，必须选择最稳定的属于本质性的特征作为分类别标准。

3. 物料分类标志

（1）以物料的用途作为分类标志

许多按商品用途划分的类目名称已成为专有名词，如食品、医药品、饲料、文化用品、交通工具等。

以物料用途作为分类标志，便于分析和比较同一用途商品的质量和性能，从而有利于生产企业改进和提高商品质量，开发商品新品种，扩大品种规格，生产适销对路的商品，也便于经营者和消费者按需对口选购。但对多用途的商品，一般不宜采用此分类标志。

（2）以原材料作为物料分类标志

商品的原材料是决定商品质量、使用性能、特征的重要因素。这种分类标志特别适用于原料性物料和原料对成品质量影响较大的物料，但对那些有多种原料制成和成品质量及特征与原材料关系不大的商品则不宜采用。

（3）以物料的加工方法作为分类标志

这种分类标志对那些可以选用多种加工方法制造且质量特征受工艺影响较大的物料更为适用，能够直接说明物料质量特征及风格。例如，茶叶按制造方法的不同，分为全发酵茶（红茶）、半发酵茶（乌龙茶）、后发酵茶（黑茶）和不发酵茶（绿茶）；酒按酿造方法的不同，分成蒸馏酒、发酵酒和配制酒。对那些虽然加工方法不同，但成品质量特征不会产生实质性区别的物料，则不宜采用此种分类标志进行分类。

（4）以物料的化学成分作为分类标志

按化学成分的不同，可将所有物料分为有机物料和无机物料两大类。对这类物料进行分类时，应以主要化学成分作为分类标志。例如，化学肥料可按其主要化学成分的不同，分为氮肥、磷肥、钾肥。

有些物料的主要化学成分虽然相同。对这类物料进行分类时，都能够以特殊化学成分作为分类标志。例如，玻璃的主要成分是二氧化硅，根据其所含特殊成分的不同可分为钢化玻璃（含有氧化钠）、钾玻璃（含有氧化钾）、铅玻璃（含有氧化铅）、硼硅玻璃（含有硼酸）等；钢材也可按其所含的特殊成分划分为碳钢、硅钢、锰钢等。

8.4.2 物料编码运用的功能和原则

1. 物料编码的功能

（1）增强物料资料的正确性

物料的领发、验收、请购、跟催、盘点、储存、记录等一切物料活动均有编码可以核查，因此物料数据更加正确，就可避免一物多名、一名多物或物名错乱的现象。

（2）提高物料管理的工作效率

物料按既有系统排列，以物料编码代替文字的记述，物料管理简便省事，效率因此得以提高。

（3）利于计算机管理

物料管理在物料编码推行之后，才能进一步利用计算机进行更有效的处理，以达到物料管理的效果。

（4）降低物料库存、降低成本

物料编码利于物料库存量的控制，同时利于呆料的防止，并提高物料管理工作的效率，因此可减轻资金的积压，降低成本。

（5）防止物料舞弊事件的发生

物料一经编码后，物料记录正确而迅速，物料储存井然有序，可以减少舞弊事件的发生。

（6）便于物料领用

库存物料均有正确统一的名称及规格予以编码。对用料部门的领用及物料仓库的发料都十分方便。

（7）便于压缩物料的品种、规格

对物料进行编码时，可以对某些性能相近或者相同的物料进行统一、合并和简化，压缩物料的品种、规格。

2. 物料编码的原则

合理的物料编码必须具备简单性、分类展开性、完整性、单一性、一贯性、可伸缩性、组织性、适应计算机管理、充足性、易记性的基本原则。

（1）简单性

编码的目的在于将物料化繁为简，便于物料的管理，如果编码过于繁杂，则违反了编码的目的。因此物料编码在应用文字符号或数字上，应力求简单明了，这样可节省阅读、填写、抄录的时间与手续，并可减少出错概率。

物料品种相对较少时，只要将物料简单分类为几项即可，物料分类项目多了，就显得很不方便。若物料相当复杂时，就要将大分类再加以细分，这种分类展开也称为多级分类。

（2）分类展开性

物料复杂时，物料编码大分类后还要加以细分，如果采用阿拉伯数字十进制，则每段最多只能由 10 个细分的项目。如果采用英文字母，则每段有 26 个细分项目。然而细分项目太多，就难于查找；而细分项目太少，则分类展开太慢，分类细分项目通常以 5～9

个为佳。例如采用阿拉伯数字十进制，有 18 个项目时，其分类展开可以利用下列方法（见表 8-3）。

表 8-3 物料分类法

需要分类的项目	第一种分类方法		第二种分类方法		第三类分类方法
1	1	11	0	01	01
2	1	12	0	02	02
3	1	13	0	03	03
4	1	14	1	1	04
5	1	15	2	21	05
6	1	16	2	22	06
7	2	21	2	23	07
8	2	22	3	3	08
9	2	23	4	41	09
10	2	24	4	42	10
11	2	25	4	43	11
12	2	26	5	5	12
13	3	31	6	61	13
14	3	32	6	62	14
15	3	33	6	63	15
16	3	34	7	7	16
17	3	35	8	8	17
18	3	36	9	9	18

（3）完整性

在物料编码时，所有的物料都应有物料编码可归，这样物料编码才能完整。若有些物料找不到赋予的物料编码，则物料编码缺乏完整性。

新产品新物料的产生容易破坏物料编码的完整性。每当有新物料产生时，应赋予新的物料编码，并规定若新的物料没有编码，采购部门不得从事采购，即使没物料编码的新物料采购进来了，仓库部门或会计部门发现物料订购单缺少物料编码，即应请采购部门补填物料编码，否则不予入库、不予付款，这样才能确保物料编码的完整性。

（4）单一性

物料编码的单一性是指一个物料编码只能代表一种物料，同一种物料只能找到一个物料编码，而绝无一个物料有数个物料编码，或一个物料编码有数项物料。一般地，只要物料的物理或化学性质有变化或只要物料要在仓库中存储，就必须为其指定一个编码，如同某零件要经过冲压成型、钻孔、喷漆三道工序才能完成。如果该物料的三道工序都在同一车间完成，不更换加工单位，即冲压成型后立即进行钻孔，紧接着进行喷漆，中间没有入库、出库处理，则该物料可取一个代码。如果该物料的三道工序不在同一个车间完成，其顺序是冲压、入库、领料、钻孔、入库、领料、喷漆、入库，则在库存管理中为了区分该物料的三种状态，必须取不同的物料编码。例 3000A、3000B、3000C 三个编码分别表示三种不同加工状态的物料。

（5）一贯性

物料编码要统一而有一贯性，如以年限分类为标准时，就应一直沿用下去，在中途不能改变用籍贯或姓氏别来分类，若要这么做必须要分段或分级进行。

（6）伸缩性

物料编码要考虑到未来新产品发展及产品规格的变更而发生物料扩展或变动的情形，预留物料编码的伸缩余地，并不能仅就目前物料的现状加以物料编码的安排；否则当新物料产生时，就有新物料无号可编的情况。

（7）组织性

物料编码依其编码的系统，作井然有序的组织与排列，以便随时可从物料编码查知某项物料账卡或数据。物料编码的组织性，对物料管理可以省掉不必要的麻烦。

（8）适应计算机管理

计算机的应用已经比较普及，因此在编码时一定要考虑录入的方便性，如编码尽可能短、少使用其他符号，如"#"、"-"、"*"等。

（9）充足性

物料编码所采用的文字、记号或数字，必须有足够的数量，以便所组成的个别物料编码，足以代表所有个别物料，以及应付将来物料扩展时的实际需要，以免遇有特殊物料时无号可编；否则物料系统被破坏，费时误事。

（10）易记性

在不影响上述 9 项原则的情况下，物料编码应选择易于记忆的文字、符号或数字，或赋予暗示及联想性。但这原则是属于次要原则，若上述 9 项原则俱全而独缺乏此项原则的物料编码，仍不失为优秀的物料编码。

3. 物料编码操作步骤

① 成立编码小组。根据编码工作需要，可以从公司各部门（如开发部、技术部、质量部、资材部等）各抽出 1 人组成编码小组，并指定编码小组组长，其职责是负责整个编码工作。

② 搜集现有物料的所有种类及型号。

③ 将搜集的物料种类进行整理分类，确定出大、中、小类，并预测未来可能出现的新类别，需留一定的空位以便未来插入。

④ 确定大类、中类的位数及代号。

⑤ 确定小类的位数及代号。

⑥ 制定出科学合理的编码原则。

⑦ 对现有物料进行全部编码，并编制出编码对照明细表。

⑧ 制定物料编码管理方法。

8.4.3 常用编码方法

目前工商企业所采用的物料编码方法，主要有阿拉伯数字法、英文字母法、暗示法、混合法。

1. 阿拉伯数字法

（1）连续数字编码法

连续数字编码法是先将所有物料依某种方式大致排列，然后自1号起依顺序编排流水号。这种物料编码方法可做到一料一号，只是顺序编码除显示编码时间的先后外，往往与所代表项目的属性并无关联。因为新购物料无法插入原有排列顺序的编码内，例如：1078为3/8″×3/4″的六角铁制带帽螺栓，而新购的六角铁制带帽螺栓为3/8″×1″，其物料编码无法插入（因过去没有库存或采用这种物料，故无编码），故只好以最后一个号码8974作为编号。两种物料本应排在一起，现在物料编码相距如此遥远，在物料管理、仓储管理上很不方便。

（2）分级式数字编码法

分级式数字编码法是先将物料主要属性分为大类并发其号码；其次再将各大类根据次要属性细分为较次级的类别并编定其号码，如此继续进行下去。在分级式数字编码法中，任一物料项目只有一个物料编码。

表8-4为三种属性的分级式数字编码法，共可组成36（3×4×3）个编码，这种方法的优点是显示编码的规律性，达到一物料项目仅有一编码的目标，其缺点是无用空号太多，显得浪费累赘，常导致物料编码位数不够用。

表8-4　分级式数字编码法

来源（大类）	材料（中类）	用途（小类）
1＝自制	1＝非铁金属	1＝零部件
2＝外购	2＝钢铁	2＝包装用料
3＝委外加工	3＝木材	3＝办公用品
	4＝化学品	

（3）区段数字编码法

区段数字编码法介于连续数字编码法与分级式数字编码法之间。使用位数较分级式数字编码法更少，而仍能达到物料编码的目的。例如有64项，分为5大类，其情形见表8-5。

上述情形，如用分级式数字编码法必须3位数，但如改为区段数字编码则仅需二位数即可，其情形见表8-6。

表8-5　数字编码法

A类	12项
B类	10项
C类	17项
D类	15项
E类	10项
合计	64项

表8-6　区段数字编码法

	分配编码	剩余备用编码
A类	12项（01～20）	8项
B类	10项（21～37）	7项
C类	17项（38～61）	7项
D类	15项（62～83）	7项
E类	10项（84～99）	6项

（4）国际十进分类（U.D.C.）

这种方法于1876年由美国杜威 M.DeWey 首创，其方法新颖而独到，可以无限制展开，颇受欧洲大陆各国的重视。1895 年的国际图书馆学会决定以杜威的十进法为基础，作更进一步发展，其后经众多数学专家的研究与发展，最后完成所谓国际十进制分类法（Universal Decimal Classification），目前已有许多国家采用并作为国家规格。

所谓国际十进制分类法是将所有物料分类为十大类，分别以 0～9 数字代表之，然后每大类物料再划分为 10 个中类，再以 0～9 为代表，如此进行下去按金字塔形态展开。其情形如下：

6　应用科学
62.　工业技术
621.　机械的工业技术
621.8　动力传动
621.88　挟具
621.882.　螺丝、螺帽
621.882.2　各种小螺丝
621.882.21　金属用小螺丝
621.882.215　丸螺丝
621.682.215.3　平螺丝

采用国际十进分类的物料编码，如编码编至三位数字之后仍须继续延长时，即应加以"."符号以表示划分，国际十进分类法可无限展开，任何新物料的产生均可插入原有物料编码系统而不混淆原有的物料编码系统，国际十进分类法所能运用的符号只有十个（0～9），故使编码趋长而又无暗示作用，实在美中不足。

2. 英文字母法

即以英文字母作为物料编码工具的物料编码法。英文字母中 I、O、Q、Z 字与阿拉伯数字 1、0、9、2 等容易混淆，故多废弃不用，其余有 23 个字母可利用。如以 A 代表金属材料，B 代表非木材，C 代表玻璃。以 AA 代表铁金属，以 AB 代表铜金属……英文字母在我国已经相当普遍，是可用的物料编码方法。

3. 暗示法

暗示编码法是指物料编码代表物料的意义，可自编码本身联想出来。暗示编码法又可分为英文字母暗示法和数字暗示法。

（1）英文字母暗示法

从物料的英文字母中，择取重要且有代表性的一个或数个英文字母（通常取主要文字的第一个字母）作为编码的号码，使阅读物料编码者可以从中想像到英文字文字，进而从暗示中得知该物料为何物。

例如：

VC＝Variable Capaciter（可变电容器）；
IC＝Integrated Circuit（集成电路）；
SW＝Switch（开关）；
ST＝Steel Tube（钢管）；
BT＝BRASS Tuber（黄钢管）；
EP＝Ear Phone（耳机）。

(2) 数字暗示法

直接以物料的数字为物料编码的号码，或将物料的数字依一固定规则而转换成物料编码的号码，物料编码的阅读者可从物料编码数字的暗示中得悉该物料为何物。

例如：

```
 ××    ×     ×××    ××    ××
 ──    ─     ───    ──    ──
 类   小类   形式   长度   厚度
```

电阻值的编码如表 8-7 所示。

表 8-7　电阻值的编码

编码	电阻值
005	0.5 Ω
050	5 Ω
100	10 Ω
101	100 Ω
102	1 000 Ω
103	10 000 Ω
104	100 000 Ω
105	1 000 000 Ω

钢筋直径的编码如表 8-8 所示。

表 8-8　钢筋直径的编码

编码	钢筋直径
12	12 mm
16	16 mm
19	19 mm
25	25 mm

钢球轴承轴径的编码，其编码为轴径（限于轴径 20 mm 至 200 mm） mm 数的 1/5，如表 8-9 所示。

表 8-9　钢球轴承轴径的编码

编码	轴径
05	25 mm
06	30 mm
07	35 mm

4. 混合法

混合法物料编码系联合使用英文字母与阿拉伯数字来作物料编码，而多以英文字母代表物料的类别或名称，其后再用十进制元或其他方式编阿拉伯数字号码。这种物料编码方法较十进制元采用符号较多,故有不少企业乐于采用此种方法。

例如:

M=金属物料

MB=螺栓、螺丝及帽

MBI=带帽螺栓

MBI-100=六角铁制螺栓带帽

MBI-106-6=3/8″×3/4″六角铁制螺栓带帽

MBI-106-8=3/8″×1″六角铁制螺栓带帽

MBI-106-9=1/2″×1″六角铁制螺栓带帽

8.4.4 物料编码举例

例8-3 某企业冰箱材料分类与编码如表8-10所示。

(1)代码基本形式

```
 ×   ×   ×   ×   ×   ×   ×   ×   ×   ×
 1   2   3   4   5   6   7   8   9   10
 大分类    中分类           小分类
```

整个代码由10位数字组成,同样规格和材质的物料编码相同。

① 大分类是由前两位数字代表,31表示冰箱。

② 中分类由第3、4、5位三位数字表示。

表8-10 冰箱材料分类编码表

1 板金类	2 金属类	3 塑料橡胶类
01 外箱组件	01 铁	01 挤压弄(射出)
02 内箱组件	02 铜	02 成型(真空与冲床成型)
03 门组件	03 铝	03 吹气盛开
04 蒸发器组件	04 锌合金	04 剪型
05 底座组件	05 其他金属	05 模内加热加压成型屑
06 凝结器组件		06 橡胶
07 其他零件		07 管棒类
		08 其他
4 电工器材	5 绝热材料	6 杂类
01 电装品部分	01 玻璃纤维	01 纸类
02 电线	02 保利龙	02 胶带类
03 其他		03 玻璃类
		04 海绵类
		05 木类

③ 小分类为5位数(第6、7、8、9、10位数字),前4位是流水号码,最后一位表示板金类表面处理编码。

0表示未电镀、未喷漆及表面不需要处理的零件;1表示喷漆;2表示电镀;3表示研磨。

（2）分类编码实例

3110700012　　表示板装饰条用夹板

例 8-4　某机械加工厂的物料编码原则。

该企业考虑目前物料的总数有 4 000 种左右，考虑到将来的发展，制定以下物料编码原则：

×　×　×　×　×　×
1　2　3　4　5　6

前 5 位为顺序号，以分段的方式将物料分为 20 大类，最后 1 位表示零件的特征码，A 表示冲压工序已完成，B 表示零件加工车间已完成，C 表示电镀车间已完成，D 表示喷漆车间已完成。

如：00012A 十字架上托（已冲压成型）；00012B 十字架上托（已钻孔）；00012C 十字架上托（已电镀）。

例 8-5　某柴油机生产厂的物料编码原则。

（1）代码基本形式

所有物料编码分 4 段，先后顺序为"物料类别、物料特征码、顺序号、后缀"。

×　　×××……　　××……　　×

物料类别　　物料特征码　　顺序号　　后缀（可选）

① 物料类别。物料类别用一位数字或字母表示，用来区分产品、零部件、原材料、辅助材料等。

② 物料特征码。物料特征码用 3~8 位数字或字母表示，用来表示识别该类物料的特征代码。每一类物料可取不同宽度的特征代码，如：产品的特征码可取 3 位，用来表示产品的系列号及其他特征，而零部件的特征码可取 8 位，用来表示零部件所属的产品号及其图号。一旦确定了某类特征代码使用的位数，则所有该类物料的特征码必须按照指定的位数编码。代码不足指定位数的可用其他字母或数字补充（用字母补充时一般用字母"N"），代码超过指定位数的可进行简写。

对特征码，也可进行细分，如特征码总长度为 6 位，则可用前两位表示一种信息，中间两位表示一种信息，后两位表示一种信息。

③ 顺序号。顺序号用来表示某一物料在该类物料中的编码顺序，是为了区别同一类物料中的不同物料而设计的。顺序号的长度可根据该类物料的多少确定，但要考虑编码将来的扩展，保留一定的余地。不同类别的物料可以取不同长度的顺序号，如：用 3 位就可表示从"000"到"999"共 1 000 种物料。顺序号的长度一旦指定，则该类物料的所有顺序号位必须按指定的长度编写，不足长度的前面用"0"补充。如：001、002、003、090、445 等是正确的，不能用"10"表示第 10 种物料，而应用"010"来表示。

④ 后缀。后缀用一位字母表示，可以用来区分相同名称、规格或图号或材质、加工工序或颜色不同的零部件或产品、原材料。这样，可以用相同的特征代码和顺序号表示出同一图号的零部件或产品的不同状态。

例如：C325002R，表示产品 325002 红色；C325002G，表示产品 325002 绿色；L3421007A，表示零部件 3421007 已冲压成型；L3421007B，表示零部件 3421007 已零件加

工；L3421007C，表示零部件3421007已电镀。

后缀是可以选择的，可以使用，也可以不用，根据具体情况而定。

（2）举例

例如，产品的编码原则定为：

    ×   ××××   ××

1位字母"C" 4位特征码 2位顺序号

则产品 内销机-S195 S195长单机的代码可编为：CS19501

     内销机-S195 S195方单机的代码可编为：CS19502

     内销机-S195 S19545W的代码可编为：CS19503

零部件的编码原则为：

    ×   ××××××××   ×××   ×

1位字母"L" 8位特征码 3位顺序号 1位后缀

用特征码表示产品及图号的缩写，后缀表示零部件加工的状态。

例如：专用件或借用件的编码。

内销机-S195 S19545W缸套的图号为0101，零件顺序号为03，则其代码为可编为：LS195010103［L S195 0101 03］，后缀不用。

通用件的产品编码：通用件因为不专于任何一个产品序号，其产品特征码可定义为：TTTT或其他有代表性的字符。

如果上例中的内销机-S195 S19545W缸套属于通用件，则其编码为：LTTTT010103。

（3）注意事项

① 如果使用字母和数字混合编码时，应避免使用字母O、I、Z等字母，以免书写时与0、1、2相混淆。

② 编码中尽可能不用"-、#、*"等这些无意义的符号（只是为了区分编码的段，而没有任何含义），因为这些符号不便于计算机输入，而且会使编码太长。

③ 确定编码方案时一定要保留足够的空间以方便以后的扩充。为了使编码便于书写和录入计算机，编码在满足一定的要求下应尽可能简短。

④ 凡是库存中可能出现的物料都必须予以编码。

⑤ 每种物料只能有一个编码；同样，一个编码只能在库存中找到一种物料，满足一一对应的关系。

8.5 系统物料编码的处理特点

1. 灵活地解决物料编码的修改问题

物料的编码，原则上不允许修改，但由于各种原因，如制定物料编码原则时预留范围不够，需要扩充；新编物料编码时物料的类别分配错误；随着企业的发展，使用物料类型的变化，原来的编码原则需要更改或细分等。当这些事情发生时都需要对现有的物料编码进行修改，否则物料的编码原则将失效。综上所述，物料编码的修改在很多情况下是因为物料的类别变化引起的，物料编码中所携带的物料类别信息越多，则物料编码越需要频繁地修改。

例如，某企业的零件编码由 5 位数字组成，第一位是产品类型码，用"1"表示"单面台秤"，用"2"表示"双面台秤"，第二位表示"组件"，用"1"表示"齿轮组件"，用"2"表示外壳组件，后三位为顺序号，起初企业只有一个类型的产品叫"单面台秤"，用"01"表示"单面台秤齿轮组件"，"02"表示"单面台秤外壳组件"，单面台秤齿轮组件中的零件"大齿轮"的编码是"11006"。后来企业又陆续开发了一系列新产品，如"双面台秤"、"健康秤"、"厨房秤"……其中都用到了"单面台秤"中的一些部件，企业希望将这些组件重新分类，用第一位"0"表示通用件，将"大齿轮"（编码 11006）归类到通用组件中，则其编码需改为"01006"。

允许用户简化物料的编码方案，尽可能减少物料编码中过多的类别信息，代之以顺序号，这样物料编码将比较简短，容易实现计算机录入、存储，有关类别信息将另外存储，不在编码中携带，这样当物料的类别改变时，只需更改其类别，而原有的代码不变，因而会大大减少物料编码的改变频率。

同时，还允许用户可在任何时候修改物料编码，且不会影响以前的资料。

2. 物料分类更加灵活、细致

物料类别管理采用分级管理，用户可根据需要设置物料类别及细分类别，原则上对级次不限制。用户可以根据需要随时调整物料的类别，达到统计、分析的目的。

3. 使用技巧

如果完全按照顺序号进行物料编码，虽然编码简短，但不容易记忆，如果编码中携带了物料的类别信息，则不易修改。一般地，根据企业的具体情况，采用二者结合的方法。参考的原则如下。

① 当物料种类比较少时，如 1 000 种以下，可较多地携带类别信息。

如：600 型扫描仪，编码为 SCAN600；1200 型扫描仪，编码为 SCAN1200；P Ⅱ 300MHz 处理器，编码为 P2CPU300；PHILIPS 显示器，编码为 CP001（CP 表示计算机部件）；IBM 显示器，编码为 CP002（CP 表示计算机部件）。

② 当物料的种类较多时，如 5000 种以上，可不携带或少携带类别信息。

如：3/8″×3/4″六角铁制螺栓带帽，编码为 5872；3/8″1″六角铁制螺栓带帽，编码为 5873；1/2″1″六角铁制螺栓带帽，编码为 5874。

又如：毛衣（红色）：3002R（用 R 表示红色）；毛衣（黄色）：3002Y（用 Y 表示红色）。

若记住毛衣为 3002，可联想出红色 3002R，绿色 3002G……

③ 将来可能会变动的物料类别信息或物料属性最好不要将其作为物料编码的一部分，而将其放在物料的类别信息中。

④ 如果用户目前已经存在旧的物料编码，而且所有人员已经熟悉，不到万不得已，最好不要修改，继续沿用以前的代码，可减少许多工作量。

习题与思考题

1. 库存控制策略有哪些？

2. 什么是供应链中的"牛鞭"效应？产生的原因是什么？
3. 简述供应商管理用户库存（VMI）和联合库存管理的基本原理，它们之间的联系和区别是什么？
4. 物料消耗定额有哪些？测定的方法有哪些？分别在哪些情况下适用？
5. 如何设置物料储备定额？
6. 物料编码的前提是什么？编码的原则是什么？
7. 物料编码有哪些方法？如何运用？

案例讨论 8.1

服装库存的困惑：服装行业季度末的退货率为什么这么高？

服装行业有个很苦涩的笑话：如果有10个服装厂的老总从18层的高楼上跳下来，您不必担心他们会被摔死，因为下面有厚厚的"库存"在垫着……

某公司目前订货流程为：服装展销会→客户订单→内部销售→（生产）→计划→面料需求→面料采购→生产→发货→省级代理→二级代理→消费者。

客户（省级代理）一般一次性下单量为整个季度预测销售量的50%；服装厂一般按所销售预测的20%采购面料；转季时，省级代理可以把订单总量的15%按原价退货给厂家；转季时，二级代理可以把订单总量的15%甚至全部订货量按原价退货给省级代理。

现有省级代理大约15家，每家省级代理下辖数量不等的二级代理商。该服装厂年销售额大约两亿，而每个季度末经省级代理退回的服装价值大约一千万，一年大约四千万；退回的服装要么授权各级代理在季度末打折销售，要么干脆报废；面料方面，每个季度末因为过季而降价、报废带来的损失也大约有人民币五百万左右。

讨论和思考

1. 你认为每个季度末的成衣退货为什么这么多？
2. 如何减少由于过季而带来的成衣退货和面料报废？

案例讨论 8.2

Spices 无限公司改善库存控制

一、基本情况

Spices 是美国一家已有110年历史的中等规模的调味品、提取物、蛋糕材料、沙司材料及色拉调料生产商，其产品销售渠道有超级市场、杂货店、食品外卖店等。公司在印第安纳波利斯市有一个工厂，专门从事制造，产品经过印第安纳波利斯市和丹佛市的两间库房中转销往10个州。公司雇员200人，其中30名销售代表负责所有的销售和服务事务。

二、改善库存控制的背景

Spices 之所以要对库存控制进行改善，是基于以下因素的考虑。

① 采购费用的增加是改善库存的直接原因。过去 10 个月中，Spices 耐用品的采购费用已经增加了 20 万美元。无论就采购人员的观念，还是出于公司保持最小库存的目标，这个数字都太大了，必须对其采购费用进行削减。

② 销售与营销部门的提前期与供应商的提前期之间的矛盾是改善库存控制的内在因素。在 Spices 公司中，销售与营销部门给采购部门下新耐用品订单时，提前期通常是 2 周，这当然不符合供应商所需的 4~8 周的提前期。于是，供应商往往会被要求加紧供货，而采购、销售与营销部门之间也会增加冲突。尽管采购人员每周都检查耐用品的库存水平，但分销仓库不予通知的缺货现象仍然经常发生。

③ 陈列品库存量太多与有效库存不足的矛盾是改善库存控制的重要原因。Spices 的采购人员还发现，无论何时，持有库存差不多都达价值 20 万美元，理想的库存价值应该比较接近 8 万美元。同时，即使库存水平很高，采购人员也会因为各种细项经常性的缺货而受到销售代表的质问。已是 4 月底了，Spices 的采购经理面临着备用陈列品库存总量增加 25% 的问题。尽管如此，销售代表还一直抱怨经常出现缺货现象。在与物料经理计划的 6 月会议之前，采购经理必须找到一条改善库存控制的办法。

三、可以改善库存控制的几个方面

（一）在营销与销售方面进行控制

1. 营销部门负责产品开发、包装及各种备用陈列品的设计

陈列品属于耐用品，免费提供给零售商用于 Spices 产品的商品展示。过去 5 年中，需要供应陈列品的零售商数目大幅度上升，对陈列品库存的需求也相应上升。

2. 陈列品订单通过采购部门发放

尽管营销与销售部门不对未来需求进行预测，但当销售代表签了新客户时，肯定会生成一张新报表并送到他们那里。报表中有关于该零售商所需陈列品数量的信息。在新报表生成前，如果现有库存不够，采购部门必须挖空心思在 1~14 天之内找到陈列品。

3. 销售代表对自己所属区域的销售与服务负责

服务包括为零售商提供和更换陈列品。一般情况下，如果陈列品不能用或不再需要了，零售商只会将它一扔了事，而不会将可用部分返还，因此需要销售代表去处理相关事项。销售代表从最近的库房领取陈列品时，只需要填写一张采购订单，再换取一张设备订单就可以了。这个过程对所有的批量规模都一样。如果无法完成订单，销售代表或地区销售经理就会与采购部门联系，通知他们库存不够了。

（二）在分销方面的控制

目前尽管分销仓库只有两个，但明尼阿波利斯地区销售经理的车库里还有价值 5 万美元的库存。在印第安纳波利斯市和丹佛市，销售代表的采购订单是唯一的库存记录，没有人计算库存的日损耗数。分销仓库和采购部门之间的信息沟通不是很顺畅，因此采购部门总是不知道库房里究竟还有多少陈列品库存。另外，销售代表们一般也在自己的地下室或车库里维持一定数量的库存，当然，没有任何记录。

（三）进行采购上的控制

采购部门负责所有的原材料、产品、包装物、易耗品、耐用品的采购与库存控制。在6月份结束的上一财政年度中，耐用品采购价值50万美元。在所有物品的采购中，一个员工一个财政年度负责采购的价值总额就高达2 000万美元。

（四）进行库房检查

所有的库房每年都进行两次检查，采用实地计数的方式。同时，工作人员每周五去印第安纳波利斯市的库房，检查耐用品的库存情况；然后他为各种细项计算相应的再订货点。再订货点记录在卡片上，同时记录的还有产品与供应商信息。如果某细项达到了再订货点，订单就会发放出去。10个月前，订单每月发放一次。

（五）确定耐用品的库存

耐用品库存包括75种不同型号的陈列品，有木制的、金属的、塑料的。产品与陈列品的迅速变化意味着库存中既有最近设计的新样品，也有出于替换目的的旧样品。供应商们的提前期一般是金属产品8周，木制或塑料产品4周。

四、改善库存控制的具体措施

基于对以上几方面的认识，面对严峻的形势，采购经理采取了以下措施。

① 提高耐用品库存的再订货点水平。提高耐用品库存的再订货点水平虽然会由此增加总库存，但同时也消除了缺货。

② 加强销售代表与分销部门间的信息流通。由于度量单位不统一，订单数目往往被表示成箱、个或其他单位，极易引起混淆。因此，必须更正错误的数字表达方式，同时要求分销部门准确理解销售代表发出的陈列品的订单信息。

③ 采购经理决定视丹佛市和明尼阿波利斯市的仓库为"外部顾客"，只对印第安纳波利斯市的库存水平进行集中管理。这样，采购经理便加强了对印第安纳波利斯市的仓库的库存控制，有利于库存水平的下降。所有这些措施还只是初步的改善，因为仅在耐用品库存等较少的方面进行了控制，还有例如处理销售代表抱怨的缺货等问题，有待进一步的解决，以便真正的做到对库存控制的改善。

讨论和思考

1. Spices公司为什么要改善库存控制？
2. Spices公司在营销方面改善库存控制的做法有哪些？
3. Spices公司在采购方面改善库存控制的做法有哪些？
4. 为了把握重点改善库存控制，需要对库存各关键控制点进行分析，Spices公司是怎样做的？
5. Spices公司如何改善耐用品库存控制？
6. 你认为库存控制应首先解决什么问题？为什么？

仓储成本与绩效评估

本章主要内容
- 仓储成本管理的内容和意义
- 仓储收入及成本分析
- 仓储经济指标
- 仓储绩效评价与分析

下面是某公司的仓库管理规定。

一、总则

为了使本公司的仓库管理规范化，保证物资财产的完好无损，根据企业管理和财务管理的一般要求，结合本公司的一些具体情况，特定本规定。

二、仓库管理工作的任务

1. 根据本规定做好物资出库和入库工作，并使物资储存、供应、销售各环节平衡衔接。
2. 做好物资的保管工作，如实登记仓库实物账，经常清查、盘点库存物资，做到账、卡、物相符。
3. 积极开展废旧物资、生产余料的回收、整理、利用工作，协助做好积压物资的处理工作。
4. 做好仓库安全保卫工作，确保仓库和物资的安全。

三、本规定适用于本公司所属的各级公司，包括全资公司和控股公司。

四、仓库管理人员纳入其所在企业的财务部门统一管理，仓库保管员由总公司财务委员会统一安排和调配。

五、外购物资（包括外购材料、商品等）到达后，由业务部门经办人填制"商品验收单"一式四份（经仓管员签字后的"商品验收单"，一联由业务部门留底，一联交统计，一联由业务部门交给财务部，一联交仓库作为开具"入库单"依据），仓管员根据"商品验收单"填写的品名、规格、数量、单价，将实物点验入库后，在"商品验收单"上签名，并根据点验结果如实填制"入库单"一式三份，送货人须就货物与入库单的相应项目与仓库员核对，确认无误后在"入库单"上签名，做到货、单相符，仓管员凭手续齐全的"商品验收单（仓库联）"和"入库单"的存根登记仓库实物账，其余一联交财务部门，一联交业务部门。

六、企业自身生产的产成品入库，须有质量管理部门出具的产品质量合格证，由专人送交仓库，仓管员根据入库情况填制"入库单"一式三份，双方相互核对无误后须在"入库单"上签名，签名后的入库单一联由仓库作为登记实物账的依据，一联交生产车间做产量统计依据，一联交财务部门作为成本核算和产品核算的依据。

七、委托加工材料和产品加工完后的入库手续类比外购物资入库手续进行办理，但在"入库单"上注明其来源，并在"发外加工登记簿"上予以登记。

八、因生产需要而直接进入生产车间的外购物资或已完工的委托加工材料，应同时办理入库手续和出库手续，以准确反映公司的物资量。

九、来料加工用户所提供的材料类比外购物资入库办理手续，但不登记仓库实物账，而设"来料加工材料登记簿"，以作备查。

十、车间余料退库应填制红字领料单一式三份，并在备注栏内详细说明原因，如系月底的假退料，则在办理退料手续的同时，办理下月领料手续。

十一、对于物资验收入库过程中所发现的有关数量、质量、规格、品种等不相符的现象，仓管员有权拒绝办理入库手续并视其程度报告业务部门、财务部门和公司经理处理。

十二、公司仓库一切商品货物的对外发放，一律凭盖有财务专用章和有关人士签章的"商品调拨单（仓库联）"，一式四份，一联交业务部门，一联交财务部门，一联交仓库作为开具"出库单"依据，一联交统计。由公司业务员办理出库手续，仓管员根据"商品调拨单"开具业务承办人，一联由仓库作为登记实物账的依据，一联由仓管员定期交财务部门。

十三、生产车间领用原料、工具等物资时，仓管员凭生产技术部门的用料定额和车间负责人签发的领料单发放，仓管员和领料人均须在领料单上签名。领料单一式三份，一联退回车间作为其物资消耗的考核依据，一联交财务部门作成本核算依据，一联由仓库作为登记实物账的依据。

十四、发往外单位委托加工的材料，应同样办理出库手续，但须在出库单上注明，并设置"发外加工登记簿"进行登记。

十五、来料加工客户所提供的材料在使用时，应类比生产车间领用办理出库手续，但须在领料单上注明，且不登记实物账，而是在"来料加工材料登记簿"上予以登记。

十六、对于一切手续不全的提货、领料事项，仓管员有权拒绝发货，并视其程度报告业务部门、财务部门和公司经理处理。

十七、仓库设商品材料实物保管账（简称"仓库实物账"）和实物登记卡，仓库实物账按物资类别、品名、规格分类进行销存核算，只记数量，不记金额。同时，在每一商品材料存放点设置商品材料实物登记卡，将入库单、出库单和领料单等及时登记仓库实物账及实物卡，保证账、卡、物相符。

十八、每月必须对库存的商品材料进行实物盘点一次，财务人员予以抽查或监盘，并由仓管员填制盘点表一式三份，一联仓库留存，一联交财务部门，一联交公司有关领导，并将实物盘点数与仓库实物账核对，如有损耗或升溢应在盘点表中相关栏目内填列，经财务部门核实，并报有关部门和领导批准，方可作调账处理，以保证财务账、仓库实物账、实物登记卡和实物相符合。

十九、仓库物资的计量工作应按通用的计量标准实行，对不同物资采用不同的计量方法，确保物资计量的准确性。

二十、做好仓库与供应、销售环节的衔接工作，在保证生产供应等合理储备的前提下，力求减少库存量，并对物资的利用、积压产品的处理等提出建议。

二十一、仓库物资的保管要根据各种物资的不同种类及其特性，结合仓库条件，采用不同方法分别存放，既要保证物资免受各种损害，又要保证物资的进出和盘存方便。

二十二、对于某些特殊物资，如易燃、易爆、剧毒等物资，应指定专人保管，并设置明显标志。

二十三、建立和健全出入库人员登记制度，入库人员均须经过仓管员的同意，并经过登记之后，方可在仓管员的陪同下进入仓库，进入仓库的人员一律不得携带易燃、易爆物品，不得在库房内吸烟。

二十四、仓管员应严格执行安全工作规定，切实做好防火、防盗等工作，定期检查、维修避雷和消防等器材和设备，保障仓库和物资财产的安全。

二十五、仓管员工作调动时，必须办理移交手续，由财务领导进行监交，表上签名，只有当交接手续办妥之后，才能离开工作单位。

二十六、未按本规定办理入、出库手续而造成物资短缺、规格或质量不合要求的和账实不符，仓管员应承担由此引起的经济损失，财务经理应负领导责任。

9.1 仓储成本管理的内容和意义

9.1.1 仓储成本管理的内容

仓储成本管理就是用最经济的办法实现储存的功能。即在保证储存功能实现的前提下，如何尽量减少投入。在某些领域，仓储成本合理化是利用JIT管理思想实现"零库存"。现代仓储技术发展的一个方向是利用有效的信息技术、现代物流技术、现代管理技术，通过配送方式来满足产品需要。

仓储成本管理包括以下几方面的内容。

1. 仓储时间

仓储时间是从两个方面影响储存这一功能要素的。一方面是经过一定的时间，被储存物料可以获得"时间效用"，这是储存的主要物流功能；另一方面是随着储存时间的增加，有形及无形的消耗相应加大，这是"时间效用"的一个逆反因素，也是一个"效益背反"问题。因而仓储的总效用是确定最优仓储时间的依据。

2. 仓储数量

仓储数量也主要从以下两方面影响仓储这一功能，仓储数量过高或过低都是不合理的仓储。

① 库存一定数量的存货，可以使企业具有保证供应、生产、消费的能力。然而，保证能力的提高不是与数量成正比，而是遵从边际效用的原理，每增加一个单位的仓储数量，总保障能力虽会随之增加，但边际效用却会逐渐降低。

② 仓储的损失是随着仓储数量的增加而正比例增加的。仓储数量增加，仓储的持有成本就相应增加；而且如果仓储管理能力不能按比例增加，仓储损失的数量也会增加。仓储数量过低，会严重降低仓储对供应、生产、销售等的保障能力，其损失可能远远超过减少仓储量、防止仓储损失、减少利息支出等方面带来的收益。

3. 仓储条件

仓储条件不足或过剩也会影响储存这一功能要素。仓储条件不足主要指仓储条件不能满足被仓储物料所要求的良好的仓储环境和必要的管理措施，因而往往造成储存物料的损失。如仓储设施简陋、仓储设施不足、维护保养手段及措施不力等。

仓储条件过剩主要是指仓储条件大大超过需求，从而使仓储物料过多负担仓储成本，造成不合理的费用。

4. 仓储结构

仓储结构失衡也会影响储存这一功能要素。仓储结构失衡主要指仓储物料的品种、规格等失调，以及仓储物料的各个品种之间仓储期限、仓储数量失调。

5. 仓储地点

由于土地价格的差异，仓储地点选择的不合理也会导致仓储成本上升。

9.1.2 仓储成本管理的意义

进行仓储成本管理，目的是提高企业经济效益，具体表现在以下几个方面。

① 降低库存成本。这是企业增加经济效益，提高企业竞争力的有效手段之一。

② 提高供给水平。保证供给程度达到最高，会使企业争取更多的销售机会，带来相应的经济效益和社会效益。

③ 控制资金占用。企业必须在限定资金的前提下实现仓储管理水平的提高。

④ 快速反应。库存系统是物流系统的一个组成部分，不能只以自身的经济性为主要目标，而应以最快的速度实现进出货物为目标。通过成本分析，可以及时了解库存状况，从而制定进出货物的方案，适应整个物流系统的目标。

⑤ 提高仓储经营管理水平。仓储经营管理是独立经营的仓储企业的生命，经营管理的核心是通过对仓储成本的分析，通过不同经营方案的比较，选择成本最低、收益最大的方案制定经营计划，开展仓储经营。

9.2 仓储收入及成本分析

9.2.1 仓储业务收入构成

仓储业务的收入是根据仓储企业为客户提供仓储服务的种类和数量确定的，主要包括货物出入库装卸收入、仓储保管收入、流通加工收入、仓库租赁的租金收入等。

① 货物出入库装卸收入。根据装卸货物的数量（吨数、件数等）、使用的装卸机械、装卸作业的难度确定，一般有相关的费率表。

② 仓储保管收入。货物储存费根据货物的种类、数量、储存时间、货物价值及储存条件要求等因素确定。

③ 流通加工收入。仓储企业为客户提供的流通加工作业而收取的相应费用。

④ 仓库租货的租金收入。为客户提供保管场地、设备租赁业务时，按协议和合同收取的相应租金，一般按时间收取租金。如租用仓库、堆场、装卸设备、货架、集装箱、铁路专用线等。

9.2.2 仓储成本的构成

专门的物流仓储企业和持有库存的生产型及销售型企业对仓储成本考察的角度是不同的，在此分别进行讲述。

1. 物流仓储企业的仓储成本

对于物流仓储企业来说，仓储成本（C）是因储存货物而产生的成本，可以分为固定成本（C_f）和变动成本（C_v）两大类。

$$C = C_f + C_v$$

（1）固定成本 C_f

固定成本是不随储存货物的数量变化而变化的成本。主要包括以下几个方面。

① 仓库、料场的折旧及仓储机械、设备折旧。对固定资产的折旧一般按年度提取，不同的设施及设备折旧年限不同，如基础设施的折旧一般为 30 年，设备的折旧期一般为 5～20 年。在竞争日益激烈的今天，许多仓库为了保持市场竞争力，采用加速折旧等方法，以求尽快收回投资，进行仓储设施的更新创造。

② 工资与福利。从业人员的工资主要包括固定工资、各种补贴等。福利主要包括国家规定的各种保险、住房基金等。

③ 仓储设施、设备的大修基金。一般按其投资额的 3%～5% 提取。

④ 外协成本。与其他相关单位合作发生的成本。如铁路专线、码头、汽车等设施和设备的租用费等。

（2）变动成本 C_v

变动成本主要包括以下各项。

① 保管成本。为储存货物支出的货物养护、保管等费用。包括用于货物保管的货架、托盘等费用的分摊，为保管货物消耗的相应耗材的费用、仓库的房地产税等。

② 货物搬运成本。货物在仓库内移动产生的成本。

③ 流通加工成本。货物包装、加工、整理、成组等业务发生的费用。

④ 电力、燃料成本。仓库、料场的照明及机械设备电力、燃料、油料消耗而产生的费用。

⑤ 机械设备的修理费。除大修之外的修理费用。

⑥ 货物仓储保险费。为了避免由于货物灭损承担经济损失，仓库对储存的物料按其价值和储存期限进行投保是十分必要的，它是仓储成本的一个组成部分。

⑦ 资金利息。仓储经营中占用资金而产生的利息。

⑧ 劳动保护成本。为从业人员提供的保护用品的成本。

⑨ 员工的奖金。

⑩ 营业税金。经营过程中企业上缴的各种税金。

仓储成本是仓储经营过程中以上各项成本的总和，对于仓储企业来说，必须重视仓储成本的核算。了解企业的成本构成，为制定合理的仓储计划、合理的仓储费率及控制企业的经营成本提供依据。

2. 生产型和销售型企业仓储成本

对于保有库存的生产型及销售型企业，仓储成本主要包括仓储持有成本（C_1）、订货或生产准备成本（C_2）、缺货成本（C_3）和在途库存持有成本（C_4）。

$$C = C_1 + C_2 + C_3 + C_4$$

1) 仓储持有成本 C_1

仓储持有成本是指为保持适当的库存而发生的成本，分为固定成本和变动成本。随着库存水平的提高，年储存成本将随之增加。储存成本是可变动成本，与平均存货数量或存货平均值成正比。

固定成本与一定限度内的仓储数量无关，如仓储设备折旧、仓储设备的维护费用、仓库职工工资等。

变动成本与仓储数量的多少有关，如库存占用资金的利息费用、仓储物料的毁损和变质损失、保险费用、搬运装卸费用、挑选整理费用等。变动成本主要包括4项成本：资金占用成本、仓储维护成本、仓储运作成本、仓储风险成本。

（1）资金占用成本

资金占用成本也称为利息费用或机会成本，是仓储成本的隐含费用。资金占用成本反映失去的盈利能力，如果资金投入其他方面，就会要求取得投资回报，因此资金占用成本就是这种尚未获得的回报的费用。资金占用成本通常用持有库存的货币价值的百分比表示，也有用确定企业新投资最低回报率来计算资金占用成本的。因为，从投资的角度来说，库存决策与做广告、建新厂、增加机器设备等投资决策是一样的。为了核算上的方便，一般情况下，资金占用成本指占用资金能够获得的银行利息。

（2）仓储维护成本

仓储维护成本主要包括与仓库有关的租赁、取暖、照明、设备折旧、保险费用和税金等费用。仓储维护成本随企业采取的仓储方式不同而有不同的变化。如果企业利用自用的仓库，大部分仓储维护成本是固定的；如果企业利用公共的仓库，则有关储存的所有成本将直接随库存数量的变化而变化。在作仓储决策时，这些成本都要考虑。另外，根据产品的价值和类型，产品丢失或损坏的风险高，就需要较高的保险费用，保险费用将随着产品不同而有很大变化，在计算仓储维护成本时，必须考虑这些因素。

（3）仓储运作成本

仓储运作成本主要与物料的出入库有关，即通常所说的搬运装卸成本。

（4）仓储风险成本

作为仓储持有成本最后一个主要组成部分的仓储风险成本，反映了一个非常的可能性，即由于企业无法控制的原因，造成的库存物料贬值、损坏、丢失、变质等损失。

2) 订货或生产准备成本 C_2

订货成本或生产准备成本是指企业向外部的供应商发出采购订单的成本或指企业内部自己生产加工而产生的生产准备成本。

（1）订货成本

订货成本是指企业为了实现一次订货而进行的各种活动的费用，包括处理订货的差旅费、办公费等支出。订货成本中有一部分与订货次数无关，如常设机构的基本开支等，称为订货的固定成本；另一部分与订货的次数有关，如差旅费、通信费等，称为订货的变动成本。具体来讲，订货成本包括与下列活动相关的费用：检查和清点存货；编制并提出订货申请；对多个供应商进行调查比较，选择最合适的供应商；填写并发出订单；填写并核对收货单；验收发来的货物；筹集资金并进行付款。

这些成本很容易被忽视，但在研究订货、收货的全部活动时，这些成本很重要。

（2）生产准备成本

生产准备成本是指当某些产品不由外部供应而由企业自己生产时，企业为生产一批货物而进行准备的成本。其中，更换模具、增添某些专用设备等属于固定成本，与生产产品的数量有关的费用（如材料费、人工费等）属于变动成本。

3）缺货成本 C_3

库存决策中另一项主要成本是缺货成本，是指由于库存供应中断而造成的损失。包括原材料供应中断的停工损失、产成品库存缺货造成的延迟发货损失和丧失销售机会的损失（还应包括商誉损失）。缺货成本主要包括以下几个方面。

（1）保险库存的持有成本

许多企业都会考虑保持一定数量的保险库存（或称安全库存）以防在需求方面的不确定造成的供应中断，但安全库存的存在自然会产生一定的库存成本，同时应该注意到安全库存每追加增量都将造成效益的递减；超过期望需求量的第一个单位的保险库存所提供的防止缺货的预防效能的增值最大，第二个单位所提供的预防效能比第一个单位稍小，以此类推。在某一保险存货水平，储存额外数量的存货成本加期望缺货成本会有一个最小值，这个水平就是最优水平。高于或低于这个水平，都将产生净损失。

（2）缺货成本

缺货成本是由于外部或内部供应中断所产生的。当企业的客户得不到全部订货时，为外部缺货；而当企业内部某个部门得不到全部订货时，为内部缺货。

如果发生外部缺货，利用速度快、收费较高的运输方式运送缺货商品，就会发生特殊订单处理和额外运输费用，从而提高仓储成本。此外，当一个供应商没有客户所需的商品时，客户就会从其他供应商那里订货，在这些情况下，缺货导致脱销。企业的直接损失就是这种商品的利润损失。这样，可以通过计算这批商品的利润来确定其直接损失。当然，除了利润的损失，还包括当初负责这批销售业务的销售人员的精力损失；其次，很难估计一次缺货对未来销售的影响。最后，由于缺货造成的商誉损失。商誉对未来销售及企业经营活动非常重要，特别在目前竞争十分激烈的情况下。

如果发生内部短缺，则可能导致生产损失（机器设备和人员闲置）和交货期的延误。如果由于某项物品短缺而引起整个生产线停工，这时的缺货成本可能非常高。尤其对于JIT管理方式生产的企业来说更是灾难性的。

4）在途库存持有成本 C_4

如果企业以目的地交货价销售商品，意味着企业要负责将商品运达客户，当客户收到订货商品时，商品的所有权才转移，在途运输商品仍是销售方的库存。这种在途商品的运货方式及所需的时间应该是储存成本的一部分。

案例窗口 9-1

供应商销货、进货、库存月报表

店名： 　　　　　　　　　　　　　　　　　　　　　　　　　　　　　　　年　月

供应商	供应商代号	商品代号	品名	期初存货		本月进货		本月销货		期末存货		毛利	毛利率	周转率	备注
				数量	金额	数量	金额	数量	金额	数量	金额				

9.2.3 库存信息管理

库存是一项重要的流动资产，它势必会占用大量的流动资金。在传统的企业中，库存有时会占到企业总资产的30%左右，其管理、利用情况如何，直接关系到企业的资金占用水平及资产运作效率。实施正确的仓储管理方法，降低企业平均资金占用水平，提高库存的流转速度和总资产周转率，将最终提高企业的经济效益。

企业的库存信息既包括库存本身信息，如物料的种类、名称、数量、质量等，还包括与物料有关的业务信息，如物料的收发、盘点、运输等。充分利用购销存系统，可以对库存信息进行高效管理。

对于购销存系统的运作，物流信息系统的库存管理文件中有每种物料的最高库存量、最低库存量、安全库存量等基本信息，采购计划部门可根据物料的现存量和安全库存量，结合相应的库存控制方法，合理制定采购计划。当采购计划完成后，已入库的该物料现存量的变化可以同时被各个相关部门看到，并可建立采购计划和采购入库的对应关系，跟踪采购计划的执行情况，有效降低仓库中的物料存量。销售部门在开销售发票或发货单时可随时查询每种物料的现存量来判断销售业务是否能够完成，做到实时控制，这样不但能提高销售订单的完成比率，对保证公司信誉也是非常重要的。

采购订单一次录入所有入库信息，与之所有相关的采购入库单、采购发票信息都依据采购订单得到，而不必重复录入。实物入库后，对入库单进行审核，系统会自动将入库单传送到存货核算子系统中，经过记账制单系统可以自动将该笔业务所产生的资金流信息，传输到总账子系统，从而与财务系统实现数据的无缝连接和共享。

物流信息系统的库存管理系统能够为各级管理者提供各种存货分析账表，从而可以随时掌握企业的动态，对企业的发展和对不同市场状况采取不同的策略，加强管理和决策。存货分析账表包括以下内容。

① 存货明细账。了解本会计年度各月份存货及发货的数量和金额的变化。

② 出入库汇总表。了解某期间的出入库存货已记账、未记账、全部单据的汇总数据以及成套件、单件的汇总数据。按不同口径统计汇总数，例如按仓库汇总、按库存物料品种汇总、按入库类别汇总、按部门汇总、按供应商汇总、按仓库和入库类别汇总、按存货和入库类别汇总、按供应商和入库类别汇总、按部门和入库类别汇总，分析物流动态变化情况。

③ 入库成本分析表。统计分析不同期间或不同入库类别的物料的平均入库成本。

④ ABC 存货成本分析表。按照 ABC 库存控制法，并根据库存物料的价值和重要程度将物料分为 A、B、C 三类，并通过此 ABC 分析表分析 A 类物料、B 类物料、C 类物料的库存水平。

⑤ 库存资金占用情况分析。利用此表分析库存资金占用规划、实际库存资金的占用额及它们之间的差额。

⑥ 暂估库存余额表。提供统计明细账中暂估入库的存货的数量和入库成本明细，分析不同期间的暂估单据入库及报销情况。管理者通过察看库存台账，及时了解和掌握各种存货的出入库和结存数量及金额。

⑦ 呆滞库存备查簿。管理者利用此表查询各仓库呆滞物料的收发存明细情况。

⑧ 库存分析表。管理者利用此表及时掌握物料在仓库中停留的时间、是哪家供货商提供的货物、是哪个部门、哪个业务员采购的货物等。

案例窗口 9-2

商品管理月报表

年　月

商品名	销货		退货		进货		库存额		毛利	毛利率	备注
	数量	金额	数量	金额	数量	金额	数量	金额			

9.2.4 降低仓储费用的途径

企业仓储成本的高低是影响企业经营效益的重要因素，企业必须在保证生产和销售正常运行的前提下，努力控制仓储经营过程中的各项成本，尽量减少不必要的开支，以争取最大效益。降低库存成本的主要措施有如下几个方面。

① 分类管理。可以利用 ABC 分类分析的管理方法，对仓储物料根据其种类、数量、价值、性质等因素进行综合分析，解决各类物料的结构关系、储存量、重点管理、技术措施等合理化问题，分别决定各种物料的合理储存量及合理储存的方法，分门别类地进行仓储成本控制。

② 在具有一定社会总规模的前提下，追求经济规模，适当集中库存。适度集中储存是合理化的重要内容。集中储存的优点有：
- 对单个用户的保证能力提供保障；
- 有利于采用机械化、自动化方式；
- 有利于形成一定批量的干线运输，成为支线运输的起始点。

但是，集中储存可能造成储存点与用户之间的距离变长、运费支出变大、在途时间加长等不足，使得库存量必须相应增加，因此开展仓储管理活动时应协调好集中储存和分散储存之间的关系。

③ 加速库存周转，提高单位产出。储存现代化的重要课题是将静态储存变为动态储存。加快周转速度可以使资金周转加快，资本效益提高，可以减少呆滞物料，增加仓库吞吐能力，降低仓储成本等。具体做法可以采用单元集装储存、建立快速分拣系统等方法实现快进快出、大进大出。

④ 采用有效的"先进先出"方式，保证每个被储存物的储存期不至过长。"先进先出"是一种有效的方式，也是储存管理的重要准则之一。

⑤ 提高储存密度，提高仓容利用率。主要目的是减少储存设施的投资，提高单位储存面积的利用率，以降低土地的占用、降低成本。主要的方法如下。

第一，采取高垛的方法，增加储存的高度。具体可采用高层货架仓库、使用集装箱等都可以比一般的堆存方法增加储存高度。

第二，缩小库内通道宽度以增加储存有效面积。具体可采用窄巷道式通道，配备轨道式装卸车辆，减少车辆运行宽度要求；采用侧叉车、推拉式叉车，减少叉车转弯所要的宽度等。

第三，减少库内通道数量以增加储存有效面积。具体方法有采用密集型货架，采用可进车的可卸式货架，采用不依靠通道的桥式吊车装卸技术等。

⑥ 采用有效的储存定位系统。储存定位的含义是被储货物位置的确定。如果采用有效的定位系统，就能很大程度地节约寻找、存放、取出的时间，节约大量的劳动；而且还能防止出现差错，便于清点。具体的有效措施如下。

第一，"四号定位"方式。用一组数字来确定存取位置的固定货位方法。这四个号码是：库房号、货垛（货架号）、层号、货位顺序号。在货物入库时，按计划要求对货物编号，记录在账上，提货时按号码的指示，很容易将货物拣选出来。这种定位方式可对仓库存货区事先做出规划，有利于提高速度，减少差错率。

第二，使用计算机定位系统。利用计算机储存容量大、检索速度快的优点，在入库时将存放货物的货位输入计算机，出库时向计算机查询，按计算机指示的货位和拣选方式，迅速地提取货物。利用计算机系统，可以采用随机储存的方式，不用为特定的货物预留货位，充分利用库场的每一个货位，有利于提高仓库的储存能力，在相同吞吐量的情况下，可比一般仓库减少建筑面积。

⑦ 采用有效的监测清点方式。对储存的物料的数量和质量的监测不仅是库存管理的基本工作，也是进行科学控制库存的有效措施，在经营中不进行有效的监测就可能造成账物不符等现象，对企业造成损失。因此，经常的监测是掌握被储存物质量保证工作的一个重要环节。监测清点的主要方法如下。

第一，"五五化"堆码。这是我国手工管理中采用的一种科学方法。储存货物堆垛时，以"五"为基本计数单位，堆成总量为"五"的倍数的垛形，堆码后便于清点，在很大程度上可以加快人工点数的速度，并且能减少差错。

第二，光电识别系统。在货位上设置光电识别装置，该装置对货物进行扫描，并将准确数目自动显示出来。这种方式不需人工清点就能准确掌握库存的实际数量。

第三，计算机监控系统。由电子计算机控制存取，可以防止人工存取容易出现的差错，如果在储存中采用条形码技术，使识别计数和计算机相连，每存取一个货物时，识别系统都能将相关信息输入到计算机中，计算机会自动进行相关的记录，需要时只要向计算机查询就马上可以了解仓储货物的准确信息和库存数量。

案例窗口 9-3

存料管理卡

年度：　　　　　　　　　　　　　　　　　　　　　　　　　　　　　　　　　　　卡号：

材料名称			规格		最高存量			最低存量		
材料编号			存放位置					订购量		

日期 月日	收发领退凭单	收料记录			生产批令号码	领料单位	发料记录		结存记录			核对
		数量	单价	金额			数量	金额	数量	单价	金额	

9.3　仓储经济指标

9.3.1　经济核算的内容

仓储活动的经济核算是对仓储经营活动的物化劳动消耗与经营成果进行核算。通过核算和对比分析，力求以较少的经营开支取得较大的经济效益。核算的主要内容包括以下几方面。

1. 仓储经营成果的核算

仓库的基本职能是保管物料，在同等条件下，如果保管的物料越多，保管质量越好，而劳动消耗与财产耗费越少，则经营成果越大。

2. 仓储劳动消耗的核算

仓储劳动消耗包括活劳动消耗和物化劳动消耗。活劳动消耗是核算工资、奖金等支出的依据，活劳动消耗的考核目标是提高劳动生产率。物化劳动消耗是核算仓储经营中物质资料的消耗，包括固定资产的折旧，物料在保管、养护、包装和进出库装卸等过程中所使用的材料、能源及设备、管理费用等的消耗。

3. 资金的核算

为了使仓储业务正常运转，企业需要备有一定的流动资金，用于支付日常的易耗材料的添置。例如仓库需要保有一定数量的货物苫垫、养护、包装、劳保等材料。除此之外，设施和设备使用的折旧期较长，在折旧费全部返回之前，投入的资金也被占用。因此，企业在经营过程中，始终存在被占用的资金。资金核算就是要完成同样的业务量，并保证仓储管理质量的情况下，使企业被占用的资金最少。

进行资金核算首先应确定固定资产的价值和生产经营相适应的流动资金的需求量。为了提高固定资产资金利用率,对于基建投资应按规定及时组织验收并尽快投入使用。对于设备,应根据需要进行购置,购进的设备应尽快调试,并投入运行。在国外,为了提高固定资产投资资金的利用率,往往采用加速折旧的方法。对于企业流动资金的核定,应根据仓储业务最低需求的日常流动资金额确定。当然,最低需要的数额与仓储企业的管理水平有密切的关系。随着管理水平的提高,企业能逐步找到最佳的日常使用材料的储备数量,这一数量同时也保证资金占用较低。

4. 盈利核算

企业的生存是靠盈利,因此企业经营所追求的目标是获取最大利润。为了了解企业的盈利情况,必须对一些盈利指标进行考核。例如考核企业的成本盈利率、资金盈利率和仓储收入盈利率等。

9.3.2 仓储经济性指标

仓储经济性指标主要是指有关储存的成本和效益的指标,可以综合反映仓库经济效益的水平。主要包括以下各项。

1. 商品储存量指标

表明商品储存量的指标有仓库单位面积货物量,具体的计算公式为

$$仓库单位面积货物储存量 = \frac{核定储存量(t)}{仓库有效面积(m^2)}$$

核定储存量可以通过实测统计确定,仓库有效面积指仓库建筑面积扣除办公、通道等不能用于储存货物的面积后的仓库存货面积。

2. 商品储存质量指标

表明商品储存质量的指标有以下几个。

(1) 账物相符率

账物相符率是指仓库账册上的货物储存量与实际仓库中保存的货物数量之间的相符合程度,一般在对仓储货物盘点时,逐笔与账面数字核对,统计时所用公式为

$$账物相符率(\%) = \frac{账物相符笔数}{库存货物总笔数} \times 100\%$$

账货相符率指标反映仓库的管理水平,是避免企业财产损失的重要手段。

(2) 收发货差错率

$$收发货差错率(‰) = \frac{收发货差错累计数}{收发货累计总笔数} \times 1\,000‰$$

这是仓储管理的质量指标,用于衡量收发货的准确性,保证仓储的服务质量。仓库收发货差错率一般应控制在 0.5‰ 以下。

(3) 货物保管损失

货物保管损失是一项直接损失,一般以吨保管损失费用计,其计算公式为

$$保管损失(元/吨) = \frac{保管损失金额(元)}{平均储存(量)}$$

(4) 货物自然损耗率

货物自然损耗率主要指那些易挥发或破碎的货物,对其制定一个损耗限度,并力争将自

然损耗降到最低。损耗率的计算公式为

$$货物损耗率(‰) = \frac{货物损耗量}{货物保管量} \times 1\,000‰$$

3. 仓储费用指标

表明仓储费用的指标有两个。

（1）平均储存费用

是指保管每吨货物一个月平均的费用开支。保管费是指前所述的仓储成本中的各项费用的总和。计算公式为

$$平均储存费用 = \frac{每月储存费用总额(元)}{月平均储存量(吨)}$$

平均储存费用是仓库经济核算的主要经济指标之一。它可以综合地反映仓库的经济成果、劳动生产率、技术设备利用率、材料和燃烧节约情况等，同时也反映了企业的管理水平。

（2）成本指标

货物保管成本指标是指标体系中的一项经济指标，反映劳动生产率的高低，技术设备的利用率，材料、燃料的消耗及仓储管理水平的高低等。为有效地控制成本开支，必须明确保管费用的开支项目和范围，对于那些日常性的消耗品开支可以采用包干使用的方法。仓库的保管费用应包括：生产性费用（如装卸、搬运和堆码的劳务费，库场建筑、设备的折旧和修理费，小型机具、苫垫材料等低值消耗品分摊费，燃料、电力等能耗费），管理性费用（如经营管理人员的劳务费用、安全管理费用、办公费用等），以及一些代理业务的必要开支，保管成本的计算方法为

$$保管成本 = \frac{当月保管费用(元)}{当月平均货物储存量(吨)}$$

4. 劳动效率指标

表明劳动效率指标有两个。

（1）平均收发货时间

平均收发货时间是指仓库收发每一票货所用平均时间，这是一项提高仓储劳动效率、改进服务质量的指标。一般仓库的收发货时间控制在一个工作日之内，而对于大批量、难以验收的收发货业务可适当延长时间。

收、发货时间的界定为，收货时间自单证和货物到齐开始计算，经验收入库，至将入库单交保管会计登账为止；发货时间自仓库接到发货单开始，经备货、包装、填单，直至办妥出库手续止。

（2）每人平均劳动生产率

每人平均劳动生产率即职工的平均劳动工作量。它反映了物料仓储及进出库数量与劳动力消耗比值。仓库劳动生产率可分为保管员劳动生产率、装卸工人劳动生产率及全员劳动生产率。人均劳动生产率的计算方法为

$$人均劳动生产率 = \frac{保管(装卸)货物数量}{保管(装卸)人员数}$$

5. 资金使用指标

表明资金使用的指标是资金利用率，是指仓库企业所得净利润与全部资金占用之比，反

映了仓库资金使用效果。计算公式为

$$资金利润率 = \frac{利润总额}{固定资产平均占有+流动资金平均占用} \times 100\%$$

6. 利润指标

仓储企业的利润指标主要有 6 个。

（1）利润总额

利润总额是经济核算的重要指标，反映了企业利润的实现情况，是企业经济效益的综合指标。

$$利润总额 = 报告期仓储总收入额 - 周期仓储总支出额$$

或者

$$利润总额 = 仓库营业收入 - 储存成本和费用 - 税金 + 其他业务利润 + 营业外收支净额$$

（2）收入利润率

收入利润率是仓储企业实现利润与实现的收入之比。计算公式为

$$收入利润率 = \frac{利润总额}{仓储营业收入} \times 100\%$$

（3）人均实现利润

人均实现利润是指报告期内实现的利润总额与企业仓储全员人数之比，反映了企业生产效果。计算公式为

$$人均实现利润 = \frac{报告期利润总额}{报告期平均全员人数}$$

（4）每吨货物利润

$$每吨货物利润 = \frac{报告期利润总额(元)}{报告期货物储存总额(吨)}$$

（5）仓储费率

物料仓储费率由储存费率、进出库装卸搬运费和其他业务费率构成。储存费率可根据货物的种类、数量、作业的难易程度、货物的价值等因素综合考虑制定，制定的基础是货物储存的（吨·天）成本，一般以每（吨·天）作为储存费率的单位。在储存过程中需要其他辅助材料（如苫垫、托盘等）时，另外增加辅助材料的使用费。对于长期储存的仓库，一般采用固定的仓储费率；对于中转型仓库，为了加速库场的周转，一般采用递增费率的方法。

仓储企业一般都根据业务的不同制定不同的作业费率。如进出库场的装卸、搬运费率及设备使用费率和劳动力费率。

（6）其他费率

因物料保管及客户要求所进行的对仓储物的加工等作业，其作业费率根据加工项目、数量及难易程度分别制定相应的费率标准，一些特殊的加工可以采用协议或合同的方式规定。

9.4 仓储绩效评价与分析

9.4.1 库存的利弊分析

由于库存一方面占用大量资金，减少了企业利润，影响了资金流通，导致企业亏损；但

另一方面又能够有效地缓解供需矛盾，使企业均衡、连续运行，有时还具备投机功能，为企业创造利润，因此需要用辩证的方法对待仓储。一方面要不断改善经营管理水平，实现零库存；另一面要求人们面对现实情况，维持特定的库存水平，保持企业正常运行。

1. 库存的主要作用

① 保障供应，应付各种意外变化，特别是突发事件；
② 保证企业运行的连续性与稳定性；
③ 吸收产品季节性的波动需求；
④ 利用价格投机，创造时间价值、场所价值，获取利润。

2. 库存的危害

① 加长了生产周期，占用了大量资金；
② 掩盖了经营中的各种内外矛盾，麻痹管理人员的思想；
③ 增加了库存设施、设备及保管、养护的费用。

9.4.2 库存的绩效评价量化指标体系

对库存绩效评价是库存管理过程中的关键部分，绩效评价既要反映服务水平又要反映库存水平。如果只集中在库存管理上，计划者就会倾向于库存水平最低，而有可能对服务水平产生负面影响，与此相反，如果把绩效评价单一地集中在服务水平上，将会导致计划者忽视对库存的控制。所以，绩效评价应能够清楚地反映企业的期望和实际需要。

1. 仓库资源利用程度

仓库资源利用程度可通过以下指标来体现。

$$土地利用率 = \frac{仓库建筑面积}{土地面积} \times 100\%$$

$$仓库面积利用率 = \frac{仓库可利用面积}{仓库建筑面积} \times 100\%$$

$$仓容利用率 = \frac{库存商品实际数量或容积}{仓储应存数量或容积} \times 100\%$$

$$有效范围 = \frac{库存量}{平均每天需求} \times 100\%$$

$$设备完好率 = \frac{期内设备完好台数}{同期设备总数} \times 100\%$$

$$设备利用率 = \frac{全部设备实际工作实数}{设备工作总能力} \times 100\%$$

2. 服务水平

服务水平可通过以下指标来体现。

$$缺货率 = \frac{缺货次数}{顾客订货次数} \times 100\%$$

$$顾客满足程度 = \frac{满足顾客要求数量}{顾客要求数量} \times 100\%$$

$$准时交货率 = \frac{准时交货次数}{总交货次数} \times 100\%$$

3. 储存能力与质量

储存能力与质量可通过以下指标来体现。

$$仓库吞吐能力实现率 = \frac{期内实际吞吐量}{仓库设计吞吐量} \times 100\%$$

$$商品缺损率 = \frac{期内商品缺损率}{期内商品总数} \times 100\%$$

$$仓储吨成本 = \frac{仓库费用}{库存量} \times 100\%$$

9.4.3 库存周转率的评价与分析

库存周转率对于企业的库存管理具有非常重要的意义。库存周转速度代表了企业利益的测定值,被称为库存周转率。对于库存周转率,没有绝对的评价标准,通常是同行业相互比较,或与企业内部的其他期间相比较分析。库存周转率是库存绩效评价与分析的重要指标。

1. 库存周转率的基本计算公式

$$库存周转率 = \frac{使用数量}{仓储数量} \times 100\%$$

其中,使用数量并不等于出库数量,因为出库数量包括一部分备用数量。除此之外,也有以金额计算库存周转率的,同理使用金额并不等于出库金额。

$$库存周转率 = \frac{使用金额}{库存金额} \times 100\%$$

无论是使用金额还是库存金额,要注意是哪个时间段的金额,因此规定某个期限来研究金额时,计算公式为

$$库存周转率 = \frac{该期间的出库总金额}{该期间的平均库存金额} \times 100\%$$

$$= \frac{该期间出库总金额 \times 2}{期初库存金额 + 期末库存金额} \times 100\%$$

2. 库存周转率的评价方法

标杆管理又称基准管理,是一种先进而有效的管理理论和管理方法,起源于20世纪70年代末美国企业学习日本企业的运动。20世纪70年代末,一直保持着世界复印机市场实际垄断地位的施乐,遇到了来自国内外特别是日本竞争者的全方位挑战,如佳能、NEC等公司。当时日本的企业正在复印机行业中占有日渐重要的地位,它们以高质量、低价格的产品,使施乐的市场占有率在几年的时间里从49%减到22%。为了迎接挑战,施乐公司的高层经理们提出了若干提高质量和生产率的计划,其中之一就是标杆管理。

施乐公司的标杆管理,通过全方位的集中分析比较,找出了与佳能、NEC等主要竞争对手的差距,全面调整战略、战术,改进业务流程,并很快取得了成效。从此,标杆管理在全世界迅速推广开来,包括杜邦、通用、美孚石油、IBM和柯达等在内的国际著名公司纷纷效仿。

在北美,标杆管理这个术语是由施乐公司定义的。施乐公司关于标杆管理的定义是:

"一种将产品、服务和实践与最强大的竞争对手或行业内领导者相比较的持续的流程。"其核心是向业内或其他行业最优秀的企业学习，也就是说，标杆管理是指企业将自己的产品、服务和经营管理方式同行业内或其他行业的领袖企业进行比较和衡量。

（1）和同行业比较评价法

在与同行业相互比较时有必要将计算公式的内容统一起来，调整到统一基础进行计算，才有真正的比较价值。

（2）参考以往的评价方法

参考自己公司以往的绩效评价方法，不是随便取之，而是用周转率与周转时间的标准值，因商品的分类不同而各不相同，所以除过去的绩效外，最好不要参照其他相关要素来确定。

（3）期间比较评价法

根据统计资料计算的周转率仅能用来当作一个概略的标准，应将重点放在本公司内各期间的比较来评价良莠，这才是较为正确的方法。另外，计算周转率时，最好按月随着库存的动态变化而抽象计算为月间周转率，作为相对期间比较更为客观。

3. 库存周转率的分析

不能一概而论库存周转率高，库存绩效就一定好；库存周转率低，库存绩效就一定差。库存周转率表面上看越高，经济效益应该越好，但有时适得其反（见表9-1）。

表9-1 库存周转率的分析表

种类	库存周转率高，经济效益好	库存周转率高，企业经济效益不佳	库存周转率低，经济效益较好	库存周转率低，经济效益较差
内容	●销售增加并且远远超过存货资产，使企业获得较好的利润 ●因决策合理，缩短了周转期间	●销售超过标准库存拥有量，缺货率超过了允许范围，使企业失去销售机会，带来经济损失 ●因库存调整超过预测的销售额最低值而缺货，减少企业收益	●准确预测能够大幅度涨价的商品，库存充足 ●对于有缺货危险的商品，有计划地拥有适当库存量	●销售额降低，却不做库存调整 ●库存中的滞销品、积压品等不良商品不但不减少，反而增加，或长期储存在仓库不做处理，占压资金

习题与思考题

1. 仓储成本管理的内容主要包括哪些？
2. 仓储成本主要由哪几部分构成？
3. 评价库存周转率的指标是什么？
4. 评价仓储经济性指标包括几部分？

第 10 章

配送与配送中心

本章主要内容
- 概述
- 配送成本管理
- 配送运营与商务配送
- 配送服务质量管理

引导案例

上海华联超市连锁公司是由中国百货业巨子上海华联商厦投巨资于 1993 年创立的，从创办伊始就坚持"国际标准的超市典范，工薪阶层的购物天堂，创建一流的超市公司"的办店宗旨，不断引进国外先进的管理经验，并结合我国国情，加以改造和发展，开拓了一条符合我国实际的超市发展新路。

建店伊始，上海华联超市连锁公司就认识到配送中心是超市提高经济效益的关键部门。因此，1993 年 3 月公司就建设了配送中心，当时规模很小，只有 1 辆运货车。随着超市网点的迅速增加，门店中许多畅销产品经常断档，公司立即决定扩大配送中心的规模。1995 年，公司投资扩建配送中心，仓库面积增加到 16 000 m^2，运货车辆由 1 辆增加到 40 辆。1997 年，公司开始使用 POS 系统（销售时点管理系统），全面推行计算机联网管理，为公司的进一步发展奠定了坚实的基础。

上海华联超市的配送中心建筑面积 20 000 m^2，库存能力 90 万箱，日吞吐能力 19 万箱，可同时停靠 80 辆货运卡车，服务半径 250 km。配送中心采用高层立体货架和拆零商品拣选货架相结合的仓储系统和前移式蓄电池叉车、电动搬运车、电动拣选车和托盘，实现装卸搬运作业机械化；同时拆零商品配货电子化；采用电子标签拣选系统。门店订单输入计算机后，货位指示灯和品种显示器立刻显示拣选商品在货架的具体位置和数量，作业人员可以方便地取出商品，订单商品配齐后进入理货环节，大幅度提高了作业速度，降低了差错率。

华联连锁超市公司配送中心的使用，大量压缩了连锁公司门店的仓储面积，降低了仓储费用、运输费用，降低了商品的损耗率和流动资金的占用率，使连锁超市的物流成本大大低于单体超市和附属形态的超市。

此外，上海华联超市连锁公司对配送中心的运作进行科学、规范的管理。公司对配送中心的进货过程和发货过程制定了严格、明确的要求和规范的操作制度。要求仓库收货员在验货时，必须核对厂商开具的发票是否与订货商品、实际商品一致，检查商品的包装情况，一切准确无误后方可在厂商送货单上签字并将商品入库。商品入库后，要立即制作仓卡，标明商品的品名、入库时间和货位，最后将仓卡和厂商开具的发票按规定的时间送采购部，采购部立即开出收货单，并将商品内容记入商品发货单中，使入库的商品进入可配状态。华联对发货单位制定了更加严格的工作流程控制规定。公司规定，不论是对内或对外发货，发货单位必须由仓库主任亲自验收，验查是否有采购部发货印章，辨别印章真伪，核对发货单的有效期。一切无误后，方可按发货单上开具的商品组配货。按已制定好的运送计划、时间准时送货。

1996 年，上海华联超市连锁公司销售额为 9.6 亿元；2000 年，上海华联超市连锁公司发展到连锁店 101 家，营业场地面积 50 000 m²。2003 年，上海华联超市连锁公司与上海一百集团有限公司实现合并，成立上海百联集团有限公司，销售额 485.2 亿元，店铺 4 357 家，名列我国连锁企业的榜首。

10.1 概述

10.1.1 配送、仓库和配送中心

1. 配送的概念

配送（distribution）起源于"送物上门"。20 世纪 60 年代初期，生产企业或中转仓库根据客户的要求，将货物准确地运送到客户手中——这就是配送的雏形"普通送货"。随着客户对产品多样化的要求，在客户需要什么就送什么的前提下，原始的普通送货开始转向分拣、配货、送货一体化，因此产生了配送。20 世纪 80 年代后，配送手段日益先进，配送区域进一步扩大，配送方式日趋多样化，配送开始追求信息化、网络化、系统化、自动化、规模化和社会化。

按照国家质量技术监督局发布的中华人民共和国国家标准"物流术语"（GB/T 18354—2001），配送是指在经济合理区域范围内根据用户的要求，对物品进行拣选、加工、包装、分割、组配等作业，并按时送达指定地点的物流活动。

配送作业的总体目标可以简单地概括为 7 个恰当（Right），即在恰当的时间、地点和恰当的条件下，将恰当的产品以恰当的成本和方式提供给恰当的客户。配送功能的七要素为货物、客户、运输工具、人员、路线、目的地和时间。

2. 配送的特点

从配送的标准定义看出，配送的实质性活动不是一般的送货，而是高水平的送货。所谓高水平的送货，即除了送货，还包括拣选、分货、包装、分割、组配和配货等工作。备货、理货和送货是组成配送的三个基本环节。备货主要是指储存与集货活动；理货是指货物分拣、配货和包装等活动；送货是指货物的短途运输、线路选择、送货信息反馈等活动。因此，配送是备货、理货和送货等活动的有机结合体。

此外，配送还是一种专业化的分工方式。在发达的商品经济和现代的经营水平条件下，

依靠现代化信息技术和各种传输设备及识别、拣选等机电装备，配送作业能够像工业生产中广泛应用的流水线一样，实现流通领域的专业化生产。因此，配送是大生产、专业化分工在流通领域的体现，是有确定渠道、确定组织、确定装备、确定管理、确定技术的运作形式。

3. 配送的作用与意义

配送作为一种新型的物流手段，伴随着生产的不断发展而日趋成熟。因为无论企业还是社会都从这种新型的物流手段中获益。

其一，配送完善和优化了物流系统。第二次世界大战以后，高水平的干线运输呼唤支线运输和小搬运配套，但支线运输和小搬运在灵活性、适应性、服务性上的欠缺，致使运力利用不合理、运输成本过高。配送的出现使干线运输、支线运输及小搬运统一，输送过程得以优化和完善。

其二，配送提高末端物流的效益。配送通过增大经济批量达到经济进货，又通过将各种商品客户集中在一起进行一次发货，代替分别向不同客户小批量发货来达到经济发货，使末端物流经济效益提高。

其三，配送通过集中库存使企业实现低库存或零库存。采取准时制配送方式之后，生产企业完全可以依靠配送中心的准时配送而不需保持自己的库存，或者生产企业只需保持少量保险储备而不必留有经常储备。配送将企业从库存的包袱中解脱出来，改善企业财务状况；而且采用集中库存可利用规模经济的优势，使单位存货成本下降。

其四，配送简化事务，方便客户。采用配送方式，客户只需向一处订购，或一个进货单位联系就可订购到以往需要去许多地方才能订到的货物，只需组织对一个配送单位的接货便可代替现有的高频率接货，因而大大减轻了客户的工作量和负担，也节省了事务开支。

其五，配送提高供应保证程度。生产企业自己保持库存，维持生产，供应保证程度很难提高。采取配送方式，配送中心可以比任何单位企业的储备量更大，因而对每个企业而言，中断供应、影响生产的风险便相对缩小，使客户免去短缺之忧。

4. 配送中心的概念

在实际生活中，配送和其他经济活动一样，通常是由配送中心来进行安排和操作的。按照国家质量技术监督局发布的中华人民共和国国家标准"物流术语"（GB/T 18354—2001），配送中心是指从事配送业务的物流场所或组织，应基本符合下列要求：

① 主要为特定的客户服务；
② 配送功能健全；
③ 完善的信息网络；
④ 辐射范围小；
⑤ 多品种、小批量；
⑥ 以配送为主，储存为辅。

日本出版的《市场用语词典》对配送中心的解释是：配送中心是一种物流节点，它不以贮藏仓库的这种单一的形式出现，而是发挥配送职能的流通仓库，也称基地、据点或流通中心。配送中心的目的是降低运输成本、减少销售机会的损失，为此建立设施、设备并开展经营、管理工作。

从配送中心的定义可知，配送中心是集货中心、分货中心、加工中心功能的综合，在"配"的基础上实现高水平的"送"。

配送中心图例见图 10-1。

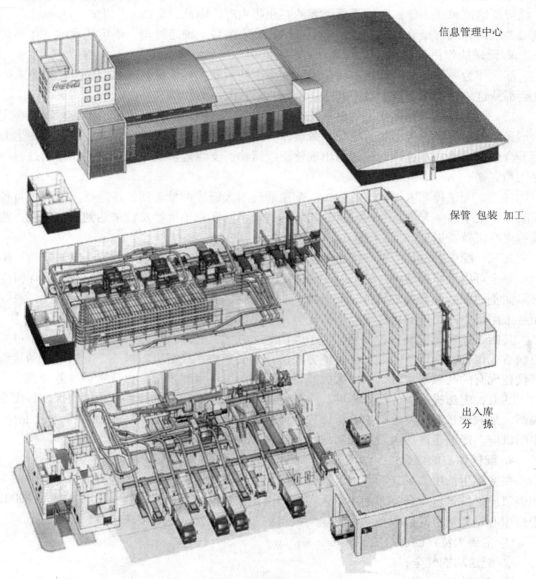

图 10-1　配送中心图例

5. 配送中心的主要功能

综合目前各类商品配送的基本职能和业务范围，配送中心主要有七大功能。

① 备货功能。配送中心进货或备货，是配送的准备工作、基础工作，包括筹集货源、订货或购货、集货及有关的质量检查、结算、交接等。配送的优势之一就是可以集中用户的需求，进行一定规模的备货。

② 储存功能。配送中心的储存有储备及暂存两种形态。配送储备是按一定时期的配送经营要求，形成的对配送的资源保证。这种类型的储备数量较大，储备结构也较完善，视货源及到货情况，可以有计划地确定周转储备及保险储备结构及数量。另一种储存形态是暂

存，是具体执行配送时，按分拣配货要求，在理货场地所做的少量储存准备。

③ 配组功能。配货、编组是发货前最主要的前置工作。配货是指配送作业人员根据门店的订单要求，从储存的商品中将用户所需的商品分拣出来，放到发货场指定的位置，以备发货；编组准备是指零星集货、批量进货等对种种资源的搜集工作和对货物的分整、配备等工作。

④ 分拣功能。分拣是完善送货、支持送货的准备性工作，是不同配送企业在送货时进行竞争和提高自身经济效益的必然延伸。

⑤ 集散功能。在单个用户数量不能达到车辆的有效运输负载情况下，就存在如何集中多个企业的货物，再进行发运，以提高卡车的满载率，降低运输费用成本。通过经济高效的组织储运，配送中心发挥集货中心、分货中心的职能。

⑥ 加工服务功能。配送加工是流通加工的一种，配送加工主要满足顾客需要，由于现在越来越多的客户希望减少商品的流通加工工作，因而往往要求配送中心把商品贴好标签，并分类进行商业包装，再配送到指定地点，有时候甚至是直接上货架。配送加工可以减轻生产企业负担，提高生产效率、运输效率和配送质量。

⑦ 送货功能。配送中心的前置工作可以简单、可以复杂，但最终目标是将物品按照准确的时间送达准确的客户。送货过程包括线路选择、送货信息反馈等活动。

6. 配送中心的作业方式

配送中心作业流程是指配送中心活动过程在运动时所形成的基本工作顺序。配送中心作业流程一般包括：进货→验收→入库→存放→拣取→包装→分类→出货→检查→装货→送货等活动。在这些企业活动执行过程中还会产生一系列表单及信息，每一类作业活动都必须纳入相应的管理系统（如图 10-2 所示）。

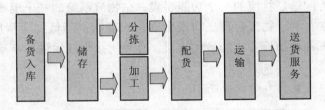

图 10-2 配送中心作业流程

7. 配送中心与仓库

仓库是保管、储存物料的建筑物和场所的总称。通常仓库的基本功能是保持储存货物的使用价值，为生产的连续运转和生活的正常进行提供物质保障。随着生产节奏加快、社会分工不断扩大，企业迫切要求缩短流通时间和减少库存资金的占用，因此许多经济发达国家的仓库业开始调整内部结构，扩大业务范围，仓库业务活动由原来的保管储存变成了向社会提供多种服务，把保管、储存、加工、分类、分拣和输送等连成了一个整体。变革以后的仓库可以做到为客户提供门到门服务，可以把货物从仓库一直运到客户的仓库、车间生产线或营业场所，这样配送就形成和发展起来了。近年来，大部分企业尤其是连锁企业都利用原来的仓库或租用仓库进行改造、建立了自己的配送中心，在原来单一功能的基础上扩展了配送功能。但是，从仓库改造的配送中心由于基础设施的限制，许多效果不能够很好地发挥出来。

案例窗口 10-1

多年来,国美电器已成为中国最大的电器零售连锁企业,并位居全球商业连锁第 22 位。在国内 100 多个城市拥有直营店 350 余家、60 000 多名员工,成为国内外众多知名家电厂家在中国最大的经销商。物流能力的不断增强配合了国美电器的规模扩张和发展速度。在国美电器连锁体系的物流系统枢纽中,大库、小库发挥了主要作用。目前,国美在北京、天津、上海、成都和重庆分别设有一个配送中心,即大库,面积在 7 000~10 000 m^2 之间,每个配送中心可以支持 7~8 个连锁店的商品配送。

国美电器商品配送的作业流程是这样的:首先由厂家(各地分公司)直接将商品拉进国美的配送中心,有时中心也提运一些商品,然后由连锁店确定每天从区域配送中心调货的数量和型号,运输则由门店拥有的 3 t 大货车完成,货物到达门店后可暂时存储在店内的小库里。国美的配送中心具备了配送中心接收、验货、储存的基本功能,但尚无能力为门店提供送货服务。可以看出,国美的配送中心称作"库",是有它的道理的。目前,国美已开始尝试借助社会资源,解决配送中心的送货问题。此外,国美也在积极建设内部计算机网络系统,以改变目前依靠电话、传真等手工数据传递方式。

10.1.2 配送合理化

1. 配送合理化的判断标志

配送合理化与否是配送决策系统的重要内容。总体上说,判断配送合理化要看是否有利于物流合理化,因为配送是物流的一个功能要素,是物流系统的一个组成部分。所谓物流合理化,就是配送必须有利于物流合理。物流合理化表现在:降低物流费用;减少物流损失;加快物流速度;发挥各种物流方式的最优效果;有效衔接干线运输和末端运输;减少实际的物流中转次数。

具体的判断指标主要有 6 个,见图 10-3。

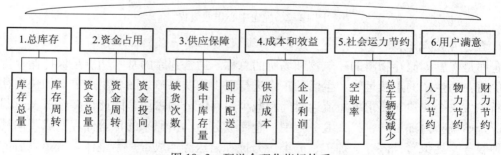

图 10-3 配送合理化指标体系

(1) 总库存指标

包括库存总量和库存周转两个指标。库存总量指标是判断配送合理与否的重要标志,主要考核在一个配送系统中,分散于各个用户的库存转移给配送中心,配送中心库存数量(K_d)加上各用户在实行配送后库存量之和($\sum_{i=1}^{n} K_i$)应低于实行配送前各用户库存量之和

($\sum_{i=1}^{n} K'_i$)。用数学表达式为

$$K_d + \sum_{i=1}^{n} K_i < \sum_{i=1}^{n} K'_i$$

此外，各用户在实行配送前后的库存量比较，也是判断合理与否的标准，某个用户库存上升而总库存量下降，也属于一种不合理。

其次，库存周转指标是指在一个配送系统中，实行配送后各用户库存周转一般总快于原来的库存周转。

(2) 资金占用指标

包括资金总量、资金周转、资金投向三个指标。实行配送应有利于资金占用降低及资金运用的科学化。

资金总量指标主要考核在一个配送系统中，用于资源筹措所占用流动资金总量，随着储备总量的下降及供应方式的改变必然有一个较大的降低。

资金周转指标是指由于资金充分发挥作用，同样数量资金，过去需要较长时期才能满足一定供应要求；配送之后，在较短时期内就能达此目的。

同样，资金投向指标是指实行配送后，资金应当从分散投入改为集中投入，增加调控能力。

(3) 供应保障能力指标

包括缺货次数、集中库存量、即时配送三个指标。实际上，实行配送各用户最担心是供应保障程度降低。

缺货次数指标主要考核在一个配送系统中，各用户该到货而未到货以致影响用户生产及经营的次数，必须下降才算合理。

配送企业集中库存量指标是指每一个用户库存量所形成的保证供应能力高于配送前单个企业保证程度，供应保证才算合理。

即时配送的能力及速度是用户出现特殊情况的供应保障方式，这一能力必须高于未实行配送前用户紧急进货能力及速度才算合理。

(4) 成本和效益指标

包括供应成本和企业利润两个指标。企业利润指标是指在一个配送系统中，在配送企业投入确定的情况下，企业利润应有所提高。供应成本指标是指对于用户企业而言，在保证供应水平或提高供应水平（产出一定）前提下，供应成本有所降低。成本及效益对合理化的衡量，还可以具体到储存、运输等具体配送环节，这样判断更为精细。

(5) 社会运力节约指标

包括社会车辆总数、社会车辆空驶率两个指标。社会车辆总数指标减少意味着依靠送货运力的规划和整个配送系统的合理流程及与社会运输系统的合理衔接，实现一家一户自提自运减少，社会化运输增加，从而使得社会车辆总数减少。

社会车辆空驶率指标主要考核单车的承运量增加，减少运能、运力的浪费，从而使得社会车辆空驶率降低。

(6) 用户满意指标

包括用户人力节约、物力节约、财力节约三个指标。配送的重要观念是以配送中心代替

用户自身将正确的商品在正确的时间送达正确的地点。因此，实行配送后，各用户在仓库、供应、进货等部门的人力应该减少、物力应该节约、财力应该节约，后顾之忧真正解除，这样配送才为合理。

2. 配送合理化可采取的做法

（1）推行一定综合程度的专业化配送

通过采用专业设备、设施及操作程序，取得较好的配送效果。需要注意的是，我们并不要过分的配送过分综合化，在降低综合配送的复杂程度及难度的基础上，追求配送合理化。

（2）推行加工配送

通过加工和配送结合，充分利用本来应有的这次中转，而不增加新的中转求得配送合理化；同时，加工借助于配送，加工目的更明确、和用户联系更紧密，避免了盲目性。这两者有机结合，投入不增加太多却可追求两个优势、两个效益，是配送合理化的重要经验。

（3）推行共同配送

通过共同配送，可以以最近的路程、最低的配送成本完成配送，从而追求合理化。

（4）实行送取结合

配送企业与用户建立稳定、密切的协作关系。配送企业不仅成了用户的供应代理人，而且承担用户储存据点的任务，甚至成为产品代销人。在配送时，将用户所需的物料送到，再将该用户生产的产品用同一车运回，这种产品也成了配送中心的配送产品之一，或者作为代存代储，免去了生产企业库存包袱。这种送取结合，使运力得以充分利用，也使配送企业功能有更大的发挥，从而追求合理化。

（5）推行准时配送系统

准时配送是配送合理化重要内容。配送做到了准时，用户对资源才有把握，可以放心地实施低库存或零库存，可以有效地安排接货的人力、物力，以追求最高效率地工作。另外，保证供应能力，也取决于准时供应。从国外的经验看，准时供应配送系统是现在许多配送企业追求配送合理化的重要手段。

（6）推行即时配送

即时配送是最终解决用户企业担心断供之忧及大幅度提高供应保证能力的重要手段。即时配送是配送企业快速反应能力的具体化，是配送企业能力的体现。

即时配送成本较高，但它是整个配送合理化的重要保证手段。此外，用户实行零库存，即时配送也是重要保证手段。

（7）推行配送中心的现代化管理

在配送的商品种类多、客户数量多、分布面广的情况下，只有推行现代化管理才能做到配送合理化。首先，信息管理计算机化。运用计算机、软件和网络，使信息处理快捷、准确。其次，商品分拣自动化。通常配送中心内部工作量最大的一项工作就是商品分拣作业。为了提高商品分拣的效率，国外的配送中心参照邮局分拣信件自动化的经验，大都配置自动化分拣系统。自动分拣系统一般包括输入系统、分拣信号设定装置、分拣传输装置。最后，储存立体化。鉴于配送中心的商品种类多、面积有限，为了单位面积的利用率增加，通常建议使用高层货架储存，以巷道堆垛起重机（简称巷道机）存取货物，并通过周围的装卸运输设备，自动进行出入库作业。

10.1.3 配送与配送需求计划

配送需求计划简称为 DRP（Distribution Requirement Planning）。DRP 是决定企业产品库存的要求水平、保证企业产品的供应来满足客户需求的管理程序。它是流通领域中的一种物流技术，主要解决分销物料的供应计划和调度问题，目的是使企业对订单和供货具有快速反应和持续补充库存的能力。系统依托于因特网，将制造商（或供应商）与代理商（或经销商）有机地联系在一起，可以自动处理制造商（或供应商）及其遍布全国各地的代理商（经销商之间）的仓储管理、销售管理和订购管理，达到既保证有效地满足市场需要，又使得配置费用最省的目的。

DRP 的应用是立足于企业设立的产品配送中心，满足配送中心的作业需要和经济效益需要。配送中心运用 DRP 后，根据客户订单需求情况按时送货，同时根据企业产成品的库存情况组织制成品的入库。

1. DRP 的原理

DRP 的原理如图 10-4 所示，输入三个文件：社会需求文件、库存文件、生产厂资源文件；输出两个计划：送货计划、订货进货计划。这两个计划是 DRP 的输出结果，是组织物流的指导文件。

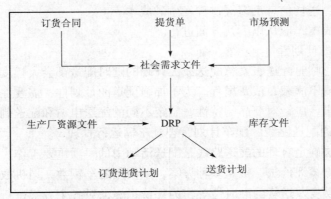

图 10-4　DRP 的原理

（1）输入文件

社会需求文件包括所有用户的订货单、提货单和供货合同，以及下属子公司、企业的订货单，此外还要进行市场预测，确定一部分需求量。所有需求按品种和需求时间进行统计，整理成社会需求文件。

库存文件是对自有库存物料进行统计的表格，以便针对社会需求量确定必要的进货量。

生产厂资源文件包括可供应的物料品种和生产厂的地理位置等，因为地理位置和订货提前期有关。

（2）输出文件

对用户的送货计划，为了保证按时送达，要考虑作业时间和路程远近，提前一定时间开始作业，对于大批量需求可实行直送，而对于数量众多的小批量需求可以进行配送。

订货进货计划，是指从生产厂订货的计划，对于需求物料，如果仓库内无货或者库存不足，则需要向生产厂订货。当然，也要考虑一定的订货提前期。

2. DRP 的应用

DRP 实施一般有三个步骤：第一阶段，相关信息收集；第二阶段，时间模式生成；第三阶段，提供配送操作计划。

DRP 在两类企业中可以得到应用。一类是流通企业，如储运公司、配送中心、物流中心等。这些企业的基本特征是：不一定搞销售，但一定有储存和运输业务，它们的目标是在满足用户需要的原则下，追求有效利用资源（如车辆等），达到总费用最小。另一类是既搞生产又搞流通，产品全部或一部分自己销售的企业。企业中设有流通部门承担分销业务，具体组织储、运、销活动。

10.2 配送成本管理

配送成本是指企业的配送中心在进行分货、配货、送货过程中所发生的各项费用总和，包括包装费用、装卸费用及有关工作人员的工资等。数学表达式为

$$C = C_1 + C_2 + C_3$$

式中：C_1 表示分货成本，指货物分拣、储存与集货过程发生的成本；C_2 表示配货成本，指货物分割、组配、搬运、包装、分类、集中过程发生的成本；C_3 表示送货成本，指货物线路选择、短途运输、送货信息反馈等过程发生的成本。

为了控制配送成本，应从以下几方面进行。

（1）加强配送的计划性

在配送活动中，临时配送、紧急配送或无计划的随时配送都会大幅度增加配送成本，因为这些配送会使车辆不满载，浪费里程。为了加强配送的计划性，需要建立分店的配送申报制度，在实际工作中，应针对商品的特性，制定不同的配送申请和配送制度。

（2）确定合理的配送路线、配车计划管理及车辆运行管理

采用科学的方法确定合理的配送路线是配送活动中的一项重要工作。确定配送路线的方法很多，既可采用方案评价法，拟定多种方案，以使用的车辆数、司机数、油量、行车的难易度、装卸车的难易度及送货的准时性等作为评价指标，对各个方案进行比较，从中选出最佳方案；还可以采用数学模型进行定量分析。

（3）进行合理的车辆配载以提高装载率

各分店的销售情况不同，订货也就不大一致，一次配送的货物可能有多个品种。这些商品不仅包装形式、储运性质不一，而且密度差别较大。密度大的商品往往达到了车辆的载重量，但体积空余很大；密度小的商品虽达到车辆的最大体积，但达不到载重量。实行轻重配装，既能使车辆满载，又能充分利用车辆的有效体积，能大大降低运输费用。

（4）量力而行，建立计算机管理系统

在物流作业中，分拣、配货要占全部劳动的 60%，而且容易发生差错。如果在拣货、配货中运用计算机管理系统，应用条形码，就可使拣货快速、准确，配货简单、高效，从而提高生产效率，节省劳动力，降低物流成本。

（5）建立物流信息系统

建立物流信息系统，是为了企业在各项经营活动开展过程中，对从接受订货到发货的各种物流职能进行控制，使之实现高效率。其目标首先是提高为客户服务的质量，也就是将接

受订货的商品迅速、准确地交给客户;其次是使事务处理合理化,降低库存报告和账簿记录的成本,提高发送效率、降低发送费用;第三是消除与物流各种活动有关的浪费现象,运用协调而有效的物流系统,以降低物流总成本。

案例窗口 10-2

为了降低配送成本,许多企业经常运用混合策略和差异化策略。例如,美国一家干货生产企业为满足遍及全美的1 000家连锁店的配送需要,组建了车队,建造了6座仓库。随着经营规模的扩大,该干货生产企业计划在芝加哥投资700万美元再建一座新仓库,并配置新的信息处理系统,预算后认为不仅成本高,而且满足不了生产需要。于是采用混合策略——部分自建、部分外包。他们就近租用公共仓库,只投资了20万美元的设备购置费、10万美元的外包运费,加上租金,比原来预算的700万美元足足节省了数百万美元。采用混合策略,合理安排配送业务一部分由企业自身完成,另一部分外包给第三方完成,能使配送成本降低。

又如,采用差异化策略也能使配送成本降低。一家生产化学品添加剂的公司,按各种产品的销售量比重进行分类:A类产品的销售量占总销售量的70%以上,B类产品占总销量20%左右,C类产品则为10%左右。对A类产品,公司在各销售网点都备有库存,B类产品只在地区分销中心备有库存而在各销售网点不备有库存,C类产品连地区分销中心都不设库存,仅在工厂的仓库才有存货。经过一段时间的运行,事实证明企业总的配送成本下降了20%之多。差异化策略的指导思想是:产品特征不同,顾客服务水平也不同。当企业拥有多种产品时,不能对所有产品都按同一标准的顾客服务水平来配送,而应按产品的特点、销售水平,来设置不同的库存、不同的运输方式以及不同的储存地点,忽视产品的差异性会增加不必要的配送成本。

10.3 配送运营与商务配送

10.3.1 配送中心组织架构和方案设计

1. 配送中心的组织架构

物流企业组织结构主要有三种:职能式组织结构、事业部式组织结构和矩阵式组织结构。

职能式(又叫垂直式)组织结构是企业最常见的组织结构形态,尤其在功能单一或规模较小的配送中心运用。其本质是将企业的全部任务分解成分任务,并交与相应部门完成。组织的目标在于内部的效率和技术专门化。

事业部式(又叫扁平式)组织结构是将各业务环节以产品、地区或客户为中心重新组合,每个事业部都有独立的运输、仓储等职能,在事业部内部,跨职能的协调增强了。此外,因为每个单元变得更小,所以事业部式结构更能适应环境的变化,是一种分权式管理组织结构。

矩阵式(又叫混合式)组织结构体现为业务、职能的垂直管理和地域的横向支持,是一种集权-分权-集权式管理组织结构。采用这种体制的最大优势是公司资源集中管理,适合中国的物流管理现状,能够实现一套人马、多个法人实体的运作模式,但需要员工有较高素质、团队意识强,同时对管理水平特别是财务管理水平要求高。目前世界大型物流公司大都采取总公司与分公司体制,总部采取集权式物流运作,按业务实行垂直管理。

案例窗口 10-3

某配送中心的组织机构采取如图 10-5 所示的扁平式组织结构。因此,可以保证配送中心运作的高效率,也就是配送中心为客户提供快速、准确、及时物流服务的保证。

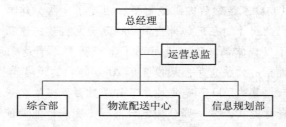

图 10-5　某配送中心的组织机构

配送中心共设置 31 人,其中管理人员(包括总经理级、经理级和主管三类),工人(工人包括员级、班长级、司机和普工 4 类)。后期发展分为运输部,并增设管理岗位。各岗位职责如表 10-1 所示。

表 10-1　各岗位职责

部门	岗位	配置	职责描述
信息规划部经理1人共3人	规划专员(经理兼)	1人	1. 负责计划管理系统的日常工作,包括送料单的生成、接收、审核、录入、分派 2. 牵头系统规划设计与改进 3. 每月定期向生产厂汇报 KPI 分析
	IT 主管	1人	1. 负责物流信息系统及网络的正常运行、满足生产厂的系统需求 2. 负责客户和运作信息的跟踪、录入、反馈 3. 负责回单的接收、审核
	客服主管	(前期由运营总监兼,后期另设)	1. 负责联系客户、客户投诉受理、保险与理赔 2. 负责客户每月的对账 3. 负责项目运作过程的质量,负责异常事件处理和应急方案计划
	技术员	1人	协助上级工作,多班次时与上级轮班
物流配送中心经理1人共21人	经理	1人	全面负责配送中心工作,检查库存、确定库存定额,处理异常情况,持续运作改进;多班次及应急时与运营总监轮班
	驻厂工作组	叉车1台,共2人,其中叉车司机1人,普工1人	1. 负责生产厂半成品在工段之间的转运 2. 负责专用箱在生产厂的供应和回收 3. 负责现场叉车的维护、检查和充电 4. 负责现场异常事件的处理、记录、反馈

续表

部门	岗位	配置	职责描述
物流配送中心 经理1人 共21人	仓储保管	共16人，其中班长2人（兼货运司机）叉车司机3人，普工8人，仓管员3人——进料、出料和成品仓管各1人 叉车3台；货运汽车2台	1. 进料仓管负责货物的验收、单据的交接记录；负责物料的入库、分类储存和保管；呆、残、废和退货处理 2. 出料仓管负责货物的出库、分拣、配送质量；委托班长与生产厂管理人员交接物料；5S和物流器具的保洁 3. 成品仓管负责生产成品在生产厂及配送中心中的接收和发货，三包件和配件的组织，单证记录和信息输入 4. 班长兼货运司机负责进厂投料配送和交接
	货运主管	1人	1. 负责公司有关车辆和司机各项管理事务 2. 负责运输车辆、线路的安排和定位跟踪 3. 负责现场车辆的检查和运输车辆的保障 4. 负责运输中异常事故的处理、记录、反馈
	货运员	1人	1. 协助货运主管工作，多班次时与主管轮班 2. 负责运输管理信息系统的日常工作
综合部 经理1人 共5人	经理兼 人力主管	1人	1. 公司日常事务、接待、后勤 2. 人力资源计划、招聘与培训
	财务	会计1人	1. 保障项目资金需求 2. 日常会计 3. 负责与生产厂和供应商的财务结算
		出纳1人	1. 出纳　2. 文秘　3. 保管
	安保员	2人	负责公司安全保卫工作，轮班值守
运营总监		1人	公司运营管理，每月提交运营报告和工作量详情
总经理		1人	公司全面管理
	合计	31人	

2. 配送中心运营方案设计

配送中心是一个系统工程，其系统规划包括许多方面的内容，如图10-6所示。应从物流系统规划、信息系统规划、运营系统规划三个方面进行规划。物流系统规划包括设施布置设计、物流设备规划设计和作业方法设计；信息系统规划也就是对配送中心信息管理与决策支持系统的规划；运营系统规划包括组织机构、人员配备、作业标准和规范等的设计。通过系统规划，实现配送中心的高效化、信息化、标准化和制度化。

在设计过程中，需要对配送中心的基本流程、设施配备、运营体制、项目进度计划及预算等进行全面的规划与设计。

（1）基本流程设计

将配送中心的作业流程如进货、保管、流通加工、拣取、分货、配货等按顺序做成流程图，而且初步设定各作业环节的相关作业方法。如进货环节是用铁路专用线或卡车进货，还

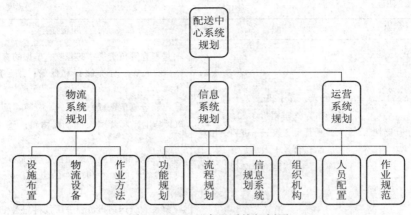

图 10-6　配送中心系统规划图

是用人力或机械进行卸货，机械卸货又要考虑用传送带或叉车，再根据卸货点到仓库的距离，确定搬运作业方法。在库内设计和保管设施相适应的作业方法等，如保管环节是用巷道堆垛机或自动高架仓库还是普通货架以人力搬运车进行人工存取，或采用高架叉车作业配合中高货架存放等。

（2）配送中心的要素和能力设计

根据配送中心各作业环节的功能要求，选定各作业环节的设备类型，并根据设定条件，确定各设备应具备的能力。如选定叉车为系统要素之一，应根据物料的性质与进出库频率确定叉车类型及规格型号。

（3）运营系统设计包括作业程序与标准、管理方法和各项规章制度、对各种票据处理及各种作业指示图、设备的维修制度与系统异常事故的对策设计及其他有关配送中心的业务规划与设计等。

（4）平面布置

确定各业务要素所需要的占地面积及其相互关系，考虑到物流量、搬运手段、货物状态等因素，进行合理布置。在平面设计中还要考虑到将来可能发生的变化，要留有余地。

（5）建筑规划

在位置相关图的基础上进行建筑规划。既要确定建筑物的类型（采用平面或是多层建筑），还应对车辆的行驶路线、停车场地等因素进行规划。最后结合有关法规限制与周围环境决定建筑物的最终形态与配置。

（6）制定进度计划

对项目的基本设计、详细设计、土建、机器的订货与安装、系统试运转、人员培训等都要制定初步的进度计划。

（7）建设成本的概算

以基本设计为基础，对于设计研制费、建设费、试运转费、正式运转后所需作业人员的劳务费等做出费用概算。

10.3.2　配送服务

配送是一项服务，而且是被越来越广泛接受的服务。配送服务是按用户的要求，编制最佳的配送作业计划，运用合理的拣货策略，选择最优化的配送路线，以合理的方式送交客户，实现商品最终配置的经济活动。7个恰当（Right）是配送作业的总体目标。在实际的配送作业过程中，为提高配送的服务质量和客户的满意度，降低配送成本，还要建立具体目标，如快捷响应、最低库存、整合运输、安全经济等。

进行配送服务之初，首先要分析配送对象的性质、状态及配送流程、工艺特点、管理方法等，设计选择不同的配送模式。确定不同配送模式的特点是进行配送服务的基础。

配送服务具体有以下10种模式。

（1）选择配送模式

① 小件杂货配送。可以以内包装直接放入配送箱等工具中，或可以通过外包装改变组合数量；有确定包装，可以混装到车辆、托盘上；体积、尺寸一般不大，可以大量存放于单元格式现代化仓库之中。适用于多用户、多品种、少批量、多批次配送。

② 金属材料配送。以捆装、裸装为主，重量重、尺寸大、容易混装，对配送机械装备要求较高。适用于采用计划配送方式，定时、定量配送。

③ 燃料煤配送。以散堆为主，批量大且易散失，用户固定，消耗均衡稳定，仓库、车辆、装卸工具专业性强；品种规格单一，配送频率高。适用于少品种、大批量配送。

④ 水泥配送。总量大、存放条件要求高。不同包装形态对配送机械装备、建筑设施、装卸方式、运输方式要求迥异，用户需求也各不相同。

⑤ 燃料油配送。危险性大，产品形态特殊，专业性强；品种单一，适用于少品种、大批量配送。要求必须专业化。

⑥ 木材配送。以捆装、裸装为主，体积大、尺寸大、通用性强，操作比较粗放，多与流通加工相结合。适用于少品种、大批量配送。

⑦ 平板玻璃配送。重量大、性脆易碎，要求有专用运载设备及工具，难与其他物品混运，通用性差。

⑧ 化工产品配送。具有一定危险性，不能与其他物品混运，强调专业化，计划性强。

⑨ 食品配送。对流通环境要求高，强调快速配送。

⑩ 家具及家庭用具配送。耐用消费品，随机性强。

（2）制定配送表

设计好配送模式后，制定配送计划。配送计划如表10-2所示。

表10-2 配送计划表

配送点（或部门）：　　　　　　　　　　　　　　　　　　　　　　　　年　月　日

序号	客户名称	订购商品品名	商品规格	配送数量	配送时间	运输工具及数量
	合计					

（3）优化配送路线

配送路线是指各送货车辆向各个客户送货时所要经过的路线。配送路线合理与否对配送速度、成本、效益影响很大，采用科学、合理的方法优化配送路线，是配送服务中非常重要的工作。

(4) 审慎选择配送业务外包策略,促进第三方物流发展

近几年,由于国际流通业竞争越来越激烈,一些国际大零售商逐步将本企业的物流配送业务委托给社会上专业化的物流配送企业为自己服务,这种发展趋势越来越明显。如日本7-Eleven便利店和伊藤洋华堂、美国众多的单体超市等。尤其在日本,单体分散经营的零售店约占店铺总数的90%以上,出于竞争需要,这些零售店者主要依靠第三方物流进行商品配送。国际先进的配送中心不仅设施齐全,与单店全部联网,连续补货系统(CFR)完善,而且在运输路线规划上都有讲究。例如,美国零售巨头沃尔玛公司于1969年建立第一个配送中心,当时可以集中处理所销商品的40%。1975年,沃尔玛又建成第二个配送中心。沃尔玛为每间分店送货频率每天一次,竞争对手一般3~5天一次,而且分店向总部的订货提前期仅为2天。目前,沃尔玛公司独立投资的配送中心有200多家,专为本公司连锁店按时按需提供商品,确保各店稳定经营。沃尔玛的物流低成本运作,确保了业绩不断增长、公司不断发展。

根据中国仓储协会2001年对中国物流市场所做的调查,目前,我国商业企业的物流配送,有74%是由供货方完成的,13%的企业依靠第三方物流机构,拥有自己的配送中心的企业仅占商业企业总数的13%,这说明商业企业物流社会化程度不高,批量小、品种多、频度高、及时性强的零售企业还普遍缺乏有效的物流支持。从物流配送的运作情况看,商业企业物流运营过程中的货损率在2%以上,配送及时率为85.7%,单据准确率为97.4%。比较而言,连锁企业拥有自己的配送中心的比例很高。根据中国连锁经营协会的最新统计,我国大部分连锁企业都拥有自己的配送中心,实行统一配送。2001年国内连锁百强企业中,有80%的企业拥有自己的配送中心,配送中心的平均面积达到9 693 m^2。在销售额为1亿元以上的91家超市公司中,配送中心的平均面积为8 359 m^2。

10.3.3 超市配送

我国的超市从20世纪80年代传统的食杂店形态起步,从广州、上海和北京等人口众多、经济繁荣、零售业发达的大城市发源,随后逐渐向中小城市和农村延伸。经过二十多年的不断发展,进入21世纪,超市已成为我国零售业内最具活力的一部分(见表10-3)。如今,超市在我国消费者心目中逐步确立了质量可靠、购物方便、价格实惠的行业形象。在大中城市,超市已成为消费者日常生活用品的主要购买场所。

表10-3 我国连锁超市发展历程表

时间	阶段	业态形式
20世纪80年代	起步阶段	传统的食杂店形态
20世纪90年代初	引入阶段	连锁企业的分店规模一般不超过10家
20世纪90年代后期	成长阶段	综合超市、大型超市、便利店等业态
21世纪初	成熟阶段	大型超市开始以直接投资、特许加盟或兼并重组等方式,大规模实施跨地区发展

随着连锁业的快速发展,物流配送已经成为保证连锁体系正常运营的基本条件。配送中心正成为厂家和门店的桥梁和纽带。如图10-6所示。

相对于工业物流,商业零售物流要求更快的反应、更复杂的技术和信息支持。连锁商业

的物流特点有以下 7 个方面。

① 变价快。即商品的进货价格变动快，通常连锁超市经营的快速消费品价格随着市场供需的变化会有较快的变化，同时生产商或零售商的促销频繁引起经常变价。

② 订单频繁。连锁零售的店铺多，订单频率高，同时有时间要求，有些小型便利店甚至要求一天送货两次。

③ 拆零。供应商大包装供货，配送中心需要按照店铺的订货量进行拆零、分拣。

④ 退货。配送中心还要处理诸如赠品、退货（正品、残次品）等问题。

⑤ 更换。商品新增汰换的频率也很高，增新品汰换滞销品。

⑥ 保质期。消费品通常有不同的保质期，需要有针对性的保质期管理。

⑦ 缺货损失对零售商影响很大。通常连锁超市物流系统的中心任务是及时交货。

目前，我国商业企业配送中心建设尚存在如下缺陷。

① 统一配送率不高。当前我国商业企业的配送中心对分店经营的所有商品进行配送比率大多数在 50%～60% 之间，最好的在 80%～90% 之间。

② 配送规模较小。据调查，我国平均一个配送中心配送 20 个店铺，平均每辆车承担 2～3 个店铺的送货，而日本的连锁店一个配送中心负责配送 70 个分店，只需 4～5 辆车。

③ 配送技术落后，效率低下。多数连锁企业机械化水平低，计算机应用有限，离国外以机电一体化、无纸化为主要特征的配送自动化、现代化相差甚远。

案例窗口 10-4

随着居民生活水平的提高，人们对快速食品、生鲜半成品和冷冻食品的需求增加，零售企业的配送中心将增加或加强冷冻生鲜食品的配送功能。以沃尔玛在美国对于香蕉的处理方法为例。在美国，香蕉一般来自于南方地区，首先不能让它太冷，而且为了在运输过程中不至于损害，需要在绿的时候采摘。但运到商店后，由于要及时投入销售，所以香蕉在此时不能还是生绿的，必须在运输过程中使香蕉成熟。

对于食品配送，仓储和作业过程要求很严格。同样是配送车辆，食品要求必须是达到冷藏保鲜温度。例如，成立于 1919 年的日本大和运输株式会社，在 1987 年 8 月推出冷藏宅急便服务。服务的货物以蔬菜、水果、鱼、肉等生鲜食品类为主。温度分为 5°C（冷藏）、0°C（冰温）和 -18°C（冷冻）三种，在宅急便所配送的商品中，生鲜食品占 40%，冷藏宅急便开发后，这一比例急速升高，说明生鲜食品的输送需求在日本极为旺盛。

10.3.4 电子商务配送

1. 电子商务配送概述

电子商务是指以数字数据处理和传递完成交易。这些数据可以是文本、声音、图片，它们或者通过开放式的网络（如因特网），或者通过封闭式的网络（如内部网或外联网）传播。市场经济的交易主体主要是三种：企业、消费者、政府，它们之间可以产生 6 种交易：

① B2B——企业与企业之间的交易；

② B2C——企业与消费者之间的交易；

③ B2G——企业与政府之间的交易；

④ C2C——消费者（个人）之间的交易；
⑤ C2G——消费者与政府之间的电子交易；
⑥ G2G——政府之间的电子交易。

电子商务主要应用在三个领域：B2C、B2B、C2C。

比尔·盖茨说过："互联网改变了一切。"他甚至还说互联网将改变零售业。IDC（国际数据公司）的资料，全球电子商务中的 B2C 业务从 2000 年的 417 亿美元上升到 2004 年的 1 632 亿美元，4 年的复合增长率达到 40.6%，而全球的 B2B 业务从 2000 年的 1 008 亿美元上升到 2004 年的 8 374 亿美元，该项业务的年复合增长率为 69.8%。

同时，在电子商务快速发展的过程中，目前存在着诸如观念、经营、管理与服务多方面的问题，特别是电子商务企业与物流服务行业间的不协调状况，严重影响网络经济的发展。物流是电子商务的重要组成部分，物流是实现"以顾客为中心"理念的根本保证。可以说，物流业是电子商务的支点（如图 10-7 所示）。

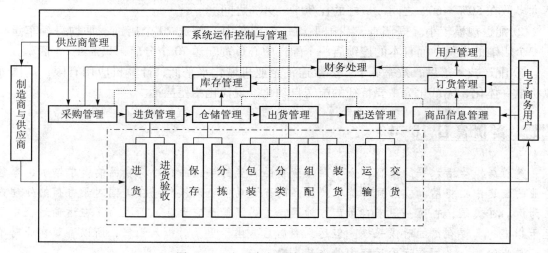

图 10-7　电子商务环境下的物流配送

顾客在网上的购买行为与传统的购买行为有所不同，因此也决定了电子物流服务形式、手段的特殊性。在网上购物的顾客希望在网上商店寻觅到所需的特定物品，并且希望能够得到实时的信息反馈，诸如是否有存货、何时能够收到货物等实时的信息，同时顾客也十分关注如果在网上选购的物品不甚理想或者物品在运输途中受损，是否能够及时、便利地办理退货等。

物流是目前电子商务最大的瓶颈所在。电子商务网络营销通过减少中间环节降低了成本，从而能提供更多的价格优惠。但若处理不好物流活动，可能会使节约的成本不足以弥补送货费用。现在网上商店常用的物流策略有三种。

（1）通过邮政系统

采用 EMS（邮政特快专递）或普通邮政递送。网上商店根据消费者网上购物清单和消费者家庭地址信息，亲自将商品包装后送到网站附近的邮局办理邮政特快专递或普通邮政递送，消费者收到邮局的领物通知，到所在地邮局领取所购商品。中国邮政的邮包快递和寄送业务，是目前网络营销企业解决外地客户订购业务的最重要方式之一。但通过邮政系统实现网下物流的缺点是收费高、速度慢。

（2）自建配送体系

厂商网站或虚拟网站在其目标市场设置送货点。即网上商店在网民较密集地区设置仓储中心和配送点。以 IBM 公司的 E 物流为例。IBM 公司的蓝色快车从货物的管理、货物的分发到货物跟踪，有一套完整的信息系统，可以确定货物上第几列车，什么时候到达城市，谁签收。国内的时空网网站也开通了电子商务配送体系，在全国建立了 27 个配送中心和 2 500 个配送点。网站根据消费者网上购物清单和消费者家庭地址信息，通过互联网传递消费者购物清单信息给设在消费者所在地附近的配送中心和配送点，然后由他们配货并立即送货上门。通过自建配送体系实现网下物流的缺点是商品虽可快速送达消费者，但需要庞大投资，包括仓储设施、运输车辆、人员等，非一般企业所能及。

（3）第三方配送

采用第三方物流企业完成网下的物流活动。第三方物流企业是连接供给主体和需求主体的物流企业。例如，美国的联邦快递、UPS，日本的佐川急便等。第三方物流配送是通过选择物流合作伙伴，利用专业的物流公司为网上直销提供物流服务。一般是网上商店根据消费者网上购物清单、消费者家庭地址信息，利用第三方专业物流企业的交通运输、仓储、连锁经营网络，把商品送达消费者的过程。例如，美国的 Dell 就与美国联邦快递合作，利用联邦快递物流系统配送计算机给客户。Dell 只需将配送计算机的客户地址和计算机的装备厂址通过互联网传输给联邦快递，联邦快递就直接根据送货单将货物从生产地送到客户手中。作为专业化的物流服务公司，联邦快递拥有自己 Internet Ship 物流管理系统，客户可以通过互联网直接送货、查货、收货，足不出户就可以完成一切货物配送。采用第三方配送方式，企业虽然无需大量投资，速度也比 EMS 快，但收费较高。我国的专业物流企业发展较晚，体系还不健全，受地理位置的制约。例如，当当网上书店目前只能在北京、上海、广州等 29 个城市通过快递公司送货上门。

2. 基于因特网的现代物流系统的特征

为配合电子商务的顺利实施，不管是依靠自己的物流系统，还是利用外部的专业物流服务公司，基于因特网的现代物流系统有下列特性。

一是消费者直接驱动。对于专业性公司，物流系统中的物流启动和运转都是围绕服务消费者而进行的。物流的启动是消费者的送货订单，消费者的需求是货物的及时送货上门。现在的物流系统都在用现代化的信息系统技术来保证物流中信息畅通，提高物流效率。

二是全面服务性。随着产品的复杂化和使用的专业性，需要在物流服务内涵上进行扩展。以前货物送递只送到门口，现在要延伸到桌面。特别是电子产品，很多客户需要现场安装。此外，还有代收款服务。

三是可跟踪性。消费者越来越希望控制货物送货进度。因此，现在的物流系统通过因特网技术，允许消费者直接通过因特网了解产品的送货过程。比如联邦快递允许消费者输入货物编号，查询货物最近到达的地方，以及在什么时候收货人能收到货物。

因此，电子商务条件下的物流中心具有以下几方面的特点。

（1）实体性与虚拟性并存

实体性表现在物流中心是具有一定实体形态的经济组织。虚拟性表现在物流中心将成为物流运作和物流信息集聚的中心场所，具有了虚拟化的特征。就是说，电子商务下的物流中心具有实体与虚拟并存的特点,它们所传输的既有实体特征的货物,也有虚拟并存的产品——信息和对物流进行虚拟化的管理等。

(2) 实时性与预测性并存

实时性是指在电子商务条件下,物流中心可以有效地通过网络系统来实时地掌握和了解自身内部、外部的各种物流信息和物流作业的动态,并依据环境的变化通过虚拟现实的方法和手段,实时地对企业自身物流活动进行调整和协调。要较好地进行实时性的物流运作,物流中心必须具备较强的预测能力,不仅要准确地预测用户的需求规模、时间和地点,而且也要比较好地把握经济的发展趋势。

(3) 合作性与竞争性并存

在电子商务条件下,物流中心应转变原有的以自我为中心的竞争业态,树立新的竞争观念,依据自己的实际情况,利用网络系统的优势,联合不同类型的物流企业进行合作,弥补自身在区域和功能上的不足,从而形成一个在较大区域范围内,有多种物流功能的物流供应链系统。在这一供应链中,物流中心同其他物流企业之间,既存在着竞争关系,又存在着利益的一致性,既合作又竞争。

(4) 个性化与大众化并存

电子商务下,物流中心应根据某些用户的特殊需要,为用户提供个性化的物流服务。它还应根据用户对物流服务的共同需求,开展大众化的物流服务。这样,物流中心的物流规模才能得到有效的扩大,效益才能得到有效的提高。

(5) 安全性和开放性并存

物流中心网络系统应该具备开放性的特点,用户可通过此网络查询相关的物流信息,掌握物流中心所提供的物流服务项目及自身委托物流服务项目的实施等情况;物流中心也可通过此网络掌握和了解用户所需要的物流服务,传输物流信息,与用户进行沟通,对物流活动进行协调。对于物流中心来说,如何保证网络系统的安全性,使用户和自身的商业机密不被泄露或被非法截取和使用,将是决定企业生死存亡的问题。

(6) 信誉更加重要

信誉是企业形象的标志,也是企业服务水平、质量高低的代表。电子商务时代,商家和消费者的交易活动是在网上完成的,而物流活动则是在网下来进行的,如果一个物流中心在自己提供的物流服务项目中不能准确地根据商家和用户的要求完成物流活动,那么该物流中心将会在商家和消费者中丧失信誉。商家和消费者在下一次交易活动后,将会放弃对该物流中心的选择,而选择其他物流中心或其他方式来完成自己的物流活动。

3. 对电子物流服务提供商的要求

针对上述特点,电子商务物流提供商应该做到以下4个方面。

(1) 理顺电子商务物流的基本流程

电子商务物流提供商从物流系统的设计与布局规划开始,到安排接货、储存、处理和拣选、订单拣选、包装和发运。

(2) 针对客户规模提供解决方案

电子商务物流服务提供商应根据客户规模的大小提供不同的个性化解决方案,这种方式将有利于服务的多样性及加强市场的伸缩性。例如,联邦快递(FedEx)公司于2000年7月开展了为中小企业客户提供网站建设解决方案的业务,这些网上商店由FedEx进行管理,同时这种前端服务同 FedEx 的后端服务相连接，提供集成的电子物流服务。

（3）市场投入力度加大

电子商务物流服务提供商为了达到规模化，获得市场的认同，应该加大市场投入力度，通过直邮、网络等渠道宣传品牌，树立信誉，只有服务的客户数量增加，市场份额扩大，电子商务物流服务提供商的发展才有后劲。

（4）审慎处理退货

从接受订单到配送到户无论质量控制多么有效，事情总会有差错，可能出现客户要求退货的情况。配送人员需要进行客户关系培训，能够解决问题或争议，同时又不会造成其他配送的迟延。除处理退货外，回收配送过程中用过的器具、处理包装，这些问题处理不好也很可能失去客户。

▶ 案例窗口 10-5 ◀

梅林正广和走上 e 道路

一个适合于电子商务的配送网络应该是什么样？什么条件的网络改造成为电子商务的配送系统成本最低？梅林正广和的 e 道路是提供了非常成功的经验。

正广和饮用水公司是一个以食品、饮料加工和销售为主业的国有企业。1994 年，正广和开始大桶纯净水上门服务。随着正广和大桶纯净水在上海市场占有率不断上升，从 1995 年起，正广和尝试着在全市各区布点，完成各自区域内的送水任务。经过公司规范，这些点逐渐统一成正广和的配送站，直至后来建立配送中心。随着订量增加，1996 年正广和引进计算机管理系统，由计算机自动排单，与配送中心定时交换信息。1997 年，正广和初步建立起了无店铺销售模式，发展了 40 万用户，其在上海市区的配送网络也基本成型。1997 年 12 月，正广和与上市公司梅林重组为梅林正广和集团。1998 年 6 月 12 日，梅林正广和集团将正广和饮用水的配送网络剥离出来单独成立公司，上海正广和网上购物有限公司宣告成立。网上销售公司接手了饮用水公司的电话订购中心、配送体系和运输体系，初步定位为给老百姓提供食品的无店铺销售网络。1999 年 1 月 1 日，购物电话特别号码 85818 开通。2000 年 1 月 1 日，购物网 http://www.85818.com.cn 开通，客户达 77 万。在总部上海，"85818，送货到你家"已成为市民生活的组成部分，涉及上海 180 万人生活所需，成为影响上海人民生活的第四大网。

随着正广和网上销售商品种类的增加、用户数量的扩大，它的配送网络也不断扩展完善，这一体系包括了 3 个配送中心、100 个配送站、200 辆小货车和 1 000 辆"黄鱼车"。各配送站每天分 3 次接收总部的送货指令，据此安排当天下午、晚上及次日上午的送货计划。这个有着浓郁上海特色（"黄鱼车"、水票）的配送网络运作严密有序，1 000 人的配送队伍一天 3 次 4 小时送货上门，成为国内目前为止最完善和最有效率的物流配送系统。

2000 年上半年，梅林正广和不满足于在上海一地的发展，探索着在全国进行扩张，北京、广州、成都、西安、武汉……梅林正广和以通俗的"鼠标+自行车"方式在上海之外的地方普及其"电话商务+电子商务"的模式。通过这半年的扩张,85818初步建成了以上海为中心、覆盖全国主要大中城市的网络体系,并能支持当地订货、异地送货。梅林正广和希望做成中国电子商务的第一。

10.3.5 邮政配送与快递服务

特快专递业务(Express Mail Service,EMS)是邮政部门为用户提供的一项传递速度最快的邮递类业务。特快专递业务选用最快速有效的方式完成收寄、运输和投递整个传递过程,为单位及个人寄递时间性很强的信函、包裹。快递业务可以满足客户对邮件传递时限的需求,极大地提高客户的工作效率。

快递业配送按照快递配送服务的地域范围不同、客体不同、配送服务企业的所有制形式不同,可以划分为不同类型,见表10-4。

表10-4 快递业配送的分类

	服务的地域范围	客体	企业的所有制
1	同城配送	快递信件配送	国营快递配送
2	国内配送	包裹	民营快递配送
3	国际配送	产品物流	外资快递配送

2003年以来,我国快递业以30%的年均增速发展,形成了每年上百亿元的市场。中国速递市场目前规模200亿元,主要由我国国有快递企业、民营快递企业及国际速递公司占领。对于快递行业来说,竞争的焦点集中于网点、服务和品牌。国际速递公司凭借雄厚的资金、一流的服务、强势的品牌,陆续进入中国。近年来,国际四大快递业巨头:DHL、FedEx、UPS和TNT等分公司和代理点开始从中国沿海伸向内地,从一级城市向二级城市扩展,大面积地攻城略地。据《中国邮政年报》统计,目前国际四大快递业巨头在中国国际快递市场份额已经达到80%左右。与此同时,日本、澳大利亚、欧洲等国外物流公司也开始向中国投资,把整个国际物流市场的竞争移植到了中国。

(1)美国联合包裹服务公司(UPS)

是全球最大的包裹递送公司,同时也是世界上主要的专业运输和物流服务提供商。UPS的员工几十万,除自身拥有的几百架货物运输飞机外,还租用了几百架货物运输飞机,年营业额几百亿美元,在世界快递行业享有较高声誉。目前,UPS能够实现国际快件3日到达、国内快件1小时取件等的承诺。2001年4月起,UPS开始直航我国。2001年9月初,UPS位于上海浦东机场的快件中心大仓库、包裹处理流水线投入使用。UPS在我国的国际快递业务主要通过与中外运方面的合作展开,但是2004年12月2日,UPS宣布以1亿美元的价格获得中外运在中国23个区域内国际快递业务的直接掌控权,实际上脱离了与中外运空运发展股份有限公司的合资形式。

(2)美国联邦快递公司(FedEx)

是全球第二大快递企业,拥有684架货物运输飞机,货运车辆445万辆。FedEx的前身为FDX公司,是一家环球运输、物流、电子商务和供应链管理服务供应商。FedEx子公司包括FedEx EXPRESS(经营速递业务)、FedEx GROUND(经营包装与地面送货服务)、FedEx CUSTOM(经营高速运输投递服务)、FedEx GLOBAL(经营综合性的物流、技术和运

第 10 章 配送与配送中心

输服务）和 VIKING FREIGHT（美国中西部的小型运输）。1999 年 9 月，FedEx 与深圳黄田机场集团公司签署合作协议，每周五班机为华南地区提供服务，并有五班飞机飞往北京及上海。2005 年 7 月 14 日，美国联邦快递公司与广东省机场管理集团公司签约。根据协议，联邦快递将于 2008 年 12 月前在广州新白云机场投资 1.5 亿美元建立一个占地 63 公顷的亚太货物转运中心。

（3）敦豪国际速递公司（DHL）

是由德国邮政控股 51% 的国际速递公司。1980 年，DHL 来到中国。1986 年，DHL 与中外运正式成立了中外运敦豪公司，从事国际快递业务。DHL 最先挥师中国国内快递市场，向 EMS 发起进攻，DHL 的网点覆盖全国 318 个城市，成为国内拥有速递服务网络最大的国际快递公司。DHL 分公司业务涉及与物流相关的诸多领域，电子商务、金融、代理、运输、仓储。DHL 目前在中国已设立三个具有国际水准的物流中心，并于 2005 年组建了香港转运中心。

（4）荷兰 TNT 邮政集团公司（TNT）

在全球有 200 多个经营网点，占有欧洲速递市场 75% 的份额。TNT 普遍使用了货物扫描仪，能自动测量货物的重量和体积，大大提高运营效率。目前，TNT 已向中国 1 000 个城市提供快递服务。2005 年 6 月，荷兰 TNT 在上海开设中国总部，并计划几年内投资两亿欧元以拓展其中国业务，将其在中国的分支机构增至 100 家以上。此外，TNT 另辟蹊径开拓连锁经营功能，主力攻占汽车零部件快递市场。TNT 在中国的合资公司安吉天地已经占据了中国汽车物流市场不小的份额。

在国际快递巨头不断加紧争夺市场的形势下，邮政快递的市场份额逐年下降。2001 年，中国邮政 EMS 的市场占有率是 33%，现在降到了 20% 以下，而且还在以每年 4% 的速度继续下降。为抵御外资和民营快递公司的猛烈攻势，中国邮政 EMS 已于 2004 年推出了次晨达业务，开通了跨区域业务。直属国家邮政局的中邮物流有限责任公司和特快专递 EMS 在 2005 年下半年完成合并，以更好地利用邮政的网络优势，整合内部资源。在努力保持国内市场竞争份额的同时，2005 年 7 月，中国国家邮政局联同 5 家全球邮政——澳大利亚邮政、香港邮政、日本邮政、韩国邮政和美国邮政，宣布在亚洲及太平洋地区市场推出高品质快递服务，从而将服务矛头直指国际快递公司的强势服务内容。6 家邮政联手创立的超过 2.61 亿个投递点的一体化网络，极大拓展中国邮政的服务空间。

案例窗口 10-6

每天早晨 7 点 20 分，王黔伟准时来到位于虎门镇北侧的北京宅急送有限责任公司东莞分公司上班。作为宅急送负责从诺基亚公司取货的司机之一，他必须随时等待两个诺基亚驻站员打来的电话，然后到距离 30 公里远的位于南城篁村的诺基亚工厂装上手机，并立即送往 70 公里外的宅急送华南物流基地。手机在这个基地完成分拣之后，将通过飞机发往全国各地。

王黔伟说："我基本每天跑一趟，但最忙的时候，曾一天往返过 3 趟。"现年 35 岁的他已在宅急送服务了 4 年，尽管接替原司机的职位仅有半年左右，但他对这种繁忙的日子显得已经习惯了。王黔伟驾驶的是一辆载重量为 5 t 的加长卡车，每车能拉 1 200 箱诺基亚手机。但这依然难以满足来自市场的强大供货需求，他的另一位同事刚刚将原来一辆 3 t 卡车更换成和其吨位相同的车。除此之外，东莞分公司的一辆金杯客车也被用于运送手机。

作为国内最大的民营快递公司之一，宅急送的快递业务重心已经从10年前的文件、包裹，转向了高附加值产品配送。2004年，宅急送的营业额达到6亿元人民币，其中80%是高附加值产品物流，尤以手机配送业务为主，占40%左右。除了诺基亚，宅急送还为安利（中国）日用品有限公司、辉瑞制药有限公司等世界500强企业进行物流服务。

10.4 配送服务质量管理

1. 配送服务质量的含义

参照GB 6583—1994中与质量相关的概念，配送质量是指反映配送活动中满足客户明确和隐含需要的能力的特性总和。配送的功能表现在正确的地方得到正确的商品，保证质量和准时。配送活动有极强的服务性质，整个配送过程的质量目标，就是其服务质量。配送服务质量的具体衡量指标是时间、成本、数量和质量。

2. EIQ 分析

EIQ 分析对于配送服务质量管理是基础性工作，它可以管理与控制配送所有的流程与工作。EIQ 具体含义为：

E——订单或客户（Order Entry）；

I——商品的品项（Item）；

Q——客户订货量或商品的出货量（Quantity）。

主要分析项目：

① 订单量（EQ）分析，单张订单出货数量的分析；

② 订物料项数（EN）分析，单张订单出物料项数的分析；

③ 品项数量（IQ）分析，每一单品项出货总数量分析；

④ 品项受订次数（IK）分析，每单一品项出货次数分析。

EIQ 分析的过程举例如下：假设配送中心有 I1、I2、I3、I4、I5、I6 共 6 项商品；服务的客户有 E1、E2、E3、E4 共 4 个客户；表 10-5 中的数字代表订货数量，可以是整栈板、整箱或单品等。

表 10-5 EIQ 分析举例

	E1	E2	E3	E4	合计
I1	3	2	1	5	IK=4，IQ=11
I2	5	3	2	3	IK=4，IQ=13
I3	0	1	2	1	IK=3，IQ=4
I4	1	3	3	3	IK=4，IQ=10
I5	2	7	2	3	IK=4，IQ=14
I6	3	3	2	5	IK=4，IQ=13
合计	EQ=14 EN=5	EQ=19 EN=6	EQ=12 EN=6	EQ=20 EN=6	

注：IK=4，意即 I1 商品在所有订单中，有4次出货；IQ=11，意即 I1 商品在所有订单中，出货总量是11；EQ=14，意即 E1 订单出货数量为4；EN=5，意即 E1 订单出货给5个客户。因 I3 客户没有出货，故不计数。

根据表10-5的已知条件，整理出每项商品IK、IQ的数据，和每位客户EQ、EN的数据。

如果做客户订货量（EQ）分析：订货量最多的是E4，其次E2，最少是E3。那么，按客户订货量大小先后排行，进行ABC分析，E4为A类客户，E2、E1为B类客户，E3为C类客户。EQ分析可以对配送中心的进出货暂存区合理规划，决定包装纸箱大小和安排拣货顺序。

如果做商品品项出货量（IQ）分析：出货量最多的是I5，其次I2和I6，最少是I3。那么，按商品品项出货量大小先后排行，进行ABC分析，I5为A类商品，I2、I6、I1、I4为B类商品，I3为C类商品。IQ分析有助于物流设备的选择、批量拣货、商品的营销预测及拣货作业人力的安排。一般A类商品应该尽量规划于靠门口及通道的位置，C类商品则规划于角落的位置，而B类商品则介于两者之间。另外，在料架的陈列上，使用栈板式料架时，A类商品规划于第一层容易存取的地方，而C类商品则规划在料架最高层的地方。

可见，掌握EIQ分析资料，能改善配送作业。

3. 配送服务质量管理的内容

配送服务质量管理的内容包括：交货时间、配送加工、紧急配送、夜间配送及假日配送、司机服务态度、资讯提供服务等。

（1）交货时间

所谓交货时间是指从客户下订单开始，包括订单处理、库存检查、理货、加工、装车、卡车配送到达客户手上的这一时间段。这一时间段可长可短，一般几小时至1星期送达。为了缩短交货时间，则配送成本会提高。

除了交货时间外，还需合理安排送货频度。目前，依商品特性的不同可分为：一天两次、一天一次、两天一次、三天一次、四天一次等。最常见的是一天一次及两天一次的配送频度。一般以EQ分析中的ABC分类来决定配送的频度，例如：原则上A级厂商的订货量较大则每天配送，而B级厂商的订货量中等则两天配送一次，C级厂商的订货量较小则三天配送一次或四天一次。

（2）配送加工

配送加工的主要内容包括：粘贴价格标签；粘贴进口商品的中文说明；年节礼盒的包装；量贩店的最低购买量的收缩包装；商品品质检查等服务。

（3）紧急配送、夜间配送、指定配送及假日配送

为了提供更完善的服务品质，除提供全年365天无休服务外，还应提供紧急配送、夜间配送及指定时间配送等项目，直至客户满意为止。

（4）司机服务态度

在配送服务品质中，司机服务态度也是要注意的因素之一。现在的司机服务态度已有相当大的进步，甚至会与顾客打交道强化感情，逐渐树立了配送专业司机的形象。

（5）资讯提供服务

有些配送服务提供商向零售业及制造业提供物流方面的建议，作为他们调整经营策略的参考。例如把EIQ资料提供给零售商，使零售商不必花费高额的经费去建立一套营销分析管理系统，因为EIQ资料相当于零售商的销售时点信息系统（POS）。

4. 配送服务质量管理的基本工作

基于质量的"三性"——广义性、时效性、相对性，配送服务质量管理的基本工作主要包括以下几方面。

① 加强配送服务全体职工的质量意识和质量管理水平，建立必要的管理组织和制度。通过领导作用、全员参与、定期培训，使质量意识和技术、技能并重。目前，贯彻 ISO 9002 的质量体系对配送服务企业提高服务质量有较强的规范作用。

② 搞好配送服务质量管理的信息工作。配送过程涉及范围广、信息传递距离远，信息收集有一定难度，为了解决这个问题，应采取管理、技术等方面的方法，建立信息管理网络，提高信息的及时性，用以指导配送工作。

③ 做好实施质量管理的基础工作。标准化是开展配送质量管理的依据之一。在标准化中，要具体制定质量要求、工作规范、质量检查方法，包括各项工作的结果都要在产品质量的标准规定范围内。

④ 开发差错预防体系。配送服务质量管理要求在提供配送服务的过程中，不出任何差错。但是，现实生活中因为配送商品的数量多、程序多，非常容易出错。因此，建立差错预防体系也是质量管理的基础工作。包括库存货物的调整、无线射频技术的应用、智能配送系统的启用等。

配送服务质量因不同客户而要求各异，但持续改进是提高质量的唯一途径。

习题与思考题

1. 简述配送、配送中心的概念。
2. 合理配送的标志是什么？
3. 配送合理化方法有哪些？
4. 简述 DRP。
5. 快递业配送的含义是什么？如何进行分类？
6. 简述国内、国际快递业发展的形势。
7. 如何理解配送质量的含义？
8. 配送质量管理的基本工作有哪些？
9. 简述配送中心运营方案设计的内容。
10. 什么是 EIQ 分析？简述 EIQ 分析的方法。

 案例讨论

轿车零部件配送中心如何担当重任

桑塔纳轿车从 1985 年起就一直在我国国内轿车市场上独占鳌头，因此，桑塔纳轿车的维修保养市场日益壮大。按照上汽与德国大众汽车公司的协议，桑塔纳轿车的维修保养由上海大众（中外合资）承担。上海大众在全国设立384家特约维修站，维修站必须到上海大众采购配件。为此，上海大众在上海设立了零部件仓库，在天津和广州分别设有配件仓库，以保证对384个特约维修站的供货。

随着桑塔纳轿车的市场覆盖面越来越大，384家特约维修站难以满足市场的需要，大量的非特约维修站点出现了，大量的轿车配件生产小企业出现了。数年间，桑塔纳轿车的假冒伪劣配件随处可见，维修点良莠不分。

桑塔纳轿车配件市场的散乱使上海大众销售总公司决定组建桑塔纳轿车的零部件总汇，为维修市场提供正宗的配件，用市场手段规范配件市场，为用户提供优质服务，改善桑塔纳轿车形象。

1995年，桑塔纳轿车零部件总汇成立了。总汇是上海大众汽车销售总公司的下属机构，采用会员制经营模式，共44家企业组成，其中除第34号会员（34号会员是销售总公司）外，其余的都是配件制造商。总汇的货物主要由会员企业提供，总汇靠提取管理费维持日常开销。

总汇开张第一年，销售收入近亿元，形势不错。1996年销售收入接近1.5亿元，1997年销售收入1.8亿元，从此，每况愈下具体见表10-6。

表10-6 零部件总汇1995—1999销售收入

1995年	1996年	1997年	1998年	1999年
计划		2亿元	3亿元	4亿元
实际	1亿元	接近1.5亿元	1.8亿元	接近1亿元

在总汇成立4年的销售业务中，几十元一笔的小生意占了交易总数的绝大部分，并且客户经常拖欠货款，导致总汇无法按时与供应商结账，有些供应商不愿意继续发货。诸多问题使得总汇销售的桑塔纳轿车配件只占全社会桑塔纳轿车配件的8%，将近一半桑塔纳轿车配件从其他渠道进入市场，市场依旧十分混乱。原来成立总汇的初衷没有实现。

1998年7月28日，上海大众销售总公司的副总决定另起炉灶，设立总汇配送中心，形成一个桑塔纳轿车配件销售主渠道，垄断众多的非大众特约维修点和配件经销点的货源，夺回零配件市场。

设立总汇配送中心的思路是：桑塔纳轿车配件销售主渠道由总汇配送中心、分销中心和分汇构成。配送中心服务最终用户即桑塔纳轿车使用者、配送中心服务分汇、配送中心服务配套件生产厂，目的是配送中心控制全部配件的流出。最后形成的格局是上海大众的384家特约维修站好比是桑塔纳轿车的中心医院，桑塔纳轿车的疑难故障到特约维修站修理；一般的小故障由车主任意选择修理方式，甚至可以自己修理，修理所需的配件可以从当地的零售商店买到，零售店好比是药店，只售药不看病。

上汽销售总公司配件服务的重任由总汇零部件配送体系承担。对用户的配件服务有三种。第一，通过遍布各地的分销中心和分汇，使用户能方便地购到纯正配件，并通过宣传告知用户可靠的维修点和桑塔纳轿车配件经销点。通过这一体系销售的零部件都贴有配送中心条形码，从而有效地杜绝假货的混入。第二，通过各种宣传渠道和资料向用户介绍故障多发部件的使用、保养和简单的修理更换知识。第三，考虑建立用户档案，记录桑塔纳轿车的使用和维修情况，并向忠诚的桑塔纳轿车用户经常地给予一些优惠服务。

分汇是总汇的延伸，配送中心为各分汇提供的服务工作主要有三种。第一，保证快捷地向分汇供货。第二，保证供应配件的质量，减少运输损失。对质量问题，要通过健全的质量索赔制度，迅速解决。第三，提供配件手册和操作规程手册。

总汇配送中心可以是各配套件生产厂桑塔纳轿车配件销售的总代理，对生产厂有责任提供4项服务工作。第一，与各生产厂建立起稳定的供求关系。第二，积极做好配件销售工作，及时把市场销售情况反馈给生产厂，便于生产厂安排生产计划。第三，及时与生产厂进行资金结算。第四，做好产品质量信息的收集与反馈工作，与生产厂共同研讨，努力提高产品质量。

配送中心建立后，配件销售主渠道的垄断地位得以确立的重要决定因素就是能否以最优惠的价格在激烈的竞争中取胜。要实现低价销售，首先要强化配送物流过程的管理，努力实现"集约配送，精益销售"的要求，提高效率，降低物流环节的成本。

上海大众销售总公司的副总相信，建立配送中心，理顺桑塔纳轿车配件市场是完全可能的。因为配送中心、分销中心和分汇组成的覆盖全国的网络提供品种齐全、价格统一的桑塔纳轿车配件，用户不论是在上海还是在新疆，通过这一渠道购买零部件，其价格都是一样的。异地客户在当地或临近的城市就可以买到价格合理的纯正配件，不必跑到上海来购买。同时，全国统一价的实行也使得那些买空卖空的中间商无利可图。配套件生产厂以最低的价格向配送中心供货，配送中心集约储运，并免费一次运输（从上海的配送中心到各地的分销中心），具有价格优势和服务优势。

具体措施如下所述。

第一步，通过行政命令，规定配套件生产厂以最低价格向配送中心供货，同时规范其自身对桑塔纳轿车配件的销售并接受上汽销售总公司和总汇配送体系的监督，这是确立主渠道竞争优势的前提条件。

第二步，加强主渠道销售网络的建设，特别是加强分汇的建设，并通过分汇将遍布全国的非大众特约维修点和汽配经销点统一到主渠道的旗帜下，以最优惠的价格和优质的服务向他们提供纯正配件。加强对主渠道销售网络的形象宣传。做好这一步，则主渠道的销售额将不断上升；而生产厂的直销由于缺乏价格和服务优势将逐渐萎缩，假冒伪劣配件的销售也会受到沉重打击。

第三步，主渠道的市场垄断地位得以确立，基本确保了纯正配件的市场垄断；而配套件生产厂也基本退出桑车配件的销售，转而由配送中心包销。

讨论和思考

1. 配送中心的配件价格怎样才能有竞争力？
2. 价格降低靠低成本，配送中心降低成本的空间在哪里？
3. 配送中心与供应厂家的关系如何改进？
4. 配送中心的战略定位是否正确？

第 11 章 配送与运输方案设计

本章主要内容
- 配送运输概述
- 配送线路的优化计算
- 配送车辆的集装方法
- 配送优化调度方法

11.1 配送运输概述

11.1.1 配送运输

1. 概念

配送运输是指需配送的货物使用汽车或其他运输工具从供应点送至顾客手中的活动。其间可能是从工厂等生产地仓库直接送至客户,也可能通过批发商、经销商或由配送中心、物流中心转送至客户手中。配送运输通常是一种短距离、小批量、高频率的运输形式。如果单从运输的角度看,它是对干线运输的一种补充和完善,属于末端运输、支线运输,以高质量的服务为目标,以尽可能满足客户要求。从日本配送运输的实践来看,配送的有效距离最好在 50 公里半径以内,国内配送中心、物流中心,其配送经济里程大约在 30 公里以内。

配送是物流中一种特殊的、综合的活动形式,是商流和物流的紧密结合。配送几乎包括了所有的物流功能要素,是物流活动的一个缩影。特殊的配送还要进行物流加工活动。配送目标是安全、准确、优质服务和较低的配送费用。配送不是单纯的运输或送货,而是运输与其他活动的组合,除了各种运、送活动外,还要从事大量的集货、分货、配货、配装等工作,是配与送的结合。

2. 影响配送运输的因素

影响配送运输效果的因素很多。动态因素,如车流量变化、道路施工、配送客户的变动、可供调动的车辆变动等;静态因素,如配送客户的分布区域、道路交通网络、车辆运行限制等。各种因素互相影响,很容易造成送货不及时、配送路径选择不当、贻误交货时间等问题。因此,对配送运输的有效管理极为重要;如果管理不当不仅影响配送效率和信誉,而且将直接导致配送成本的上升。

11.1.2 配送运输的基本作业流程

配送作业的一般作业流程如图 11-1 所示。

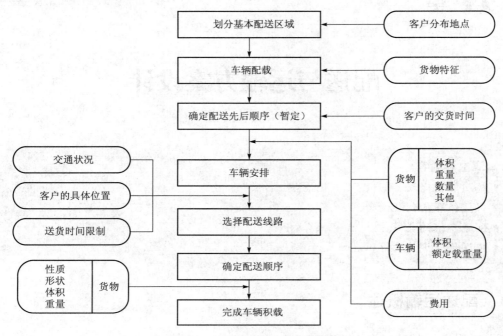

图 11-1 配送运输基本作业流程

11.1.3 配送线路类型

在组织车辆完成货物的运输工作时，通常存在多种可供选择的行驶线路，车辆按不同的行驶线路完成同样的运送任务时，由于车辆的利用情况不同，相应的配送效率和配送成本会不同。因此，选择时间短、费用省、效益好的行驶线路是配送运输组织工作中的一项重要内容。在道路运输网分布复杂、物流节点繁多的情况下，可以采用运筹学方法利用计算机来辅助确定车辆最终的行驶线路，以保证车辆高效运行。下面主要介绍几种基本的车辆行驶线路。

1. 往复式行驶线路

一般是指由一个供应点对一个客户的专门送货。从物流优化的角度看，其基本条件是客户的需求量接近或大于可用车辆的核定载重量，需专门派一辆或多辆车一次或多次送货。可以说，往复式行驶线路是指配送车辆在两个物流节点间往复行驶的线路类型。根据运载情况，具体可分为三种形式。

（1）单程有载往复式线路

这种行驶线路因为回程不载货，因此其里程利用率一般不到 50%。

（2）双程部分有载往复式线路

车辆在回程过程中有货物运送，但货物不是运到线路的终点，而是运到线路的中间某个节点，或中途载货运到终点。这种线路因为回程部分有货可载，里程利用率比前一种有了较大提高，大于50%但小于100%。

（3）双程有载往复式线路

指车辆在回程运行中全程载有货物运到终点，其里程利用率为100%。

2. 环形式行驶线路

环形式行驶线路是指配送车辆在由若干物流节点组成的封闭回路上所做的连续单向运行的行驶路线。车辆在环形式行驶路线上行驶一周时，至少应完成两个运次的货物运送任务。由于不同运送任务其装卸作业点的位置分布不同，环行式行驶路线可分为4种形式，即简单环行式、交叉环行式、三角环行式、复合环行式。

3. 汇集式行驶线路

汇集式行驶线路是指配送车辆分布于运行线路上各物流节点之间，依次完成相应的装卸任务，而且每一运次的货物装卸量均小于核定载重量，沿路装或卸，直到整辆车装满或卸空，然后再返回出发点的行驶路线。汇集式行驶线路可分为直线型和环线型两类，一般环行的里程利用率可能要高一些。这两种类型的线路都可分为分送式、聚集式、分送-聚集式。汇集式直线形线路实质是往复式行驶线路的变形。

（1）分送式

指车辆沿运行线路上各物流节点依次进行卸货，直到卸完所有待卸货物返回出发点的行驶线路。

（2）聚集式

指车辆沿运行线路上各物流节点依次进行装货，直到装完所有待装货物返回出发点的行驶线路。

（3）分送-聚集式

指车辆沿运行线路上各物流节点分别或同时进行装、卸货，直到装或卸完所有待运货物返回出发点的行驶线路。

车辆在汇集式行驶线路上运行时，其调度工作组织较为复杂，有时虽然完成了指定的运送任务，但其完成的运输周转量却不尽相同，这是因为车辆所完成的运输周转量与车辆沿线上各物流节点的绕行次序有关。

11.1.4 配送模式选择

依据现代物流发展的需要，结合我国配送运输发展的现状，主要有以下配送模式。

1. 自营配送模式

某些大型生产企业和连锁经营企业创建自营配送中心完全是为本企业的生产经营提供配送服务。选择自营配送模式有两个基础：其一是规模基础，即企业自身物流具有一定量的规模，完全可以满足配送中心建设发展需要；其二是价值基础，即企业自营配送，是将配送创造的价值提升到企业的战略高度予以确定和发展的。但是，自营配送模式在电子商务下会出现缺乏创新机制、发展迟缓、市场化能力降低的可能性。随着市场经济和电子商务的深入发展，自营配送模式会向其他配送模式转化。

2. 合作配送模式

所谓合作配送模式是指若干相关联或相类似的企业由于共同的物流需求，在充分发掘利用各企业现有物流资源基础上，联合创建的配送组织形式。选择合作配送模式有三个基本考虑：其一是合作企业的物流资源能够整合出完整的所需要的物流功能要素和配送运行体系；其二是参加合作的企业具有共同的物流需求，不会有特别的物流服务要求；其三是合作企业限定在一定市场区域或地理空间范围内。合作配送模式是我国目前物流配送发展的主要模式。

3. 市场配送模式

所谓市场配送模式就是专业化的物流配送中心和社会化的配送中心，通过为一定市场范围的企业提供物流配送服务而获取盈利和自我发展的物流配送组织形式。市场配送模式是电子商务发展的主要模式，在具体操作中有三种情况：一是公用配送，即面向所有企业，只要企业支付服务费，就可以获得配送服务；二是合同配送，即通过签订合同，为一家或数家企业提供长期服务；三是集约配送，即在一般配送服务基础上，为企业提供更多高附加值的其他服务。

4. 综合配送模式

所谓综合配送模式是指企业以供应链为指导思想，全面系统地优化和整合企业内部物流资源、物流业务流程和管理流程，对生产过程的各种环节实现全方位综合配送，充分提高产品制造过程的时空效应，并为此而形成高效运行的物流配送模式。著名的丰田生产方式就是要求"彻底排除生产过程中的浪费"，并归纳出：过量生产的浪费、等待的浪费、搬运的浪费、库存的浪费、加工本身的浪费、动作的浪费、制造不良的浪费。因此，在企业生产过程中，需要按照工艺流程和企业运作方式理顺生产物流的运行程序，建立合理的物流配送体系，伴随着整个产品制造过程开展所需要物料（原材料、外协件等）的综合型适时适量配送，才能确保生产过程尽最大努力减少浪费，实现资源配置的高效和优化。

11.2 配送线路的优化计算

11.2.1 配送线路优化的意义及原则

通常认为，配送是近距离、小批量、品种比较复杂，按用户需求搭配品种与数量的服务体系。从配送中心把货物送到所需的各个用户，有很多种不同的路线选择方案。合理的选择配送线路，对企业和社会都具有很重要的意义。

为将货物送给客户，需要从一个或多个配送中心组织配送运输。一般地，连接一个或多个配送中心和一个或多个配送目的地存在一个道路交通网，如何在这张道路交通网上综合考虑各线路车流量、道路状况、客户的分布状况、配送中心的选址、车辆额定载重量及其他车辆运行限制等因素，找出一条最佳的运输线路解决方案，达到节省运行距离、运输时间和运行费用的目的就是线路设计的意义所在。

进行配送线路优化时，必须有明确的目标，遵循基本的原则。配送线路方案目标的选择可以从以下几个方面来考虑。

（1）配送效益最高或配送成本最低

效益是企业追求的主要目标，可以简化为用利润来表示，或以利润最大化作为目标；成本对企业效益有直接的影响，选择成本最低化作为目标值与前者有着直接的联系。当有关数据容易得到和容易计算时，就可以用利润最大化或成本最低作为目标值。

(2) 配送里程最短

如果配送成本与配送里程相关性较强，而和其他因素相关性较弱时，配送里程最短的实质就是配送成本最低，则可考虑用配送里程最短作为目标值，这样就可以大大简化线路选择和车辆调度方法。当配送成本不能通过里程来反映时，如道路收费、道路运行条件严重地影响成本，单以最短路程作为目标就不适宜。

(3) 配送服务水准最优

如准时配送要求成为第一位时，或需要牺牲成本来确保服务水准时，则应该在成本不会失控的情况下，以服务水准为首选目标。这种成本的损失可能从其他方面弥补回来，如优质服务可以采取较高的价格策略。

(4) 配送劳动的消耗最小

即以物化劳动和活劳动消耗最小为目标，在许多情况下，如劳动力紧张、燃料紧张、车辆及设备较为紧张的情况下，限制了配送作业的选择范围，就可以考虑以配送所需的劳动力、车辆或其他有关资源作为目标值。

配送路线方案的目标实际上是多元的，但考虑到制订方案所选择的目标值应当容易计算，一般要尽可能选择单一化的目标值，这样容易求解，实用性较强。

配送路线方案目标的实现过程受到很多约束条件的限制，因而必须在满足约束条件的限制下取得成本最低或路线最短或消耗最小等目标。常见的约束有：

① 收货人对货物品种、规格和数量的要求；
② 收货人对货物送达时间或时间范围的要求；
③ 道路运行条件对配送的制约，如单行道、城区部分道路对货车通行的限制；
④ 车辆最大装载能力的限制；
⑤ 车辆最大行驶里程数的限制；
⑥ 司机的最长工作时间的限制；
⑦ 各种运输规章的限制等。

进行配送路线优化时，常用的方法有节约法、扫描法、禁忌算法、遗传算法等。

11.2.2 配送线路的优化计算

如上所述，在从货物的配送中心输送到货物配送目的地的过程中，由于配送中心数量和客户收货地点的数量不同，配送线路的优化计算方法也不同。

1. 一对一配送

一对一配送就是由一个供应点到一个客户的配送，在这种配送运输模式中，要求选择最短的配送路线，实现高效率的配送，达到快速、经济配送的经营目的。因此，在这种情况下，问题就归结为"最短路问题"。

(1) 基本概念

① 给出一个图 $A=(V,E)$，其中 $V=\{1,2,\cdots,n\}$；图 A 中的每一段弧 $(V_i,V_j) \in E$ 都对应了一个正数：w_{ij}，记 $W=\{w_{ij} | (V_i,V_j) \in E\}$；$G=(V,E,W)$ 被称为网络，w_{ij} 为弧 (V_i,V_j) 的权。

② 对给定的网络 $G=(V,E,W)$，设 P 是 G 中从点 V_i 到点 V_j 的一条有向路；称

$P(W) = \sum\limits_{(V_i,V_j) \in P} w(V_i, V_j)$ 为 P 的权。

因最短路的问题就是要在 G 中所有从 V_i 到 V_j 中的所有路中找出一条权最小的路：$W(P_{ij}) = \min\{W(P)\}$，如果找到这样一条路 P_{ij}，将 $W(P_{ij})$ 记为 $d(i,j)$，简记为 $d(j)$。

（2）不含负权弧的有向网络中最短路求法

依据以下原理，可以找到求最短路的算法。

如果有向网络 $G = (V, E, W)$ 中所有弧的权均有 $0 \leqslant \omega_{ij} \leqslant +\infty$。且设 G 中自点 V_i 到其他各点最短有向路的权可按从小到大排列，即 $0 = d(1) \leqslant d(2) \leqslant d(3) \leqslant \cdots \leqslant d(n)$，则从点到其他各点最短有向路的权是以下方程的解。

$$\begin{cases} d(1) = 0 \\ d(j) = \min\{d(k) + \omega_{ij}\}, j = 2, 3, \cdots, n \end{cases}$$

算法：从 V_1 出发逐步向外探寻最短路。具体寻找过程是：先对每个点 V_i 作标号，然后不断地对标号作修改，直到求出点 V_1 到各点或者某个点的最短路径为止。以上标号分为两类，一类为永久标号，表示从点 V_1 到点 V_i 的最短路的权，永久标号点的全体，记作 P；另一类称为临时标号，表示点 V_1 到点 V_i 最短路的权的上界，临时标号点的全体记作 T。具体的算法过程如下所述。

第一步：令 $d(1) = 0$，$d(j) = \omega_{ij}(j = 2, 3, \cdots, n)$，$P = \{1\}$，$T = \{2, 3, \cdots, n\}$。

第二步：在 $d(j)$ 中寻找一点，使 $d(k) = \min\limits_{j \in T}\{d(j)\}$，令 $P = P \cup \{k\}$，$T = T - \{k\}$，若 $T = \varphi$ 终止运算；否则，进行第三步。

第三步：（修改临时标号）对中每一位置 $d(j) = \min\{d(j), d(k) + \omega_{ij}\}$；然后再返回第二步。经过 $n-1$ 次循环结束。

例 11-1 有 1、2、3、4、5、6、7 个节点，节点间的距离及关系如图 11-2 所示，求从 1 点到 7 点的最短路径和距离。

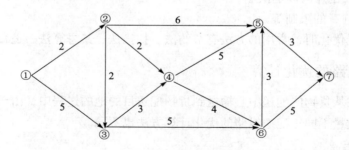

图 11-2 各点间距离关系

解 （1）对点 1 给出永久标号 0，点 2 给出临时标号 2，点 3 给出临时标号 5，点 4、5、6、7 给出临时标号 ∞；$P = \{1\}$，$T = \{2, 3, 4, 5, 6, 7\}$。

（2）对点 2 给出永久标号 2，修改点 3、4、5 临时标号为 4、4、8。$P = \{1, 2\}$；最短路 $\{(1,2)\}$，$T = \{3, 4, 5, 6, 7\}$。

（3）对点 3 给出永久标号 4，修改点 6 临时标号为 9，$P = \{1, 2, 3\}$，最短路 $\{(1,2), (1,2,3)\}$，$T = \{4, 5, 6, 7\}$。

(4) 对点 4 给出永久标号 4，修改点 6 临时标号为 8，$P=\{1,2,3,4\}$，最短路$\{(1,2)$，$(1,2,3),(1,2,4)\}$，$T=\{5,6,7\}$。

(5) 对点 6 给出永久标号 8，修改点 7 临时标号为 13，$P=\{1,2,3,4,6\}$，最短路$\{(1,2),(1,2,3),(1,2,4),(1,2,4,6)\}$，$T=\{5,7\}$。

(6) 对点 5 给出永久标号 8，修改点 7 临时标号为 11，$P=\{1,2,3,4,5,6\}$，最短路$\{(1,2),(1,2,3),(1,2,4),(1,2,5),(1,2,4,6)\}$，$T=\{7\}$。

(7) 对点 7 给出永久标号 11，$P=\{1,2,3,4,5,6\}$，$T=(\varphi)$。最短路为$\{(1,2),(1,2,3),(1,2,4),(1,2,5),(1,2,4,6),(1,2,5,7)\}$。因此，点 1 到点 7 的最短距离为 11，最短路径为$(1,2,5,7)$。

2. 一对多配送

一对多配送是指由一个供应配送点往多个客户货物接收点的配送。这种配送运输模式要求，同一条线路上所有客户的需求量总和不大于一辆车的额定载重量。其基本思路是：由一辆车装载所有客户的货物，沿一条优选的线路，依次逐一将货物送到各个客户的货物接收点，既保证客户按时送货又节约里程，节省运输费用。

解决这种模式的优化设计问题可以采用节约里程法（节约算法）。

1) 节约算法的基本思想

近年来，由于小批量、多批次的及时配送方式的发展，运输费用正在逐年提升，许多企业的运费已经超越了库存费用。选择有效的配送路线，已成为控制物流成本的主要措施。现代企业已经普遍接受了一种观点，即有效的配送路线实际上是在保证商品准时到达客户指定点的前提下，尽可能地减少运输的车次和运输的总路程。在这种思想的指导下，节约算法已成为选择配送路线的主要方法，并受到国内外物流界的青睐。

2) 节约算法的两种基本实现途径

节约算法有两种基本途径可以实现，一种叫作并行方式（parallel version），另外一种叫作串行方式（sequential version）。这两种方式在初始化时是相同的，它们的区别在于如何处理回路的合并问题。下面分别对两种方式的具体应用步骤进行介绍。

(1) 并行方式

并行方式分三步完成。

第一步：形成一个初始解。形成初始解时，需要满足所有顾客的需求，而且所有的约束条件，例如容量的限制、车辆总数的限制等也得到满足。初始解可以由具有运载限制的最近邻点法求得。

形成初始解之后，可以得到每个车辆的一个初始的运输方案，$T_k=\{0,i,\cdots,j,0\}$，$K=1,2,\cdots,m$；$i,j\in\{p|p\in \mathbf{N},p\leq n\}$。$k$ 表示车辆的标号，i、j 表示顾客的标号。

第二步：进行节约度的计算。通常以 Δc_{ij} 表示节约度，也称之为节约量。

如图 11-3 所示，假设 P 为配送中心，A 和 B 为客户接货点，各点相互的道路距离分别用 a，b，c 表示。比较两种运输路线方案；一是派两辆车分别为客户往 A、B 点送货，总的运输里程为 $2(a+b)$；二是将 A、B 两地的货物装在同一辆车上，采用巡回配送的方式，总的运输里程为 $a+b+c$。若不考虑道路特殊情况等因素的影响，第二种方式与第一种方式的路程差为 $2(a+b)-(a+b+c)$，按照三角原理可以看出，第二种方式比第一种方式节约的里程数为 $a+b-c$。节约法就是按照以上原理对配送网络的运输路线优化计算的。两种方案相

比，可得节约度为

$$\Delta c_{AB} = c_{PA} + c_{PB} - c_{AB}$$

$$\Delta c_{ij} = c_{i0} + c_{0j} - c_{ij},\ i,j = 1,2,\cdots,n,\ \text{且}\ i \neq j$$

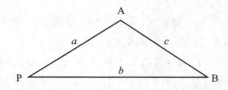

图 11-3 节约算法的基本思想示意图

然后对计算结果进行升序排列。

第三步：进行回路的合并。

在并行方式中，采用的合并策略是最可行合并原则。

从升序排列的节约度序列中的最上面的值开始，执行下面步骤。对于一个已知的 Δc_{ij}，先判断这两个关系到 i、j 的回路是否存在合并的可能性，如果一个回路以 $(0,j)$ 开始，一个回路以 $(i,0)$ 结束，则该回路可以合并，并进行下面的合并操作：删除两个回路中的部分路径 $(0,j)$ 和 $(i,0)$，然后引入新的连接 (i,j)，得到新的回路 $(0,\cdots,i,j,\cdots,0)$。

(2) 串行方式

串行方式的节约算法同样也由三个步骤来完成。

它与并行方式的节约算法的前两步骤几乎完全一样，它们的区别主要在于第三步。

第一步：形成一个初始解。

形成初始解时，在考虑了顾客的需求和约束条件都得到满足之后，就可以得到相应的初始解。初始解也可以由具有运载限制的最近邻点法求得。

形成初始解之后，同样得到每个车辆的一个初始的运输方案，$T_k = \{0,i,\cdots,j,0\}$，$K = 1,2,\cdots,m$；$i,j \in \{p | p \in N, p \leq n\}$。$k$ 表示车辆的标号，i、j 表示顾客的标号。

第二步：进行节约度的计算。

计算所有点对的节约度 Δc_{ij}。

$$\Delta c_{ij} = c_{i0} + c_{0j} - c_{ij},\ i,j = 1,2,\cdots n,\ \text{且}\ i \neq j$$

然后对计算结果进行升序排列。

第三步：回路的扩充。

这里的合并策略不再是前面并行方式的节约算法那样两个部分的对接，而是将一个回路中的某一部分替代，实现总运输距离的下降。具体的处理方法为：按顺序对每一个回路 $(0,\cdots,i,j,\cdots,0)$ 进行考虑，找到第一个具有节约度的点 Δc_{ki} 或 Δc_{jl}，并将另一个以 $(k,0)$ 结尾或者 $(0,l)$ 开始的一段路径合并到当前回路中。

对当前考虑的回路不断地进行上面的合并操作，直到所有可行的合并操作都完成为止。此时，就得到用串行方式的节约算法计算的近似最优解。

3) 节约算法制定配送计划的步骤

设 p_0 为配送中心，资源及运力充分；p_j 为用户点 $(j = 1,2,\cdots,n)$，相应的需求量为 q_j

($j=1,2,\cdots,n$),它们之间差别较大;$d_{ij}(i,j=0,1,2,\cdots,n)$是$p_i$与$p_j$之间的最短距离。

发送车辆按其装载量或容积大小不同有m种,装载量为w_i的发送车有x_i辆($i=1,2,\cdots,m$),且$w_{i-1}<w_i$,$w_m \leqslant \sum_{j=1}^{n} q_j$,定义变量$t_{ij}$如下:

$t_{0j}=2$,如果配送中心p_0给p_j单独配送;

$t_{0j}=1$,如果配送中心p_0与p_j直接连接(即在一个巡回路线中p_i为首站或末站),但非单独配送;

$t_{0j}=0$,如果配送中心p_0与p_j没有直接连接($j=1,2,\cdots,n$)。

$t_{ij}=1$,如果p_i与p_j直接连接(即它们是一个巡回路线中相邻的两站);

$t_{ij}=0$,如果p_i与p_j没有直接连接($i,j>0$)。

那么,对于每一个用户点p_j,当配送路线制定后,将有

$$\sum_{i=0}^{j-1} t_{ij} + \sum_{i=j+1}^{n} t_{ij} = 2$$

例11-2 现有一配送网络,如图11-4所示,图中P为配送中心,其余A—I为各客户的接货点,各边上的数字为公里数,括号里的数字为需输送到各接货点的货物数量,单位为t。

假设该配送中心有最大装载重量为2 t和5 t的两种货车,并限制车辆一次运行线路距离不超过35公里。

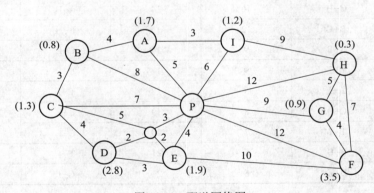

图11-4 配送网络图

第一步:利用前面所述的最短路径法,求出网络各节点的最短距离,计算结果见表11-1。

表11-1 网络节点的最短路径

	P								
A	5	A							
B	8	4	B						
C	7	7	3	C					
D	5	10	7	4	D				
E	4	9	10	7	3	E			
F	12	17	20	17	13	10	F		
G	9	14	17	16	14	13	4	G	
H	12	12	16	19	17	16	7	5	H
I	6	3	7	10	11	10	16	14	9

第二步：根据表 11-1，计算各用户之间的节约里程，见表 11-2。

表 11-2　用户之间的节约里程

	A	B	C	D	E	F	G	H
B	9							
C	5	12						
D	0	6	8					
E	0	2	4	6				
F	0	0	2	4	6			
G	0	0	0	0	0	17		
H	5	4	0	0	0	17	16	
I	8	7	3	0	0	2	1	9

第三步：对节约里程按大小顺序进行排列，结果见表 11-3。

表 11-3　节约里程排序结果

序号	连接点	节约里程	序号	连接点	节约里程
1	F-G	17	12	E-F	6
2	F-H	17	13	A-C	5
3	G-H	16	14	A-H	5
4	B-C	12	15	B-H	4
5	A-B	9	16	C-E	4
6	H-I	9	17	D-F	4
7	A-I	8	18	C-I	3
8	C-D	8	19	B-E	2
9	B-I	7	20	C-F	2
10	B-D	6	21	F-I	2
11	D-E	6	22	G-I	1

初始解：从 P 向各个接货点配送，共有 10 条，总的运行距离为 136 公里，需要 2 t 货车 7 辆，5 t 货车 2 辆，如图 11-5 所示。

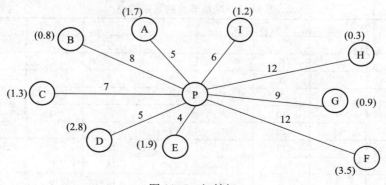

图 11-5　初始解

二次解：按照节约里程的大小顺序，连接 F—G，F—H，如图 11-6 所示。

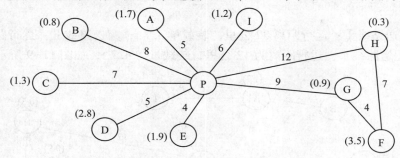

图 11-6 二次解结果

总运行距离为：2(6+5+8+7+5+4)+9+4+7+12 公里，配送路线 7 条，需要 2 t 货车 5 辆，5 t 货车 2 辆。配送路线 I 的运行距离为 32，装载量为 4.7 t。

三次解：连接 B—C，A—B，H—I，但因 H—I 加入配送路线 I 后，超过车辆最大载重量 5 t，所以不予连接，如图 11-7 所示。此时，总的配送路线为 5 条，需要 2 t 配送货车 2 辆，5 t 配送货车 3 辆。配送路线 II 的运行距离为 19 公里，装载量为 3.8 t。

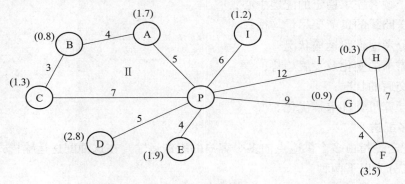

图 11-7 三次解结果

四次解：连接 A—I 到配送路线 II，如图 11-8 所示。总的配送路线为 4 条，需 5 t 货车 3 辆，2 t 货车 1 辆。

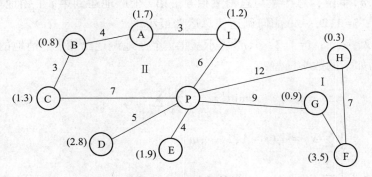

图 11-8 四次解结果

最终解：由于受配载的限制，配送路线不再添加新的节点，连接 D—E。这样就完成了全部的配送路线设计,总共有 3 条配送路线,运行距离为 67 公里,需要 2 t 货车 0 辆,5 t 货车 3 辆。

其中,配送路线Ⅰ:运行距离 32 公里,装载量 4.7 t;配送路线Ⅱ:运行距离 23 公里,装载量 5 t;配送路线Ⅲ:运行距离为 12 公里,装载量为 4.7 t,如图 11-9 所示。

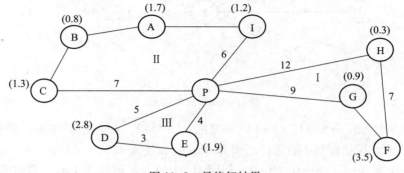

图 11-9　最终解结果

4) 节约法需考虑的因素和注意事项
① 适用于顾客需求稳定的配送中心;
② 各配送路线的负荷要尽量均衡;
③ 要充分考虑道路运输状况;
④ 预测需求的变化及发展趋势;
⑤ 考虑交通的状况;
⑥ 利用计算机软件求解优化。

3. 多对多配送

多对多配送是指由多个供应点向多个客户的配送运输。在这种配送运输模式中根据供与销是否平衡又分为以下两种。

(1) 供销平衡模式

供销平衡模式可以用数学语言描述为:设有 m 产地 $A_i(i=1,2,\cdots,m)$ 供应同一种物质,产量分别为 $a_i(i=1,2,\cdots,m)$ 单位;有 n 个销地 $B_j(j=1,2,\cdots,n)$ 消耗同一种物质,销量分别为 $b_j(j=1,2,\cdots,n)$ 单位,总产量与总销量相等。第 i 个产地运到第 j 个销地单位物质运价为 $c_{ij}(i=1,2,\cdots,m;j=1,2,\cdots n)$ 如何调运使总运费最小。

用 $x_{ij}(i=1,2,\cdots,m;j=1,2,\cdots,n)$ 表示从第 i 个产地调运给第 j 个销地的物质单位数量。该问题可归纳为如下的数学模型:

$$\min\{z\} = \sum_{i=1}^{m}\sum_{j=1}^{n}c_{ij}x_{ij}$$

$$S.T.\begin{cases} \sum_{j=1}^{n}x_{ij} = a_i(i=1,2,\cdots,m) \\ \sum_{i=1}^{m}x_{ij} = b_j(j=1,2,\cdots,n) \\ \sum a_i = \sum b_j, \quad x_{ij} \geq 0(i=1,2,\cdots,m;j=1,2,\cdots,n) \end{cases}$$

(2) 供销不平衡模式

前面阐述了产销平衡的运输问题,但在实际运输配送的物流活动中,往往是产销不平衡的情况比较多,所谓产大于销即指总产量大于总销量。产大于销可以看作产地有库存,记 $x_i(n+1)$ 为产地的 A_i 库存量,可看作增加了一个销地,而就地库存的运价为零,这样不平衡问题就化成了平衡问题。

产销平衡和不平衡问题是多个供应点向多个接货点供货时所遇到的问题,也是配送优化调度的问题。

11.3 配送车辆的集装方法

1. 概念

配送中心服务的对象是众多的客户和各种不同的货物品种,为了降低配送运输成本,需要充分利用运输配送的资源,对货物进行装车调配、优化处理,达到提高车辆在容积和载货两方面的装载效率,进而提高车辆的运能运力的利用率,降低配送运输成本。

2. 配载

货物配送的特点是所送的货物品种多,总量大,但是每一种数量一般都不大,常常要安排许多车辆才能满足对用户的配送,为了减少车辆的占用,就要因此充分利用车辆的容积和载重量。在同时考虑卸货的先后顺序的情形下,做到满载满装,降低配送运输成本。

(1) 配载的数学模型

配送运输中最典型的装货积载问题用数学语言可以描述为:假设配送车辆的最大装载量为 G,用于运送 n 种不同的物品,此 n 种不同物品的重量分别为 $W_1, W_2, \cdots, W_n$,每一种物品的价值系数(可表现为价值、运费等)用 $P_1, P_2, \cdots, P_n$ 表示。另设 X_k 表示第 k 种物品的装入数量,则在 $\sum_{k=1}^{n} W_k X_k \leq G$ 的约束条件下,要求 $f(x) = \sum_{k=1}^{n} P_k X_k$ 最大。

如果把装入一件物品作为一个阶段,则整个车辆装货问题看作一个动态规划问题。

第一步:假设先装入第 1 种物品 X_1 件,其最大价值为
$$f_1(W) = \max\{(P_1 X_1)\}, 其中, 0 \leq X_1 \leq [G/W_1], 注:方括号表示取整数。$$

第二步:装入第 2 种物品 X_2 件,其最大价值为
$$f_2(W) = \max\{P_2 X_2 + f_1(W - W_2 X_2)\}, 其中, 0 \leq X_2 \leq [G/W_1]。$$

第 n 步:装入第 n 种物品 X_n 件,其最大价值为
$$f_n(W) = \max\{P_n X_n + f_{n-1}(W - W_n X_n)\}, 其中, 0 \leq X_n \leq [G/W_n]。$$

例 11-3 某配送中心有载重量 8 t 的货车,需要从配送中心输送重量分别为 3、3、4、5 t 的货物到客户的接货中心,问如何配载才能充分利用货车的运载能力?假设货物的价值系数分别为 3、3、4、5(本题以物品重量作为价值系数,则 4 种货物的价值字数分别为此 3、3、5、5)。

解 根据前面讨论的算法,将本题的装货划为 4 个阶段,利用动态规划求解。第一阶段至第四阶段的计算表格分别见表 11-4~表 11-7。

表 11-4 第一阶段计算表格

W	0	1	2	3	4	5	6	7	8
X_1	0	0	0	1	1	1	2	2	2
$F(W)$	0	0	0	3	3	3	6	6	6

表 11-5 第二阶段计算表格

W	X_2	$W-W_2X_2$	$P_2X_2+f_1(W-W_2X_2)$	$f_2(W)$
0	0	0	0+0	0
1	0	1	0+0	0
2	0	2	0+0	0
3	0	3	0+3	3
	1	0	3+0	
4	0	4	0+3	3
	1	1	3+0	
5	0	5	0+3	3
	1	2	3+0	
6	0	6	0+6	6
	1	3	3+3	
	2	0	6+0	
7	0	7	0+6	6
	1	4	3+3	
	2	1	6+0	
8	0	8	0+6	6
	1	5	3+3	
	2	2	6+0	

注:W 为车辆可利用载重量假设;X_1 为第 1 种货物装载件数;$f(W)$ 表示价值系数 $[f_1(W)=PX_1=3X_1]$。

表 11-6 第三阶段计算表格

W	X_3	$W-W_3X_3$	$P_3X_3+f_2(W-W_3X_3)$	$f_3(W)$
0	0	0	0+0	0
1	0	1	0+0	0
2	0	2	0+0	0
3	0	3	0+3	3
4	0	4	0+3	4
	1	0	4+0	
5	0	5	0+3	4
	1	1	4+0	

续表

W	X_3	$W-W_3X_3$	$P_3X_3+f_2(W-W_3X_3)$	$f_3(W)$
6	0	6	0+6	6
	1	2	4+0	
7	0	7	0+6	7
	1	3	4+3	
8	0	8	0+6	8
	1	4	4+3	
	2	0	8+0	

表 11-7 第四阶段计算表格

W	X_4	$W-W_4X_4$	$P_4X_4+f_3(W-W_4X_4)$	$f_4(W)$
8	0	8	0+8	8
	1	3	5+3	

寻找最优解方案的次序与以上计算过程相反，由第四阶段向第一阶段反论。由第四阶段表（表 11-7）可以看出，价值的最大值为 $f_4(W)=8$，对应 $X_4=0$，$X_4=1$。当 $X_4=0$ 时，表示第四种物品装入零件，第三列数字表示装入第四种物品后，剩余的由其他物品补充。例如，当 $X=1$ 时，第四种物品本身的重量为 3，其余三种物品的装载量为 3。在第三阶段计算表（表 11-6）中，$W=3$ 时对应 $f_3(W)=3$，$X_3=0$，第三列数字显示其余两类物品装入量为 3。在第二阶段计算表（表 11-5）中，当 $W=3$ 时 $f_2(W)=3$，对应的 $X_2=0$，或者 $X_2=1$，其余物品（在此指第一种物品）装入量为 3 或 0；在第一阶段的计算表（表 11-4）中，当 $W=3$ 时，对应 $X_1=1$，当 $W=0$ 时，$X_1=0$。总之，得到两组最优解为

$$X_1=1 \quad X_2=0 \quad X_3=0 \quad X_4=1$$
$$X_1=0 \quad X_2=1 \quad X_3=0 \quad X_4=1$$

当 X_4 取"0"时，以此类推可以得到第三组最优解，即

$$X_1=0 \quad X_2=0 \quad X_3=2 \quad X_4=0$$

以上三组解对应的装载量都为 8 t。

（2）车辆集装原则

在货物装车时除需要考虑按照客户的配送顺序，实行"后送先装"以外，还应兼顾货物本身的特性，例如：形状、体积、质量及需要防震、防压、防撞、防潮等因素，综合考虑车辆的载重能力和容积等。因此，在车辆配载时需要遵循以下原则：

① 轻重搭配的原则；
② 配载时不允许超过车辆所允许的最大载重量；
③ 到达同一地点适合配装的货物应尽可能一次积载；
④ 大小搭配的原则；
⑤ 确定合理的堆码层次及方法；
⑥ 货物性质搭配的原则；
⑦ 保证车辆内货物重量分布均匀；

⑧ 防止物品之间碰撞。

11.4 配送优化调度方法

车辆调度部门是配送运输的指挥中心，是根据客户的需求，配送中心的配送资源（包括车辆、司机出勤等）、道路运输网情况，综合规划调度，对运输作业作出合理的安排和指派并对整个作业过程监控管理，保证高质量、高效率的运输作业管理过程。为保证调度工作的质量，需要做到统一领导、指挥，分级管理，分工负责；从全局出发统筹规划管理；保证均衡、超额完成生产计划任务；避免运输车辆送货回程空驶。

1. 车辆调度的方法

根据客户所需要货物、配送中心站点及交通线路的布局不同，采用定向专车运行调度法、循环调度法、交叉调度法等；如果运输任务较重，交通网络较复杂时，为合理调度车辆的运行，可利用运筹学线性规划的方法，如最短路径法、表上作业法、图上作业法等。

2. 优化车辆调度的方法

货运车辆优化调度问题可根据不同性质具体分为以下几类。

① 按照运输任务分为纯装问题、纯卸问题及装卸混合问题。

② 按照车辆载货状况分为满载问题和非满载问题，满载问题是指货运量多于一辆车的容量，完成所有任务需要多辆运输车辆；非满载问题是指车的容量大于货运量，一辆车即可满足货运要求。

③ 按照车辆类型分为单车型问题和多车型问题。

④ 按照车辆是否返回车场划分为车辆开放问题和车辆封闭问题。车辆开放问题是指车辆不返回其出发地，车辆封闭问题是指车辆必须返回其发出车场。

⑤ 按照优化的目标可分为单目标优化问题和多目标优化问题。

⑥ 按照有无休息时间要求可分为有休息时间的调度和无休息时间的调度问题。

实际中的车辆优化调度问题可能是以上分类中的一种或几种的综合。

求解车辆优化调度的方法可以分为精确算法、启发算法和智能算法。精确算法主要有分支界定法等；启发式算法主要有构造算法、两阶段法（C-W算法）等；智能算法分为神经网络方法、遗传算法和模拟退火算法等。

精确算法的计算量随着车辆优化问题规模的增大呈指数增长，如当卸货点的数目超过20个时，采用精确算法求解最短运输路径的时间在几个小时以上。精确算法不适合于求解大规模的车辆优化调度问题。

1）启发式算法

启发式算法是从尚未安排的车辆、运输任务或行驶路径中按照构造算法进行选择，直到所有任务和车辆均被调度为止。构造的每一步，根据某个判别函数，把当前的线路构形和另外的构形进行比较并加以改进，以最小代价把一个不在当前构形上的需求对象插入进构形，最后得到一个较好的可行构形。常见的构造算法有节约算法、最邻近法、最近插入算法等。

启发式算法并不追求问题的最优解，而强调问题解的满意性，只要决策者认为所得到的解能够较好地满足要求就可以了。

集货或送货非满载车辆调度问题是车辆调度中的一个基本问题，下面简单介绍采用启发式算法求解的具体步骤。

(1) 模型的建立

将车场编号为 0，车辆编号为 k，任务编号为 $1, 2, \cdots, l$，考虑运输量约束、停车点车辆数目约束、集货和卸货时间等约束，可定义如下的基本模型：

$$\min\{z\} = \sum_i^l \sum_j^l \sum_k (c_{ij} x_{ijk})$$

$$\sum_i g_i y_{ki} \leq q; \forall k$$

$$\sum_k y_{ki} = 1, \quad i = 1, \cdots, l$$

$$\sum_i x_{ijk} = y_{ki}, \quad i = 0, 1, \cdots, l; \forall k$$

$$\sum_j x_{ijk} = y_{kj}, \quad i = 0, 1, \cdots, l; \forall k$$

$$ET_i \leq S_i \leq LT_i, \quad i = 1, \cdots, l$$

式中：c_{ij} 表示从点 i 到 j 的运输成本，可根据优化的目标具体体现为运输距离或运输费用或运输时间；ET_i 和 LT_i 分别为任务 i 允许的最早开始时间和允许的最迟结束时间；g_i 为第 i 点的货运量；q 为运输车辆的额定载重量；x_{ijk} 和 y_{ki} 为变量，定义为

$$y_{ki} = \begin{cases} 1, & \text{点 } i \text{ 的任务由车辆 } k \text{ 完成} \\ 0, & \text{其他} \end{cases}$$

$$x_{ijk} = \begin{cases} 1, & \text{车辆 } k \text{ 从点 } i \text{ 行驶到点 } j \\ 0, & \text{其他} \end{cases}$$

(2) 模型的求解

C-W 算法由 Clarke 和 Wright 提出，该算法简单易用。以改进的 C-W 节约启发式算法为例来求解车辆调度问题。其步骤如下所述。

① 首先计算各个点 i 和点 j 之间线路的费用节约值 $s(i,j)$，形成集合 M，并按照从大到小对 $s(i,j)$ 进行排序，其中：$s(i,j) = c_{i0} + c_{0j} - c_{ij}$

② 若 M 为空，则终止叠代；否则对 M 中的第一项 $s(i,j)$ 考察是否满足下列条件之一，如满足则转③，否则转⑥。

- 点 i 和 j 均不在已构成的线路上；
- 点 i 和 j 在已构成的线路上，但不与车场相连；
- 点 i 和 j 位于已构成的不同线路上，均不与车场相连，且一个是起点，一个是终点。

③ 考察点 i 和 j 连接后的线路上总货运量 Q，若 $Q \leq q$，则转④，否则转⑥。

④ 计算连接点 i 和 j 所在的线路后，车辆到达 j 点的时间比原路线上车辆到达 j 点的时间的变化量为

$$EF_j = s_i + T_i + t_{ij} - s_j$$

- 若 $EF_j = 0$，转⑤；
- 若 $EF_j < 0$，则计算 Δ_j^-，当 $|EF_j| \leq \Delta_j^-$，转⑤，否则转⑥；
- 若 $EF_j > 0$，则计算 Δ_j^+，当 $|EF_j| \leq \Delta_j^+$，转⑤，否则转⑥。

式中：Δ_j^- 为线路上 j 点后面的各任务处均不需要等待的到达 j 点时间的最大允许提前量；Δ_j^+ 为线路上 j 点后面的各任务不违反时间约束的到达 j 点时间的最大允许推迟量。其中：

$$\Delta j^- = \min_{r \geqslant j}\{S_r - \text{ET}_r\}$$

$$\Delta j^+ = \min_{r \geqslant j}\{\text{LT}_r - S_r\}$$

⑤ 连接点 i 和点 j，计算车辆到达各任务时的新时间。

⑥ 令 $M = M - s(i,j)$，转②。

以上是针对单车场的车辆优化调度问题的求解，多车场问题可以转化为单车场问题来处理，首先确定每个车场完成的任务，然后再求解。

2) 遗传算法

遗传算法主要由选择、交叉和变异三个算子组成，分别模仿自然界进化过程中的自然选择和群体遗传过程中发生的交配和突变等现象。采用遗传算法求解车辆优化调度问题时，一般按照以下步骤进行。

（1）确定染色体的编码和初始群体

采用自然数对可行线路进行编码，如长度为 $l+m$ 的染色体可写为：$(0, i_{11}, i_{12}, \cdots, i_{1s}; 0, i_{2l}, \cdots, i_{2t}; 0, \cdots, 0; i_{m}l, \cdots, i_{mn})$。其中，$i_{kj}$ 表示第 i_{kj} 项任务，这样的染色体结构可理解为车辆从车场 0 出发，经过任务 $i_{11}, i_{12}, \cdots, i_{1s}$ 后回到车场 0，形成子路径 1；然后又从车场 0 出发，经过任务 $i_{21}, \cdots, i_{2t}$ 后返回车场，形成路径 2，如此反复，直到所有的 m 项任务全部被完成为止。在子路径 1 内交换 i_{11} 和 i_{12} 的位置表示行走路径的改变，也使函数目标改变。这样，下面的遗传叠代可使函数目标最小，即趋向于最佳或较佳的路径。

初始群体的产生采用随机方法，随机产生 l 个城市的全排列，根据任务的源点和汇点将 0 标准插入排列中，形成一条初始染色体。如此反复，直到满足群体数，群体数一般大于 20 个。

（2）确定适应度函数

车辆调度的优化目标有多种多样，常见的目标有总运费最小、总运输时间最短，空载车辆总运行时间最小、完成任务所需的车辆最小等，以总运费最小为例，其目标函数为

$$C = \min\left\{\sum_{i=1}^{m}\sum_{j=1}^{n} c_{ij} X_{ij}\right\}$$

式中：c_{ij} 为从源点 i 到汇点 j 每辆车的单位费用，X_{ij} 为每班从源点 i 到汇点 j 的满载车的数量；m，n 为源点和汇点的数目。

（3）处理约束

为保证车辆调度优化的正确性，约束往往必不可少，常见的约束有汇点处理能力约束、非负约束和车流连续性约束。

一般采用惩罚的方法来处理约束，如果一个染色体对应的解违反了某个约束，根据其违反程度给予一定的惩罚，使其具有较小的适应度值。这样在不损失群体数目的基础上，随着叠代的进行，使不可行解的数目在群体中所占比例越来越小，可行解的数目则逐渐增加，并趋向最优解。

（4）遗传算子

经典的遗传算子包括复制、交叉、变异。复制算子的目的是保留优良个体，避免基因缺失，提高全局收敛性和效率。目前常用的复制算子有放回式随机复制（又称轮盘赌复制）、无放回式随机复制等十几种。

交叉算子的作用是组合出新的个体，在染色体空间进行有效搜索，同时降低对有效模式的破坏概率。染色体采用自然数编码时，交叉算子一般有部分匹配交叉、顺序交叉、圈交叉等。染色体采用二进制编码时，常采用的交叉算子有单点交叉、双点交叉等。交叉算子中采用的交叉率一般在 0.75～0.95 之间。

变异算子是为了克服基因缺失和不成熟收敛。目前常用的变异算子有常规位变异、均匀变异和非均匀变异等。变异算子的变异率一般为 0.005～0.01。

除了上述的经典遗传算子外，人们又研究了其他一些算子，称为高级算子，如显性算子、倒位算子、分离和易位算子、迁移算子等。

（5）确定调度方案

通过上述的遗传操作，产生性能最优的染色体串，根据初始的编码规定将该串解码成最优调度方案。

实用中，人们往往将遗传算法与其他方法如启发式方法和模拟退火算法杂合，以及将调度专家经验融入模型和遗传操作中，以提高求解的效果。

 案例学习

1. 企业实践——浙江省烟草公司杭州分公司物流与送货线路优化

1）杭烟物流基本情况

浙江省烟草公司杭州分公司（以下称"杭烟"）目前在杭州城区共有 6 400 多家卷烟零售网点，下属物流中心现有 20 多辆送货面包车、100 多条进货线路，如何解决定时到户的送货车辆调度问题，如何均衡不同送货线路的工作量，如何降低卷烟配送成本，是物流中心面临的重要问题。本案例重点讨论送货线路优化调度问题。

2）线路优化问题的难点分析

（1）地理信息系统（Geographic Information System，GIS）问题

众所周知，车辆优化调度需要一套详尽丰富同时实时更新的 GIS 支持。杭烟车辆送货线路优化面临的最大问题是 GIS 建设问题。虽然目前杭烟物流已有一套电子地图，但从使用结果来看，该电子地图明显存在不足，不适合用于杭烟物流送货线路优化。主要问题有两点：一是信息量太少，许多街道没有标出，无法量化衡量，尤其是城区小街小巷或者郊区线路；二是系统更新速度太慢，维护跟不上，许多街道早在 1～2 年前就已经变化，或改造或新建或更名，该电子地图仍是老样子。

（2）部分车辆更新问题

① 物流配送中心位于杭州市区北郊皋亭坝，离市区香烟销售所较远，物流中心由北向南"扇形"辐射 6 400 家香烟销售所，按目前运载力和工作分配，车载量偏低，逢节假日送货量稍有增加，部分送货车必须跑两次，造成来回"跑空车"，严重加长了送货时间，降低了效率，又浪费了汽油。

② 车辆超龄服役，车身破旧，发动机底盘等许多零部件已磨损失灵，不仅影响杭烟物流在客户中的形象，也给送货本身带来安全隐患。其中三辆江西五十铃面包车已运行 8 年之久，属于国家强制报废年限。

③ 部分送货车辆因本身老化、油耗高、性能落后等原因，年均维修费用非常高，与车辆自身价值相比早已不成比例，且有逐年增加势头。其中一辆松花江面包车 2001 年维修费

用高达8 258元。

④ 车辆容载量偏低，造成配送成本升高。车辆优化调整系统除了要求送货线路最短，还要求车载尽可能大、尽可能满载。目前杭烟物流送货车辆容载量普遍偏低，其中16辆长安之星面包车平均容载量不到30件。

根据以上情况，杭烟计划进行运输车辆的更新配置，近期采取报废10辆超龄服役车，换成8辆容载量50件的面包车的措施。可减少2辆车和2名驾驶员；同时香烟销售所送货面包车运载力整体增加18%，以适应杭烟配送车辆优化调度的需要。

（3）现有送货线路划分方案的缺陷分析

① 存在不同的访销员对应的香烟销售所在同一送货区域。

② 以前所属某访销员香烟销售所搬迁后，为不减少总量，仍保留在原访销员辖区内，给送货造成不便。

③ 部分访销员所属香烟销售所跨度太大，造成送货集中度降低。

要实现杭烟物流线路优化，必须打破原来按照访销线路确定送货线路的弊端，然后初步圈定优化对象范围，对访销员所管香烟销售所的调整只是缓解矛盾的暂时阶段，因为访销员所辖香烟销售所的划分有销售工作的实际原因，根本的方法是进行物流内部操作流程的再造，加入排单系统，从信息流程上真正实现访销与配送分离。

（4）香烟销售所网点布局问题

① 一条路（街）香烟销售所位置相邻过密，有的香烟销售所一家挨着一家。

② 有的网点位于农村，分散在很窄的巷里，只有微型面包车才能通行。

③ 有个别网点微型面包车也不能送到，送货员来回走较长距离，严重影响了送货效率。

对此，杭烟抓住现存专卖体制的有利时机，利用年检和市区规划的变动，对杭州市卷烟零售网点布局进行较大范围的排查和调整。如城郊结合处和农村可以取消小零售户，开"连锁加盟店"，而零售网点的位置最好尽可能在道路上相隔一定距离。实践证明，零售网点的布局调整既有利于香烟销售所的生存和发展，也能大大节约物流的成本。

3）杭烟物流线路优化调度的实施

（1）线路优化调度最终实现的目标

线路优化调度最终目标是实现物流中心操作流程改造，真正实现访送分离。

① 目前的操作流程。目前车辆的送货清单生成完全是按照访销线路来确定的，很难从整体上优化，提高送货效率。

② 改造后的操作流程。改造后的操作流程在零售网点布局的地理信息系统和决策支持系统作用下，根据电子排单系统，生成优化后的送货清单，改变了原有按访销线路定送货线路的缺陷，在操作流程上真正实现访送分离。

（2）GIS开发设计

一套功能完善、使用方便、信息量丰富细致、实时反映辖区交通网络变化的GIS平台是实现杭烟物流送货线路优化的先决条件，同时为杭州烟草的城网建设也提供了一个基础信息平台。

杭烟物流配送GIS必须具备下述目标。

① 电子地图的基本操作功能，包括视图的放大、缩小、平移，6 400家或主要香烟销售所位置的标注（打点），鼠标交互的距离和面积的量算，查询地理对象的属性信息等。

② 香烟销售所网点分析功能，如香烟销售所网点之间最短路径查询、经济距离计算、

最近设施查找，辐射区域分析。

③ 提供地理信息的维护功能，包括基础地理信息和专题信息的维护；如设置修改驾驶员的信息（包括姓名、编号、待命状态、送货区域等参数）和车辆的信息（包括车型、车牌、编号、容载量、车龄、待命状态等参数）。

④ 交通道路信息设置，主要是指从物流中心到各香烟销售所网点的道路情况，主要设置线路编号、派车时间、各街道距离（要精确到1m）、始发点小终端等参数。

⑤ 对香烟销售所网点主要设置，包括序号、名称、客户级别、联系方式等数据的设置修改。

目前杭烟上下已形成一个共识，要想实现送货线路优化设置，必须首先有一个切实可行的 GIS 应用平台。

(3) 电子排单系统的开发

建立杭烟物流线路优化调度决策支持系统模型；采用先进可靠的求解算法（如节约算法、遗传算法等），同时把该模型和算法融入到计算机应用软件中，输入各种限制边界条件和目标函数，最终输出每天每次每辆车的电子送货清单；改变以原批发部为轴心的与访销线路对应的送货线路模式，实现以皋亭坝为中心、由北向南辐射 6 400 家零售网点的工作量相对均衡的送货安排。

4）系统展望

线路优化设计后，主要有以下几点明显优势：

① 使杭烟物流送货派单系统的应用达到国内现代物流发展同步水平；

② 划分后的各个区域布局将更合理、地理位置相对集中，预计可减少总的送货车辆数 10%以上，耗油量送货里程减少 20%左右；

③ 各条路线工作量大体平衡，可提高员工满意度，因而更好地完成工作；

④ 流程改造以后，将在信息流上真正实现访送分离。

习题与思考题

1. 影响配送运输的主要因素有哪些？
2. 简述配送路线优化的意义及原则，回答常用的计算方法。
3. 节约算法需考虑的因素和注意事项有哪些？
4. 车辆集装时应该注意的原则有哪些？
5. 设配送中心 P_0 向 7 个用户 P_i 配送货物，其配送路线网络、配送中心与用户的距离以及用户之间的距离如图 11-10 与表 11-8 所示，图中括号内的数字表示客户的需求量（单位：t），线路上的数字表示两节点之间的距离（单位：km），现配送中心有 2 台 4 t 卡车和 2 台 6 t 卡车两种车辆可供使用。

(1) 试用节约算法制定最优的配送方案。

(2) 设配送中心在向用户配送货物过程中单位时间平均支出成本为 45 元，假定卡车行驶的平均速度为 25 公里/小时，试比较优化后的方案比单独向各用户分送可节约多少费用？

(3) 配送货物的运输量是多少？

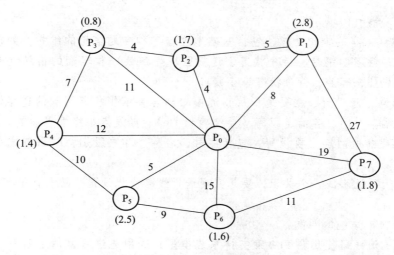

图 11-10　配送网络图

（4）配送货物的周转量是多少？

表 11-8　运输里程表

需要量	P_0							
2.8	8	P_1						
1.7	4	5	P_2					
0.8	11	9	4	P_3				
1.4	12	16	11	7	P_4			
2.5	5	13	9	13	10	P_5		
1.6	15	22	18	22	19	9	P_6	
1.8	19	27	23	30	30	20	11	P_7

6. 某配送中心拟用载重量为 5 t 的载货汽车，配送运输 3 种货物，第 1 种货物集装单元化后重量为 1.5 t/件，第 2 种货物集装单元化后重量为 2 t/件，第 3 种货物集装单元化后重量为 3 t/件，试确定这三种货物最优配载方案？

7. 某饮料在国内有三个生产厂，分布在城市 A_1、A_2、A_3，其一级承销商有 4 个，分布在城市 B_1、B_2、B_3、B_4，已知各厂的产量、各承销商的销售量（见表 11-9）及从 A_i 到 B_j 的每吨饮料运费为 C_{ij}。为发挥集团优势，公司要统一筹划运销问题，求运费最小的调运方案。

表 11-9　某饮料的三个产地与销地

销地 产地	B_1	B_2	B_3	B_4	产量
A_1	6	3	2	5	5
A_2	7	5	8	4	2
A_3	3	2	9	7	3
销量	2	3	1	4	

附录 A　包装储运标志

包装储运图示标志

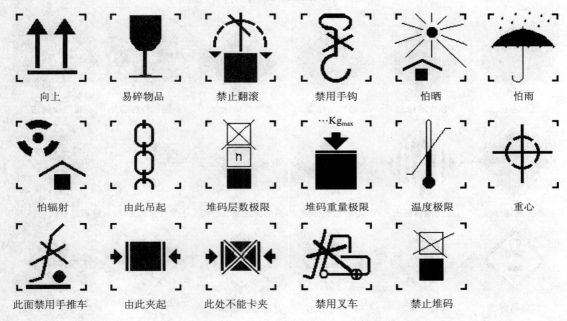

附录 B 危险货物包装标志

危险货物包装标志

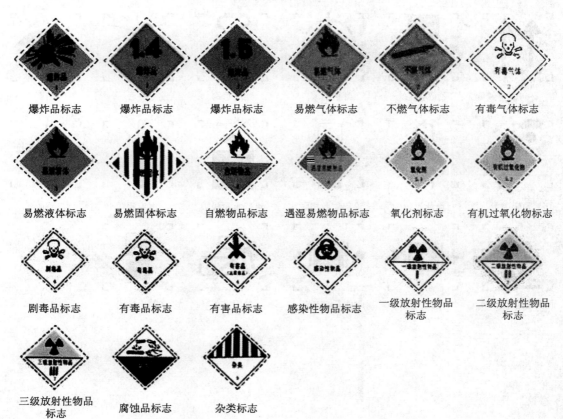

附录 C 安全标志

参考文献

[1] 韩岗. 如何进行仓储物料管理. 北京：北京交通大学出版社，2004.
[2] 张远昌. 仓储管理与库存控制. 北京：中国纺织出版社，2004.
[3] 陈义仁. 现代企业物资管理. 广州：广东经济出版社，2001.
[4] 纪寿文，李克强. 仓储与配送管理. 深圳：海天出版社，2004.
[5] 李念. 仓储与配送管理. 大连：东北财经大学出版社，2004.
[6] 中国铁道学会物资管理委员会. 物资仓库建设与改造. 北京：中国铁道出版社，1994.
[7] 真虹，张婕妹. 物流企业仓储管理与实务. 北京：中国物资出版社，2003.
[8] 伊俊敏. 物流工程. 北京：电子工业出版社，2005.
[9] 周德科. 物流案例与实践. 北京：高等教育出版社，2005.
[10] 王明智. 物流管理案例与实训. 北京：机械工业出版社，2003.
[11] 窦志铭，白世贞. 物流商品养护技术. 北京：人民交通出版社，2001.
[12] 丁立言，张铎. 仓储规划与技术. 北京：清华大学出版社，2002.
[13] 刘承元，张志敏. 专家博士的5S经. 深圳：海天出版社，2003.
[14] 王转，程国全. 配送中心系统规划. 北京：中国物资出版社，2003.
[15] 蔡临宁. 物流系统规划：建模及实例分析. 北京：机械工业出版社，2003.
[16] 张晓川. 物流学：系统、网络和物流链. 北京：化学工业出版社，2005.
[17] 方轶. 公司物流管理. 北京：中央民族大学出版社，2003.
[18] 李军，郭耀煌. 物流配送车辆优化调度理论与方法. 北京：中国物资出版社，2001.
[19] 郭耀煌，李军. 车辆优化调度. 成都：成都科技大学出版社，1994.
[20] 丁立言，张铎. 物流系统工程. 北京：清华大学出版社，1997.
[21] 吴清一. 物流系统工程. 北京：中国物资出版社，2004.
[22] 李敏强，寇纪松，林丹. 遗传算法的基本理论与应用. 北京：科学出版社，2002.
[23] 马士华，林勇，陈志祥. 供应链管理. 北京：机械工业出版社，2002.
[24] 刘联辉. 超市物流. 北京：中国物资出版社，2003.
[25] 林丹梅. 物流成本初探. 中国西部科技，2005（3）.
[26] 李青娟. 谈物流成本核算改革. 会计之友，2004（1）.
[27] 陶春海. 我国物流成本核算方法新探. 经济纵横，2005（6）.
[28] 甘卫华. 连锁超市物流改进策略. 中国物流与采购，2004（10）.
[29] 王斌义. 现代物流实务. 北京：对外经济贸易大学出版社，2003.
[30] 汝宜红，宋伯慧. 配送管理. 北京：机械工业出版社，2005.